全國高校古籍整理研究工作委員會直接資助項目

新編諸子集成續編

曾子輯校

王永輝
高尚舉　輯校

中華書局

目録

曾子補遺

經部

子部

前言

一　曾子生平

曾子，名參，字子輿，生於公元前五〇五年，卒於公元前四三五年。史記仲尼弟子列傳曰：「曾參，南武城人，字子輿，少孔子四十六歲。」司馬貞索隱按：「武城屬魯。當時魯更有北武城，故言南也。」張守節正義曰：「括地志云：『南武城在兗州，子游爲宰者。』」南武城，一説在今山東費縣西南的平邑，一説即今山東兗州西鄒的嘉祥，今人多傾向嘉祥説。

曾子祖上爲鄫國王室，後因國敗而衰落。宋鄭樵通志氏族略曰：「曾氏亦作鄫，亦作繒，姒姓，子爵，今沂州承縣東八十里故鄫城是也。夏少康封其少子曲烈於鄫，襄公六年，莒滅之，鄫太子巫仕魯，去邑爲曾氏。見世本。巫生阜，阜生皙，皙生參。」

其父曾點，字子皙，是孔子的早期弟子，論語先進「子路、曾皙、冉有、公西華侍坐」章有對曾皙的記述。曾皙休學後没有做官，靠農耕生活。對兒子曾參管教嚴厲，孔子家語有「曾參芸瓜，誤傷其根」，被父打昏的記載。其母慈善，勤勞持家。曾參生母去世後，曾晳再娶，後母雖對曾參「遇之無恩」，而曾參卻對她「供養不衰」（見家語）。

曾參十七歲時（公元前四八九年）投師孔子，此時孔子正周遊列國至楚國，此年孔子六十三歲。曾參勤奮好學，敬事其師。曾子十篇曾子立事記載了他的學習態度和學習體會：「君子愛日以學，及時以行，難者弗辟，易者弗從，唯義所在，日旦就業，夕而自省思，以殁其身，亦可謂守業矣。」又：「君子學必由其業，問必以其序。問而不決，承間觀色而復之，雖不説，亦不彊争也。」又：「君子既學之，患其不博也；既博之，患其不習也；既習之，患其無知也；既知之，患其不能行也；既能行之，貴其能讓也。君子之學，致此五者而已矣。」又：「君子博學而孱守之，微言而篤行之。行必先人，言必後人，君子終身守此悒悒。行無求數有名，事無求數有成；身言之，後人揚之；身行之，後人秉之，君子終身守此憚憚。」

史記仲尼弟子列傳曰：「孔子以爲能通孝道，故授之業。作孝經。」據此記載，有人以爲孝經爲孔子作，有人以爲爲曾子作。後人多傾向於孝經出自曾子之手。孔安國古文孝經序曰：「唯曾參躬行匹夫之孝，而未達天子、諸侯以下揚名顯親之事，因侍坐而諮問焉，故夫子告其誼，於是曾子喟然知孝之爲大也，遂集而録之，名曰孝經。」

曾子跟隨孔子周遊陳、蔡、衛諸國，於公元前四八四年（一説前四八五年）從孔子自衛返魯。

返國不久就離開其師，回到家鄉南武城，一邊設教講學，一邊贍養老人，恪盡孝道。

公元前四七九年春，孔子病重，曾子守護在老師身邊，精心侍奉。孔子臨終，把孫子孔伋（子思）託付給他。

曾子的主要事業是設教講學（曾有幾次做官的機會，如韓詩外傳所説的齊國欲迎以爲相，楚國欲迎以爲令尹，晉國欲迎以爲上卿，而都被他拒絶了），他設教的地點，除家鄉之外，還曾在齊國莒地以及衛國等地，晚年仍在家鄉從教，培養出了孔伋、樂正子春、公明宣、公明儀、公明高、陽膚、沈猶行、單居離、吴起、子襄等著名弟子。他通過教學，傳授孔子的學問，發揮孔子的思想，被後世尊爲「宗聖」。

曾子於公元前四三五年病逝，享年七十歲。

二　曾子思想

曾子作爲孔子的學生，尊師重道，注重思想修養，注意行爲規範，終成孔子弟子中最有思想建樹的一個。

修身思想：曾子曰：「吾日三省吾身：爲人謀而不忠乎？與朋友交而不信乎？傳不習乎？」（論語學而）又曰：「君子修禮以立志，則貪欲之心不來；君子思禮以修身，則怠惰慢易之節不至；君子修禮以仁義，則忿爭暴亂之辭遠。君子之所貴乎道者三：動容貌，斯遠暴慢矣；正顏色，斯近信矣；出辭氣，斯遠鄙倍矣。」（曾子全書忠恕）又曰：「君子攻其惡，求其過，彊其所不能，去私欲，從事於義，可謂學矣。」（曾子十篇曾子立事）又曰：「故君子必慎其獨也。曾子曰：『十目所視，十手所指，其嚴乎！』富潤屋，德潤身，心廣體胖，故君子必誠其意。」（曾子全書明明德）曾子的自省、自律、慎獨思想，成爲世人的座右銘。

爲人處世思想：曾子曰：「君子己善，亦樂人之善也；己能，亦樂人之能也；己雖不能，亦不以援人。」（曾子十篇曾子立事）又曰：「君子不先人以惡，不疑人以不信，不説人之過，成人之美，存往者，在來者，朝有過夕改則與之，夕有過朝改則與之。」（同上）又曰：「以能問於不能，以多問於寡，有若無，實若虛，犯而不校，昔者吾友嘗從事於斯矣。」（論語泰伯）喜看别人優點、相信人、不説人過惡、成人之美、謙謹、大度而不計較等等，這些都是處好人際關係的必備品質。

仁善思想：曾子曰：「是故君子以仁爲尊。天下之爲富，何爲富？則仁爲富也；天下之爲貴，何爲貴？則仁爲貴也。昔者，舜疋夫也，土地之厚，則得而有之；人徒之衆，則得而使之；舜唯以得之也。是故君子將説富貴，必勉於仁也。昔者，伯夷、叔齊死於溝澮之間，其仁成名於天下。夫二子者，居河濟之間，非有土地之厚、貨粟之富也；言爲文章，行爲表綴於天下。是故君子思仁義，晝則忘食，夜則忘寐，日旦就業，夕而自省，以役其身，亦可謂守業矣。」（曾子十篇曾子制言中）又曰：「士不可以不弘毅，任重而道遠。仁以爲己任，不亦重乎？死而後已，不亦遠乎？」（論語泰伯）又曰：「人而好善，福雖未至，禍其遠矣。人而不好善，禍雖未至，福其遠矣。」（中論修本）又曰：「見善恐不得與焉，見不善者恐其及己也。」（曾子十篇曾子立事）曾子以仁爲尊、以仁爲富、以行仁爲己任死而後已的主張，豐富了「仁」的思想内涵，把踐行仁義提到了終身奮鬭的人生境界高度。

義利思想：曾子曰：「君子見利思辱，見惡思詬，嗜慾思恥，忿怒思患，君子終身守此戰戰也。」（曾子十篇曾子立事）又曰：「夫有恥之士，富而不以道，則恥之；貧而不以道，則恥之。」（曾子十篇曾子制言上）又曰：「晉、楚之富，不可及也。彼以其富，我以吾仁；彼以其爵，我以吾義，吾何慊乎哉！」（曾子全書晉楚）説苑立節記曰：「曾子衣弊衣以耕，魯君使人往致邑焉，曰：『請以此修衣。』曾子不受。反，復往，又不受。使者曰：『先生非求於人，人則獻之，奚爲不受？』曾子曰：『臣聞之，受人者畏人，予人者驕人。縱君有賜，不我驕也，我能勿畏乎？』終不受。孔子聞之，曰：『參之言足以全其節也。』」見利思辱，重義輕財，富貴地位不苟受，方能保全氣節。

孝道思想：曾子曰：「孝有三：大孝尊親，其次不辱，其下能養。」（曾子十篇曾子大孝）又曰：「孝有三：大孝不匱，中孝用勞，小孝用力。博施備物，可謂不匱矣；尊仁安義，可謂用勞矣；慈愛忘勞，可謂用力矣。父母愛之，喜而不忘；父母惡之，懼而無怨；父母有過，諫而不逆。父母既殁，以哀祀之。加之如此，謂禮終矣。」（同上）又曰：「君子之孝也，以正致諫；士之孝也，以德從命；庶人之孝也，以力惡食。任善，不敢臣三德。故孝之於親也，生則有義以輔之，死則哀以莅焉，祭祀則莅之以敬，如此，而成於孝子也。」（曾子十篇曾子本孝）又曰：「君子立孝，其忠之用，禮之貴。故爲人子而不能孝其父者，不敢言人父不能畜其子者；爲人弟而不能承其兄者，不敢言人兄不能順其弟者；爲人臣而不能事其君者，不敢言人君不能使其臣者也。故與父言，言畜子；與子言，言孝父；與兄言，言順弟；與弟言，言承兄；與君言，言使臣；與臣言，言事君。」（曾子十篇曾子立孝）又曰：「往而不可還者，親也；至而不可加者，年也。是故孝子欲養，而親不逮也。木欲直，而時不待也。是故椎牛而祭墓，不如雞豚逮親存也。」（曾子全書養老）曾子言孝，既有很高的境界，又很虔誠樸實。他把孝分爲三個層級：「大孝尊親，其次不辱，其下能養。」孝的最高境界是尊敬，稱爲大孝；次一等的是不辱，不給父母落罵名；再下一等的是養活父母，讓父母有吃有穿，這是孝的底限。養老中的這段話是説：「故往而不可再生還者，是父母親的生命；到了一定的限度而不可再增加的，是父母的年齡。所以孝子想以後再盡贍養之心，而父母的年齡不會等待；這和樹木想直而時間不會等待是一個道理。所以，與其在父母死後擊殺大牛去祭墳，還不如讓父母活着的時候吃到小雞小豬呢。」這實實在在的道理，讓人聽得入心。

三　曾子著述

在孔子弟子中，曾子留在典籍中的言行事蹟材料最多。這説明，一是他的言行事蹟富有值得記載的價值，二是要歸功於其門人弟子及其後人的收集整理。

有關曾子的著述，歷代書目有下列記載：

漢書藝文志記載：「曾子十八篇。」

隋書經籍志記載：「曾子二卷，目一卷，魯國曾參撰。」

舊唐書經籍志記載：「曾子二卷，曾參撰。」

新唐書藝文志記載：「曾子二卷，曾參撰。」

宋代晁公武郡齋讀書志曰：「漢藝文志『曾子十八篇』，隋志『曾子二卷，目一卷』，唐志『曾子二卷』，今此書亦二卷，凡十篇，蓋唐本也。」

宋代陳振孫直齋書録解題曰：「曾子二卷，凡十篇，具大戴禮。」

宋代王應麟漢藝文志考證曰：「曾子十八篇。隋、唐志二卷，參與弟子公明儀、樂正子春、單居離、曾元、曾華之徒，論述立身孝行之要，天地萬物之理。今十篇，自修身至天圓，皆見於大戴禮，蓋後人摭出爲二卷。」

就這些文獻提供的信息看，曾參及其弟子、兒子曾經編輯過曾子書。漢書藝文志所記十八篇是否指此？然十八篇存世不久便陸續散佚，而戴德大戴禮記中的十篇，是否爲十八篇的遺存部分？按王應麟的説法，隋、唐志記載的二卷本以及宋人記載的二卷十篇本，皆由大戴禮中録出。

在今天看來，漢志所記十八篇本，隋、唐志所記二卷本，宋人所記十篇本，皆未流傳下來。各本與大戴禮曾子十篇到底有無不同，或有多大差異，不好言説。務實一些的話，還是宜根據當今能看到的文獻來談有關曾子的存世著述。比較而言，秦漢典籍中，數大戴禮記、小戴禮記（下稱禮記）中保存曾子著述爲多。

大戴禮記，原書八十五篇，今存三十九篇。三十九篇中，有十篇冠以曾子之名，即曾子立事、曾子本孝、曾子立孝、曾子大孝、曾子事父母、曾子制言上、曾子制言中、曾子制言下、曾子疾病、曾子天圓。這十篇集中記述曾子及其弟子言行事蹟。其他篇中，如主言、衛將軍文子等，也收有不少曾子材料。

禮記，原書四十九篇，今存。其中有曾子問一篇，專記曾子嚮孔子請教問題。又有大學一篇，今人多以爲曾子作。其他篇章，諸如檀弓、禮器、雜記等，都收有不少曾子材料。

除大戴禮記、禮記外，論語、孟子、韓詩外傳以及其他一些文獻，也記載了一些曾子言行事蹟。這些散見的材料，不便人們檢閲，應世人之需，自宋代開始，有學者做起了集成工作：

曾子全書，南宋汪晫於慶元、嘉泰年間輯成。汪氏廣采經史子集，輯成十二篇。該書分内篇、外篇兩大部分，内篇二篇，即仲尼閒居（即孝經）和明明德（即大學）；外篇十篇，即養老、周禮、有子問、喪服、晉楚、守業、三省、忠恕、佚兩篇。四庫全書收録了該書。

曾子全書，明代曾承業輯。該書分爲三卷，卷一篇目爲王言，卷二篇目爲修身、事父母、制言、疾病、天圓，卷三篇目爲本孝、立孝、大孝。四庫全書將其列入存目。

曾子書，清代馮雲鵷輯。全書八卷，卷一年譜，卷二王言，卷三立事、立孝、大孝、事父母，卷四制言、疾病、天圓，卷五補遺，卷六附録（記怪誕傳説），卷七祠墓古跡，卷八宗子世表（記曾參以下七十七代承繼關係）。此書爲馮氏校刊聖門十六子書之一種。聖門十六子書被收入山東友誼書社一九八九年出版的孔子文化大全。

曾子家語，清代王定安輯。全書六卷，卷一大孝、至德要道（孝經），卷二養老、慎終、大學，卷三三省、立事，卷四制言、全節、興仁、王言、聞見，卷五弔喪、禮問，卷六天圓、吾友、有疾、雜説。有續修四庫全書本傳世。

曾子十二篇，近代嚴式誨輯。該書於曾子十篇之外，增加大戴禮記中的王言和小戴禮記中的曾子問二篇；采自大戴禮記的用盧辯注、孔廣森補注，采自小戴禮記的用鄭玄注、王闓運箋。嚴氏孝義家塾刊印，後有臺灣廣文書局一九七五年印本。

重輯曾子遺書，近代嚴式誨輯。采輯曾子十二篇遺漏的材料，編爲十四卷。此書采用古籍七十餘種，搜羅較富，然多有與前人曾子書重複者。嚴氏孝義家塾刊印。

曾子校釋，賈慶超主編。全書分三編：第一編曾子全書，對汪晫曾子全書進行注釋；第二編曾子研究資料，彙集曾子全書以外的曾子材料；第三編宗聖志，對明代曾承業初修，吕兆祥續修，清代曾國荃、王定安重修的宗聖志進行標點整理。山東大學出版社一九九三年出版。

需要説明的是，大戴禮記中以曾子命名的十篇，清代阮元單獨成書，予以注釋，定名爲曾子十篇注釋出版發行，有新興書局一九五六年本、續修四庫全書本。今人賈繼海又對十篇進行校注，定名爲曾子訓釋，二〇〇五年由中國廣播電視出版社出版。

有關曾子的著述，大致如此。

四　曾子輯校整理説明

我們的這次輯校整理，是在前人研究的基礎上進行的，欲努力在以下幾個方面做得更好些：

一、將曾子言行事蹟材料輯録得更全。本書分爲三個部分：（一）曾子十篇，録自大戴禮記，可視爲漢代以前最基本的曾子書；（二）曾子全書，宋代汪晫編，收材料較全，且將大學、孝經收録，反映了後人視大學、孝經爲曾子書的傾向；（三）曾子補遺，是我們對前二書未收或漏收材料的補輯。補輯時，既廣泛梳理南北朝以前經子史類典籍，又廣泛參考歷代所輯的曾子書，力求收集得更加全備。

二、注重選擇古籍善本。曾子十篇，選擇以四部叢刊影印明代袁氏嘉趣堂刊大戴禮記爲底本；曾子全書，選擇以文淵閣四庫全書本爲底本。曾子補遺，所收經子史類典籍中的曾子材料，選擇用十三經注疏、四部叢刊、四庫全書、叢書集成、中華書局二十四史標點本等進行輯校，力求做到文字準確可靠。

三、審慎辨僞，摒棄虛假荒誕材料。古書中傳載的曾子言行事蹟有真有僞，一般來講，儒家經典、正史類書中的材料較爲真實，而子書中的有些材料真僞相雜，比如曾母齧指，曾子在楚而心動；曾子爲鶴療傷，後鶴銜明珠報；曾參居此，梟不入郭；曾參行孝，枯井生泉。本書持守嚴謹態度，注重從可靠文獻中選收材料。

四、審慎校注，確保校注品質。曾子的言行事蹟，同一種而各書所記有異，本書堅持以經子史可靠善本爲據。校異同，定是非，注重參考前人校注成果，吸取前人的長處，糾正前人的誤校誤注，力求爲讀者做出一個校勘精良、注釋準確簡明的讀本。

曾子十篇

戴德輯

曾子十篇，取自西漢戴德大戴禮記，其十篇皆冠名「曾子」，諸如曾子立事第一（在大戴禮記中爲第四十九篇）、曾子本孝第二（在大戴禮記中爲第五十篇）、曾子立孝第三（在大戴禮記中爲第五十一篇）、曾子大孝第四（在大戴禮記中爲第五十二篇）、曾子事父母第五（在大戴禮記中爲第五十三篇）、曾子制言上第六（在大戴禮記中爲第五十四篇）、曾子制言中第七（在大戴禮記中爲第五十五篇）、曾子制言下第八（在大戴禮記中爲第五十六篇）、曾子疾病第九（在大戴禮記中爲第五十七篇）、曾子天圓第十（在大戴禮記中爲第五十八篇）。清代阮元將其録出，加以校勘注釋，名曰曾子十篇注釋，單獨刊刻發行。自此，大戴禮記中保存下來的曾子言行材料便得以以單書獨立的形式流傳。

茲以四部叢刊影印明代袁氏嘉趣堂刊大戴禮記爲底本，以盧辯注本、漢魏叢書本、雅雨堂藏書本、四庫全書本、叢書集成本大戴禮記爲參校本。校勘注釋，主要參考盧辯大戴禮記注、孔廣森大戴禮記補注、阮元曾子十篇注釋、王聘珍大戴禮記解詁等。部分書名采用簡稱，如：

盧辯大戴禮記注，簡稱爲「盧辯注」；

孔廣森大戴禮記補注，簡稱爲「孔廣森補注」；

阮元曾子十篇注釋，簡稱爲「阮元注」；

汪中大戴禮記正誤，簡稱爲「汪中正誤」；

王聘珍大戴禮記解詁，簡稱爲「王聘珍解詁」；

于鬯大戴禮記校，簡稱爲「于鬯校」；

孫詒讓大戴禮記斠補，簡稱爲「孫詒讓斠補」；

戴禮大戴禮記集注，簡稱爲「戴禮集注」；

高明大戴禮記今注今譯，簡稱爲「高明今注今譯」；

黄懷信大戴禮記彙校集注，簡稱爲「黄懷信校注」。

校注中的「王念孫曰」，均引自王引之經義述聞之大戴禮記。

曾子立事第一

曾子曰：君子攻其惡〔一〕，求其過〔二〕，彊其所不能〔三〕，去私欲，從事於義，可謂學矣。

【校注】

〔一〕盧辯注："計其失。"阮元注："孔子曰："攻其惡，無攻人之惡。""其"，指自己。

〔二〕盧辯注："省其身。"省察自身，責求自身過錯。

〔三〕阮元注："不能者，難學之事。彊，勉彊也。"

君子愛日以學，及時以行，難者弗辟，易者弗從，唯義所在，日旦就業，夕而自省思〔一〕，以殁其身，亦可謂守業〔二〕矣。

【校注】

〔一〕"思"，盧辯注本、漢魏叢書本、雅雨堂藏書本、四庫全書本、叢書集成本皆有此字，唯阮元注本無此字。觀後文制言中"日旦就業，夕而自省，以殁其身"之語，當以無"思"字爲是。

〔二〕"業"，盧辯注本、漢魏叢書本、雅雨堂藏書本同，四庫全書本、叢書集成本作"義"。黄懷信校注曰："『業』不誤。"

君子學必由其業〔一〕，問必以其序。問而不決，承間觀色而復〔二〕之，雖不說，亦不彊争也。

【校注】

〔一〕盧辯注：「故業必請之。」孔廣森補注：「不攻異端也。」王聘珍解詁：「學記曰：『時教必有正業。』孔疏云：『正業，謂先王正典。』」

〔二〕盧辯注：「復，白也。」孔廣森補注：「復，再問也。」

君子既學之，患其不博也；既博之，患其不習也；既習之，患其無知也；既知之，患其不能行也；既能行之，貴其能讓也。君子之學，致此五者而已矣。君子博學而孱〔一〕守之，微言而篤行之。行必先人，言必後人〔二〕，君子終身守此悒悒〔三〕。行無求數有名，事無求數有成〔四〕；身言之，後人揚之；身行之，後人秉之〔五〕，君子終身守此憚憚〔六〕。

【校注】

〔一〕「孱」，謹小慎微。盧辯注：「孱，小貌，不務大。」高明今注今譯：「孱守，是説從小處著手，不務誇大。」

〔二〕盧辯注：「君子欲訥於言而敏於行。」此引孔子語，見論語里仁篇。「訥」爲遲鈍，「敏」爲敏捷。孔子是説，話不要説得那麽早、那麽快、那麽漂亮，而行動要敏捷，事情要做得漂亮。可與論語憲問篇「君子恥其言而過其行」、論語子路篇「先之勞之」（先民而勞）結合起來理解。

〔三〕「悒悒」，憂鬱，憂愁不安。盧辯注：「悒悒，憂念也。」阮元注：「悒悒，不安也。」王聘珍解詁：「悒悒，不舒之貌。」

〔四〕盧辯注：「數，猶促速。」孔廣森補注：「數音促。」高明今注今譯：「數，是急促的意思。」

〔五〕盧辯注：「非法不言，言則爲人輔之；非德不行，行則爲人安之。」王聘珍解詁：「揚，稱也。秉，持也，謂持守之也。」王説義勝。

〔六〕「憚憚」，憂懼。盧辯注：「憚憚，憂惶也。」

君子不絶小，不殄微也〔一〕，行自微也不微人〔二〕，人知之則願也，人不知苟吾自知也，君子終身守此勿勿〔三〕也。

【校注】

〔一〕盧辯注：「殄，亦絶也。」高明今注今譯：「殄，是殄滅。這句是説，不把人家的小善埋没而不表揚。」

〔二〕「微」，卑賤，卑微。孔子曰：「吾少也賤，故多能鄙事。」孔廣森補注：「自卑而尊人。」指自卑微而不鄙視人。漢語大詞典有「微視」一詞，釋義爲「非正眼相看」。

〔三〕「勿勿」，猶勉勉，勤懇不懈貌。禮記禮器：「卿大夫從君，命婦從夫人，洞洞乎其敬也，屬屬乎其忠也，勿勿乎其欲其饗之也。」鄭玄注：「勿勿，猶勉勉也。」

君子禍之爲患，辱之爲畏，見善恐不得與〔一〕焉，見不善者恐其及己也〔二〕，是故君子疑〔三〕以終身。

【校注】

〔一〕王聘珍解詁：「與，及也。」

〔二〕盧辯注：「論語曰：『見善如不及，見惡如探湯。』」「見惡如探湯」，今傳本論語作「見不善如探湯」。孔子説這話的意思是，見到善如同趕不及似的急切追求，見到不善如同探試沸水一樣急忙躲開。孔子教人學習善行，遠離邪惡。

〔三〕盧辯注：「疑善之不與，惡之及己也。」

君子見利思辱，見惡思詬〔一〕，嗜慾思恥，忿怒思患，君子終身守此戰戰〔二〕也。

【校注】

〔一〕盧辯注：「詬，恥也。」阮元注：「恐爲人所辱詬也。詬，駡也。」王聘珍解詁：「詬，謂詬病。」

〔二〕阮元注：「戰戰，恐也。曾子誦詩曰：『戰戰兢兢，如臨深淵，如履薄冰。』」

君子慮勝氣〔一〕，思而後動，論而後行，行必思言之，言之必思復〔二〕之，思復之必思無悔言，亦可謂慎矣。人信其言，從之以行；人信其行，從之以復；復宜其類，類宜其年〔三〕，亦可謂外内合矣。

【校注】

〔一〕盧辯注：「血氣勝則害身，故君子有三戒。」所謂「三戒」，即孔子所説：「君子有三戒：少之時，血氣未定，戒之在色。及其壯也，血氣方剛，戒之在鬭。及其老也，血氣既衰，戒之在得。」見論語季氏篇。

〔二〕盧辯注：「論語曰：『信近於義，言可復也。』」「復」的本義是「回復」，易泰卦：「無往不復。」「言可復」，指諾言可得以實踐、履行。朱熹論語集注：「復，踐言也。」楊伯峻論語譯注：「復言，是實踐諾言之義。」黄懷信校注按曰：「論，討論、研究。行，行事。言，嚮人道也。復，謂實現、兑現。欲復之，則不能有妄言也。」

〔三〕王聘珍解詁：「周語曰：『類也者，不忝前哲之謂也。萬年也者，令聞不忘之謂也。』」黄懷信校注：「王樹楠曰：『類宜其年，「年」，閣本作「言」。』阮云：『盧注引詩「樂只君子，萬壽無期」，則周時盧所見本是「年」字，閣本誤也。』◎懷信按：『年當作言，以音誤，閣本是，阮説非。』」又按：「宜，當也、合也。類，事也。復宜其類，言所復（實現）者合其事。言，即上『行必思言之』之言。所成之事與所言相合，故曰内外合也。諸説非。」

君子疑則不言，未問則不言，兩問則不行其難者〔一〕。

【校注】

〔一〕孔廣森補注：「人以兩端來問，則擇其易行者告之。」王聘珍解詁：「兩問，謂兩事當問也。」黄懷信校注：「『兩問則不行其難者』下汪中校增『道遠日益矣』五字。汪喜孫案：各本無末五字，謹案荀子大略篇『君子疑則不言，未問則不言，道遠日益矣』，注云：『此語出曾子。』先君蓋據此文校補。又案此五字各本錯簡在下『衆信弗主』上，先君據荀子移置於此。『矣』字各本誤作『云』，亦據荀子改。阮氏下注亦云『云』乃『矣』字之譌。◎戴禮曰：『行』當是『言』字之譌。荀子『言』作『立』，無末句。汪云一本有『道遠日益矣』句。◎懷信按：『兩問則不』下當脱『言』字，『行其難者』下當有『道遠日益矣』五字，汪補是。」

君子患難除之，財色遠之，流言滅之。禍之所由生，自孅孅〔一〕也，是故君子夙〔二〕絶之。

【校注】

〔一〕孔廣森補注：「孅孅，小也。」孅孅，細小貌。謂禍之出生時顯露出的細微苗頭。

〔二〕孔廣森補注：「夙，早也。」金人之銘曰：『涓涓不壅，終爲江河。毫末不札，將尋斧柯。』」韓非子喻老：「千丈之隄以螻蟻之穴潰，百尺之室以突隙之煙焚。」

君子己善，亦樂人之善也；己能，亦樂人之能也；己雖不能，亦不以援人〔一〕。

【校注】

〔一〕「援」，牽引，牽拉。孔廣森補注：「不引人以自解。」阮元注：「援，引也。己雖不能，望人能之，反是則引人同入於不能，忌人之長，恐形己短。」王聘珍解詁：「援，猶引也，取也，謂引取人之能以爲能也。」可與論語「己所不欲，勿施於人」、「己欲立而立人，己欲達而達人」、「君子尊賢而容衆，嘉善而矜不能」聯繫起來理解。

君子好人之爲善，而弗趣也〔一〕；惡人之爲不善，而弗疾也〔二〕。疾其過而不補也，飾其美而不伐也，伐則不益，補則不改矣〔三〕。

【校注】

〔一〕盧辯注：「不促速之，恐其倦也。」孔廣森補注：「趣音促。」趣意督促，催促。禮記月令：「乃趣獄刑，毋留有罪。」管子輕重己：「趣山人斷伐，具械器；趣菹人薪雚葦，足蓄積。」

〔二〕「疾」，疾恨。阮元注：「孔子曰：『人而不仁，疾之已甚，亂也。』」

〔三〕盧辯注：「顔淵曰：『願無伐善。』」王聘珍解詁：「補，謂彌縫其闕。飾，好也。伐，矜也。言惡人之過而不爲之彌縫，俟其自改也。好人之美而不與之矜誇，恐其自足也。」黄懷信校

注：「飾，裝飾、打扮。伐，自誇。益，進也。自伐其美則美不進益，修補其過則過不得改。」

君子不先人以惡，不疑人以不信〔一〕，不説人之過，成人之美，存往者，在來者〔二〕，朝有過夕改則與〔三〕之，夕有過朝改則與之。

【校注】

〔一〕盧辯注：「謂不億不信，不逆詐。」語見論語憲問篇：「不逆詐，不億不信，抑亦先覺者，是賢乎？」逆，本義爲「迎」，國語晉語：「呂甥逆君于秦。」引申爲「預先」，三國志諸葛亮傳：「於是以亮爲右將軍行丞相事。」注引魏晉春秋亮上言：「凡事如是，難可逆見。」億，預料，猜想，與先進篇「億則屢中」義同。孔子這話的意思是：不預料別人欺詐，不猜測別人不誠實，但是對別人的欺詐和虚假卻能事先察覺，這樣的人該是賢者吧？

〔二〕盧辯注：「在，猶存也。」孔廣森補注：「按爾雅，存、在皆察也，察人往行、來行，知其過改否。」

〔三〕「與」，讚許。

君子義則有常〔一〕，善則有隣。見其一，冀其二；見其小，冀其大；苟有德焉，亦不求盈〔二〕於人也。

【校注】

〔一〕「義」，行義，即品行、道義；也可理解爲「躬行仁義」。「常」，恒常。

〔二〕王聘珍解詁：「盈，滿也。不盈求於人者，論語曰：無求備於一人。」「盈」，滿；也可以理解爲驕傲自滿。易謙卦：「人道惡盈而好謙。」

君子不絶人之歡，不盡人之禮。來者不豫，往者不慎〔一〕也；去之不謗，就之不賂，亦可謂忠矣。

【校注】

〔一〕「慎」，盧辯注本、漢魏叢書本、雅雨堂藏書本同，四庫全書本、叢書集成本作「嗔」。「豫」，盧辯注：「慎故於物，來者不猶豫，往者無所慎。」該注欠妥，當從王聘珍解詁：「爾雅曰：『豫，樂也。』方言、廣雅並云：『慎，憂也。』」「豫」義喜悦，國語晉語：「坤，母也；震，長男也。母老子彊，故曰豫。」韋昭注：「豫，樂也。」「慎」意憂懼，晏子春秋：「（泯子午）覩晏子，恐慎而不能言。」此句「豫」、「慎」對言，是説有來者不爲之樂，有往者不爲之憂。

君子恭而不難〔一〕，安而不舒〔二〕，遜而不諂，寬而不縱，惠而不儉〔三〕，直而不徑〔四〕，亦可謂知矣。

【校注】

〔一〕「難」，同「戁（nǎn）」，恐懼。恭敬太過則恐懼。

〔二〕王聘珍解詁：「舒，猶慢也。」舒慢，遲緩，懈怠。

〔三〕「惠而不儉」，施恩惠於人，不要太節儉。王聘珍解詁：「儉爲吝嗇。論語：『猶之與人也，出納之吝。』」

〔四〕「徑」，捷徑，指正直而不走捷徑。論語雍也篇：「有澹臺滅明者，行不由徑。」

君子入人之國，不稱其諱，不犯其禁〔一〕，不服華色之服〔二〕，不稱懼惕之言。故曰：與其奢也，寧儉；與其倨也，寧句〔三〕；可言而不信，寧無言也。君子終日言，不在尤〔四〕之中；小人一言，終身爲罪。

【校注】

〔一〕王聘珍解詁：「曲禮曰：『入竟而問禁，入門而問諱。』」

〔二〕「華色之服」，彩衣。盧辯注：「服法服。」孝經曰：「非先王之法服不敢服，非先王之法言不敢言。」

〔三〕「倨」，傲慢；「句」，音「勾」，謙虚，恭敬。盧辯注曰：「倨猶慢也。句以喻敬。」

〔四〕「尤」，過也。阮元注：「孝經曰：言滿天下無口過。」

君子亂言而弗殖〔一〕，神言弗致〔二〕也，道遠日益云〔三〕。衆信弗主，靈〔四〕言弗與，人言不信不和。

【校注】

〔一〕「而」，孔廣森補注：「『而』疑衍字。」王引之校删「而」字及下句「也」字。「殖」，盧辯注：「夙絶也。」阮元注：「殖，生長也。」黄懷信校注：「殖，增加。」

〔二〕盧辯注：「怪力亂神，子所不語。」王聘珍解詁：「致，至也。」黄懷信校注：「致，達也，謂轉達。」

〔三〕「云」，盧辯注本、漢魏叢書本、雅雨堂藏書本同，四庫全書本、叢書集成本視爲衍字，從馬驌繹史删。「道遠日益」，王聘珍解詁：「道之旨遠，非一言可盡，君子日益其言，言以明道也。」戴禮集注：「楊注荀子云：『爲道久遠，自日有所益。』」

〔四〕「靈」，盧辯注本、漢魏叢書本、雅雨堂藏書本同，四庫全書本、叢書集成本從方本作「黔」。「黔」，古「陰」字，與經義難合，應以「靈言」爲是。「靈言」，盧辯注：「靈異之言。」阮元注：「鬼神曰靈。」基本符合經義。

君子不唱流言，不折辭，不陳人以其所能〔一〕。言必有主，行必有法，親人必有方〔二〕。多知而無親，博學而無方〔三〕，好多而無定者，君子弗與也。君子多知而擇焉，博學而算〔四〕焉，多言而慎焉。博學而無行，進給〔五〕而不讓，好直而徑，儉而好傞〔六〕者，君子不與也。夸而無恥，彊而無憚，好勇而忍人者，君子不與也。亟達〔七〕而無守，好名而無體，忿怒而爲〔八〕惡，足恭而口聖〔九〕，而無常位者，君子弗與也。

【校注】

〔一〕王聘珍解詁：「唱，導也。流言滅之，不導之使行。折，挫也。盧注云：『言不苟折窮人辭也。』聘珍謂：陳人，陳説於人也。能，謂己之功能。」高明今注今譯：「君子不唱導那些流傳而不可證實的話，不挫折别人的言辭，不拿自己的所能向人家陳説。」

〔二〕「方」，孔廣森補注：「方猶常也。」王聘珍解詁：「方，道也。」黄懷信校注：「親人，親近人。

方，道也，謂正確的方法。」

〔三〕「方」，盧辯注本、漢魏叢書本、雅雨堂藏書本、四庫全書本同，叢書集成本作「力」，誤。

〔四〕孔廣森補注：「算，選也。」

〔五〕「進給」，王聘珍解詁：「進，謂進取；給，捷也。」高明今注今譯：「學問淵博而没有德行，進取敏給而不講禮讓。」近似論語公冶長篇：「禦人以口給，屢憎於人。」禦人以口給，就是以口給禦人。口給，辭源解爲「口辭敏捷。給，足，言辭不窮的意思」，十三經辭典解爲「口齒伶俐，能言善辯。禦，抵禦，對付」。以巧言利口對付人，逞口才之能伶牙俐齒地與人交鋒，自然會「屢憎於人（常被人憎惡）」的。

〔六〕「侄」，窒塞。盧辯注：「侄，塞也。言好直即太徑，爲儉又太逼塞於下也。」黄懷信校注：「好徑，好走捷徑。侄，窒塞。好侄，不施於人也。儉而好侄，正與前文『惠而不儉』相對。」

〔七〕「亟達」，盧辯注：「亟，數也。數自達而無所守。」孔廣森補注：「亟，急也。急於求通達，所云『邦家必聞』者也。」黄懷信校注：「亟，屢也。達，通達。盧注不誤。」

〔八〕「爲」，盧辯注本、漢魏叢書本、雅雨堂藏書本同，四庫全書本、叢書集成本作「無」。王聘珍解詁：「爲，作也。因忿怒而作惡也。」黄懷信校注：「此屬君子所不與，則作『爲惡』爲是，若作『無惡』，則義相反矣。」

〔九〕孔廣森補注：「足恭，便辟爲恭也。口聖，大言自聖也。」論語公治長篇：「子曰：『巧言、令色、足恭，左丘明恥之，丘亦恥之。』」

巧言令色，能小行〔一〕而篤，難於仁矣。嗜酤酒，好謳歌，巷遊而鄉居者乎！吾無望焉耳〔二〕。出入不時，言語不序，安易而樂暴，懼之而不恐〔三〕，説之而不聽，雖有聖人，亦無若何矣。臨事而不敬，居喪而不哀，祭祀而不畏，朝廷而不恭，則吾無由知之矣。

【校注】

〔一〕阮元注：「小行，即子夏所言『致遠恐泥』之小道。」語見論語子張篇：「子夏曰：『雖小道，必有可觀者焉，致遠恐泥，是以君子不爲也。』」邢昺論語注疏曰：「此章勉人學爲大道正典也。小道謂異端之説，百家語也。雖曰小道，亦必有小理可觀覽者焉，然致遠經久，則恐泥難不通，是以君子不學也。」朱熹論語集注曰：「小道，如農圃醫卜之屬。」可見，「小道」是儒家對仁道禮教以外學説、技藝的貶稱，與「大道」相對。所謂大道，可以理解爲大道理、大道德，即國家、民生、仁道、禮教方面的大事情。

〔二〕盧辯注：「無可望也。」尚書大傳曰：『古者聖帝之治天下也，五十已下非蒸社不敢遊飲，唯六十以上游飲也。』」孔廣森補注：「居，高安本作飲。」黃懷信校注：「『鄉飲』義勝，且與盧注合。」高明今注今譯：「嗜愛買酒喝，喜好嘴裏哼著歌曲，在里巷裏閑逛，而住在家鄉裏的人嗎？ 我對於他們是不抱希望的了。」

〔三〕高明今注今譯：「安易而樂暴：是說以簡慢爲安，以殘暴爲樂。懼之而不恐：是說嚇唬他也不怕。」

三十、四十之間而無藝〔一〕，即無藝矣；五十而不以善聞矣〔二〕；七十而無德，雖有微過，亦可以勉〔三〕矣。其少不諷誦，其壯不論議〔四〕，其老不教誨，亦可謂無業之人矣。

【校注】

〔一〕「藝」，才藝，技藝，學問本領。

〔二〕「善聞」後，雅雨堂藏書本、叢書集成本據宋本補「則無聞矣」四字，可從。王聘珍解詁：「埶，謂道埶也。內則曰：『三十博學無方，遜友視志。四十方物出謀發慮。』此時猶不能於道埶，則時過難成，可以決其無埶也。無埶之人，亦安有善可聞乎。論語曰：『四十五十而無聞焉，斯亦不足畏也已。』」

〔三〕孔廣森補注：「勉，當爲免，言不足責。」

〔四〕阮元注：「詩、書、禮、樂諸藝文，皆當諷誦；古今爲學之道，當論議。」

少稱不弟焉，恥也；壯稱無德焉，辱也；老稱無禮焉，罪也〔一〕。過而不能改，倦〔二〕也；行而不能遂〔三〕，恥也；慕善人而不與焉，辱也；弗知而不問焉，固〔四〕也；說而不能，窮也；喜怒異慮，惑也；不能行而言之，誣〔五〕也；非其事而居之，矯〔六〕也；道言而飾其辭，虛也；無益而厚受祿，竊也；好道煩言〔七〕，亂也；殺人而不戚焉，賊也。

【校注】

〔一〕阮元注：「孔子曰：『幼而不孫弟，長而無述焉，老而不死，是爲賊。』」見論語憲問篇，係孔子責罵原壤之語。

〔二〕「倦」，懈怠，倦怠。戴禮注：「集韻：『倦，懈也。謂不能克己。』」

〔三〕「遂」，完成，成功。

〔四〕「固」，固陋。

〔五〕「誣」，誣妄。

〔六〕「矯」，矯詐。阮元注：「矯，詐僞也。」

〔七〕「煩言」，氣憤或不滿之言。阮元注：「煩讀爲忿。煩言，忿争之言。春秋左氏傳曰：『嘖有煩言，賊殘賊也。』」

人言不善而不違，近於説其言；説其言，殆〔一〕於以身近之也；殆於以身近之，殆於身之矣。人言善而色葸〔二〕焉，近於不説其言；不悦其言，殆於以身近之也；殆於以身近之，殆於身之矣。

【校注】

〔一〕「殆」，盧辯注：「殆，危之。」孔廣森補注：「殆，幾也。悦之則幾於近之，近之則幾於身爲之。」殆，近也，孔注是。

〔二〕「葸」，畏懼貌。

故目者，心之浮也；言者，行之指也〔一〕；作於中則播於外也。故曰：以其見者占其隱者。故曰：聽其言也，可以知其所好矣。觀説之流，可以知其術〔二〕也。久而復之，可以知其信矣。觀其所愛親，可以知其人矣。臨懼之而觀其不恐也，怒之而觀其不惛也，喜之而觀其不誣〔三〕也，近諸色而觀其不踰也，飲食之而觀其有常也，利之而觀其能讓也，居哀而觀〔四〕貞也，居約而觀其不營〔五〕也，動勞之而觀其不擾人也〔六〕。

【校注】

〔一〕「浮」，王聘珍解詁：「浮，孚也。指，示也。論語曰：『聽其言而信其行。』」黃懷信校注：「浮，漂浮物，浮於上者。指，指示物，標誌也。」高明今注今譯：「浮，通『孚』，是孚信的意思。這句是說，眼睛是心靈的信號。指，是指示。這句是說，言語是行爲的指示。」

〔二〕「流」，阮元注：「流，謂言流於口。詩曰：『巧言如流。』盧僕射曰：『術，心術也。』」

〔三〕「誣」，盧辯注：「惛，亂也。誣，妄也。」王念孫曰：「喜與誣妄義不相承，『誣』當爲『輕』。荀子不苟篇：『君子喜則和而理，小人喜則輕而翾。』楊倞注曰：『輕謂輕佻失據。』是喜而不輕者惟君子能之，故曰喜之而觀其不輕。文王官人篇曰：『喜之以物以觀其不輕。』是其明證也。俗書『巫』字或作『巠』，形與『坙』相似，故從巠從巫之字往往譌溷。」

〔四〕「觀」後，雅雨堂藏書本、四庫全書本、叢書集成本有「其」字。

〔五〕王聘珍解詁：「約，貧困也。營，惑也。」

〔六〕「動」，漢魏叢書本同，盧辯注本、雅雨堂藏書本、四庫全書本、叢書集成本作「勤」，是。「人」，阮元校曰：「『擾』下各本有『人』字，衍也。閣本無『人』字，今據删。」

君子之於不善也，身勿爲能也，色勿爲不可能也；色也勿爲可能也，心思勿爲不可能也〔一〕。太上樂善，其次安之，其下亦能自彊。仁者樂道，智者利道，愚者從，弱者畏。不愚不弱，執誣以彊〔二〕，亦可謂棄民矣。太上不生惡，其次而能夙絶之也，其下復而能改也。復而不改，殞身覆家，大者傾覆社稷。是故君子出言以鄂鄂〔三〕，行身以戰戰，亦殆勉於罪矣〔四〕。是故君子爲小由〔五〕爲大也，居由仕也〔六〕，備則未爲備也，而勿慮〔七〕存焉。

【校注】

〔一〕孔廣森補注：「言君子之屏去不善，無所勉强於心色之間，是人所難能也。色也，『也』字衍。」高明今注今譯：「君子對於不善的事，叫自己的身體不要去做，是能够做到的；叫容色表現出不要去做，是不可能做到的。容色啊表現出不要去做，是可能做到的；叫心裏想不要去做，是不可能做到的。（可見要禁止自己做不善的事，必須從内心做起。）」

〔二〕盧辯注：「自執而誣於善。」孔廣森補注：「此彊讀屈强之彊。」王聘珍解詁：「執，攝也。誣，罔也。以惡取善曰誣。彊，暴也。古者棄民，屏之遠方，終身不齒。」黄懷信校注：「誣，妄。執誣，背道也。彊，彊行。」

〔三〕「咢」，通「諤」，直言。「咢咢」，盧辯注：「辨厲也。」辭源：「咢咢：直言争辯貌。」

〔四〕阮元注：「殞，殁也。咢，與咢通借。咢，言相逆也。勉，讀爲免。論語曾子曰：『士不可以不宏毅，任重而道遠。』孝經孔子曰：『富貴不離其身，然後能保其社稷而和其民人。』詩曰：『戰戰兢兢，如臨深淵，如履薄冰。』」

〔五〕孔廣森補注：「由，古通以爲猶字。」王聘珍解詁：「由，讀曰猶。居，謂居家也。」高明今注今譯：「所以君子做小事猶如做大事。」

〔六〕盧辯注：「故曰父母爲嚴君，子孫爲臣民也。」阮元注：「孔子曰：書云：『孝乎惟孝，友于兄弟，施于有政。』是亦爲政。」見論語爲政篇。語義爲：孝呀，惟有孝順父母，友愛兄弟，方能延及國政。這也就等於爲政。高明今注今譯：「居住在家裏猶如出仕在朝廷。」

〔七〕「勿慮」，大凡，大概。王念孫曰：「勿慮，猶言無慮，語之轉耳。高注淮南俶真篇云：『無慮，大數名也。』言治國之道雖未備，而大較已存乎此矣。」

事父可以事君，事兄可以事師長；使子猶使臣也，使弟猶使承嗣〔一〕也；能取朋友者，亦能取所予〔二〕從政者矣。賜與其宮室，亦猶慶賞〔三〕於國也；忿怒其臣妾，亦猶用刑罰於萬民也；是故爲善必自内始也。内人怨之，雖外人亦不能立也〔四〕。

【校注】

〔一〕「承嗣」，即承司。孔廣森補注：「承，丞也。春秋左傳曰：『請承嗣。』讀爲司。丞司者，官之偏貳，故弟視之。」戴禮集注：「『嗣』當作『司』。書高宗肜日：『王司敬民。』殷本紀作『嗣』。王校謂嗣、司通借，非也。蓋『司』古文作『𤔲』，與『嗣』形近，故史書並譌『𤔲』爲『嗣』也。使弟猶使承司，言亦不可以私也。」黄懷信校注：「按：『嗣』本字當作『司』，戴校是。」又按：「『承』同『丞』。丞司，佐史也。」盧辯注爲「承嗣，謂冢子也」，高明譯爲「使用弟弟猶如使用長子」，均誤。

〔二〕孔廣森補注：「『所予』之予，當爲與；『賜與』之與，當爲予，寫者互之。」黄懷信校注：「所與從政者，一起從政者也。」

〔三〕「宮室」，房屋。「慶賞」，賞賜。黄懷信校注：「宮室，宅舍也。賜與其宮室亦猶用慶賞於國家，其言一心在公也。忿怒其臣妾亦猶用刑罰於萬民，治國必先齊家之意。」

〔四〕盧辯注：「大學曰：『欲治其國，先齊其家。』居家治，則移官亦理也。」

居上位而不淫，臨事而栗者〔一〕，鮮不濟矣。先憂事者後樂事，先樂事者後憂事〔二〕。昔者，天子日旦思其四海之内，戰戰唯恐不能乂〔三〕；諸侯日旦思其四封之内，戰戰唯恐失損之；大夫士日旦思其官，戰戰唯恐不能勝；庶人日旦思其事，戰戰唯恐刑罰之至也。是故臨事而栗者，鮮不濟矣。

【校注】

〔一〕「淫」，驕淫，淫逸。「栗」，通「慄」，戰慄，恐懼。「栗」還含有謹敬、嚴肅義。面對要做的事有恐懼感，擔心做不好，且嚴肅謹慎對待，這樣，很少有做不成功的。

〔二〕戴禮集注：「論語云：『先難而後獲。』又曰：『人無遠慮，必有近憂。』」

〔三〕盧辯注：「乂，治也。」

君子之於子也，愛而勿面也，使而勿貌也，導之以道而勿强也〔一〕。宫中雍雍，外焉肅肅，兄弟憘憘，朋友切切〔二〕，遠者以貌，近者以情。友以立其所能，而遠其所不能，苟無失其所守，亦可與終身矣。

【校注】

〔一〕「勿面」，盧辯注：「不形於面。」「勿貌」，盧辯注：「不以貌勞徠之。」戴禮集注：「此言愛勿假以辭色，使勿形於姑息，故易家人有嚴君焉，勿强言辭色，尚嚴則教之宜善也。」高明今注今譯：「君子對於兒子，愛他，但不要表現在臉上；差使他，但不要表現在儀態上；教導他有方法，但是不要强勉他。」

〔二〕阮元注：「宫中，室内也。外，門外也。雍雍，和也。肅肅，敬也。憘憘，悦也。切切，言相切直也。」論語曰：「朋友切切偲偲，兄弟怡怡。」即朋友之間相互切磋責勉，兄弟之間相處和和氣氣。

曾子本孝第二

曾子曰：忠者，其孝之本與〔一〕！孝子不登高，不履危〔二〕，痺亦弗憑〔三〕，不苟笑，不苟訾〔四〕，隱不命，臨不指〔五〕，故不在尤〔六〕之中也。孝子惡言死〔七〕焉，流言止焉，美言興焉，故惡言不出於口，煩言〔八〕不及於己。

【校注】

〔一〕孔廣森補注：「孝貴忠誠，無飾僞也。」

〔二〕盧辯注：「敬父母之遺體，故跬步未敢忘其親。」

〔三〕「痺」，盧辯注本、漢魏叢書本、雅雨堂藏書本同，四庫全書本、叢書集成本作「庳」。「痺」「庳」通，意爲低下。孔廣森補注：「庳，卑也。弗憑，卑者不臨深也。」憑，徒涉也。洛陽伽藍記永寧寺：「不意兆不由舟楫，憑流而渡。」

〔四〕孔廣森補注：「訾，毁也。」不苟訾，即不隨便詆毁人。

〔五〕「隱不命，臨不指」，謂隱下（不在位）不發命令，臨上（在上位）也不亂指使。

〔六〕「尤」，過失。阮元注：「有尤必辱親。」

〔七〕「死」，阮元注：「死之言澌，滅也。」黄懷信校注：「『惡』如字。惡言，即道人過惡之言。死，不起，與興相對。」

〔八〕「煩言」，阮元注：「煩讀爲忿。煩言，忿争之言。」漢語大詞典釋曰：「煩言，氣憤或不滿的話。韓非子大體：『心無結怨，口無煩言。』」

故孝子之事親也，居易〔一〕以俟命，不興險行〔二〕以徼幸。孝子游〔三〕之，暴人違之。出門而使，不以或爲父母憂〔四〕也。險塗隘巷，不求先焉，以愛其身，以不敢忘其親也。

【校注】

〔一〕「居易」，猶平安，平易。盧辯注：「處安易之道以聽命也。」中庸：「君子居易以俟命，小人行險以徼幸。」

〔二〕「險」，盧辯注本、雅雨堂藏書本、四庫全書本、叢書集成本同，漢魏叢書本作「儉」。險行，王聘珍解詁：「興，猶行也。險行，謂傾危之行。」黄懷信校注：「興，舉也。險行，冒險之行。」

〔三〕「游」，王念孫曰：「游，疑當作由。」黄懷信校注：「由之，順從之也。」

〔四〕「憂」，盧辯注本、雅雨堂藏書本、四庫全書本、叢書集成本同，漢魏叢書本脱此字。

孝子之使人也，不敢肆行，不敢自專也。父死三年，不敢改父之道。又能事父之朋友，又能率朋友以助敬也。

君子之孝也，以正致諫；士之孝也，以德從命；庶人之孝也，以力惡食〔一〕。任善，不敢臣三德〔二〕。故孝之〔三〕於親也，生則有義以輔之，死則哀以莅〔四〕焉，祭祀則莅之以敬。如此，而成於孝子也。

【校注】

〔一〕盧辯注：「分地任力致甘美。」孔廣森補注：「惡食，言養以甘美，自食其惡者也。」汪中正誤：「惡，當作務，聲之誤也。」黄懷信校注：「惡，當作『務』，以聲誤，汪中説是。」「務」，從事，操勞。庶民用自己的力氣操持供養父母的衣食。

〔二〕阮元注：「任善，用賢也。」盧辯注：「謂王者之孝。三德，三老也。白虎通曰：『不臣三老，崇孝。』」「三老」，指國三老，多以致仕三公任之。

〔三〕「孝之」，盧辯注本、漢魏叢書本、雅雨堂藏書本同，四庫全書本、叢書集成本作「孝子」。阮元注據閣本作「孝子之」，可從。

〔四〕「莅」，臨。

曾子立孝第二

曾子曰：君子立孝，其忠之用，禮之貴〔一〕。故爲人子而不能孝其父者，不敢言人父不能畜〔二〕其子者；爲人弟而不能承〔三〕其兄者，不敢言人兄不能順其弟者；爲人臣而不能事其君者，不敢言人君不能使其臣者也。故與父言，言畜子；與子言，言孝父；與兄言，言順弟；與弟言，言承兄；與君言，言使臣；與臣言，言事君。

【校注】

〔一〕盧辯注：「有忠與禮，孝道立。」王聘珍解詁：「賈子道術云：『子愛利親謂之孝，愛利出中謂之忠。』論語曰：『生事之以禮，死葬之以禮，祭之以禮。』」

〔二〕「畜」，養。

〔三〕「承」，順從，奉承。

君子之孝也，忠愛以敬〔一〕，反是亂也。盡力而有禮，莊敬而安之，微諫不倦〔二〕，聽從而不怠，懽欣忠信，咎故不生，可謂孝矣。盡力無禮，則小人也〔三〕；致敬而不忠，則不入也〔四〕。是故禮以將其力，敬以入其忠，飲食移味〔五〕，居處温愉，著心於此，濟其志也。

【校注】

〔一〕「忠愛以敬」，王聘珍解詁：「忠愛，謂中心之愛。敬，謂嚴肅。」阮元注：「忠則必愛，有禮故敬。子夏曰：『事父母能竭其力。』子游問孝，子曰：『今之孝者是謂能養，至於犬馬，皆能有養，不敬，何以别乎？』孝經曰：『愛敬盡於事親。』又曰：『慈愛恭敬，安親揚名。』」

〔二〕「微諫不倦」，王聘珍解詁：「微諫，幾諫也。內則曰：『父母有過，下氣怡色，柔聲以諫也。』不倦，不勞也。謂諫若不入，起敬起孝，悦則復諫，不以爲勞也。」

〔三〕盧辯注：「豈小人而已哉！乃犬馬之養。」語見論語爲政篇：子游問孝。子曰：「今之孝者是謂能養，至於犬馬，皆能有養，不敬，何以别乎？」朱熹論語集注解曰：「犬馬待人而食，亦若養然。言人畜犬馬，皆能有以養之，若能養其親而敬不至，則與養犬馬者何異。」盧辯蓋亦如此理解，然不合孔子本意。李光地讀論語劄記曰：「如舊説犬馬能養，則引喻失義，聖人恐不應作是言。且能字接犬馬説，似非謂人能養犬馬也。蓋言禽獸亦能相養，但無禮耳。人養親而不敬，何以自別於禽獸乎？」李光地「相養」説是正確的。烏鳥反哺其母之佳話以及動物中衆多相養的真實例子，證實禽獸確實能做到相養。人能長幼間相養，動物也能做到長幼間相養，人若在贍養老人時體現不出「敬」來，那麽與禽獸有何區别？關鍵要看這個「别」字，孔子强調的是人與禽獸的區别。孔子的境界高，對人在孝的方面要求高，在對待老人方面，只做到「養」是不够的，還要做到「敬」，不能停留在禽獸的水準上。後人多體會不出，以致誤解。

〔四〕阮元注：「人，納也。敬而不忠則不能納諫於親。」

〔五〕「飲食移味」，盧辯注：「隨所欲也。」隨着父母的意思改變飲食的滋味。

子曰：「可人〔一〕也，吾任其過；不可人也，吾辭其罪〔二〕。」詩云：「有子七人，莫慰母心。」子之辭也；「夙興夜寐，無忝〔三〕爾所生」，言不自舍也。不恥其親，君子之孝也。

【校注】

〔一〕「可人」及下句「不可人」之「人」字，盧辯注本、漢魏叢書本、雅雨堂藏書本同，四庫全書本、叢書集成本作「入」，是。阮元注：「此曾子述孔子之言，以證入忠之義。『人』當爲『入』字之誤也。入，納也，謂納忠諫於親也。」王聘珍解詁：「『人』當爲『入』，謂入諫也。」

〔二〕「任其過」「辭其罪」，孔廣森補注：「此言微諫之道。過則稱己也；諫若不從，又爲之辭説，使親若無罪然，所謂子爲父隱。」王聘珍解詁：「任，當也。任過者，過則歸己也。説文云：『辭，訟也。』辭其罪，謂内自訟也。書曰：『于父母負罪隱慝。』」黄懷信校注：「任，負也。辭，不受也，此猶言免。言其諫言若可采納，我自己替他承擔過錯；即使不可采納，我也辭免其罪。」「辭」字之解，比較而言，當以孔注「辭説」爲勝。「辭」有解説、辯解義，禮記表記：「仁之難成久矣，人人失其所好，故仁者之過易辭也。」鄭玄注：「辭，猶解説也。」左傳僖公四年：「君非姬氏，居不安，食不飽。我辭，姬必有罪。」

〔三〕「忝」，辱也。

是故未有君而忠臣可知者，孝子之謂也；未有長而順下可知者，弟弟之謂也〔一〕；未有治而能仕〔二〕可知者，先脩〔三〕之謂也。故曰孝子善事君，弟弟善事長。

君子一孝一悌，可謂知終〔四〕矣。

【校注】

〔一〕盧辯注：「孝經曰：『以孝事君則忠，以敬事長則順。』」孔廣森補注：「臣以人不非其君爲能忠，子以人不閒其父母爲能孝，弟弟亦思不恥其兄也。」

〔二〕王聘珍解詁：「治，治職也。」「仕」，盧辯注本、漢魏叢書本、雅雨堂藏書本、叢書集成本同，四庫全書本作「任」，誤。

〔三〕「先脩」，指在家裏先做好修身工夫。

〔四〕「知終」，孔廣森補注：「孝終於事君，弟終於事長。君子以其孝弟知其能終。」王聘珍解詁：「孝經曰：『夫孝，始於事親，中於事君，終於立身。』」

曾子大孝第四

曾子曰：「孝有三：大孝尊親，其次不辱〔一〕，其下能養。」公明儀〔二〕問於曾子曰：「夫子可謂孝乎？」曾子曰：「是何言與！是何言與！君子之所謂孝者，先意承志〔三〕，諭父母於道。參直〔四〕養者也，安能爲孝乎？身者，親之遺體也。行親之遺體，敢不敬乎！故居處不莊，非孝也；事君不忠，非孝也；涖〔五〕官不敬，非孝也；朋友不信，非孝也；戰陣無勇，非孝也。五者不遂，災及乎身〔六〕，敢不敬乎！故烹熟鮮香〔七〕，嘗而進之，非孝也，養也。

【校注】

〔一〕「不辱」，孝子爲人處世能不讓父母蒙辱。

〔二〕「公明儀」，曾子弟子。

〔三〕「先意」，謂父母還未想到的，孝子就先爲他們想到做到了。「承志」，謂父母有什麽心思志願，孝子就能秉承去做。

〔四〕孔廣森補注：「直，猶特也。」直，只不過。

〔五〕涖，同「莅」、「蒞」、「涖」，意爲到，臨。涖官，到職，居官，任官。

〔六〕孔廣森補注：「鄭君曰：遂，猶成也。舊本云『身』一作『親』，按小戴作『烖及於親』。」黄懷信校注：「『身』當作『親』，一本及小戴、吕覽是。遂，猶達也。」

〔七〕「烹熟鮮香」，王聘珍解詁：「鳥獸新殺曰鮮。香，謂黍稷馨香也。」阮元注：「烹，烹肉。熟，熟穀。鮮，讀爲羶，肉氣也。香，穀氣也。小戴作『烹熟羶薌』，無『故』字。大戴舊校本云：『鮮』一作『羶』。今按：『烹熟薌』應作『亨孰香』，『鮮』乃『羶』之音近假借字。說文羶義屬肉，香義屬穀，固宜分別。郊特牲鄭注讀羶薌爲馨香，義各有取也。」

君子之所謂孝者，國人皆稱願〔一〕焉，曰：『幸哉！有子如此！』所謂孝也。民之本教曰孝〔二〕，其行之曰養。養可能也，敬爲難；敬可能也，安爲難；安可能也，久爲難；久可能也，卒爲難。父母既歿，慎行其身，不遺父母惡名，可謂能終也。夫仁者，仁此者也；義者，宜此者也；忠者，中〔三〕此者也；信者，信此者也；禮者，體此者也；行者，行此者也；彊者，彊此者也。樂自順此生，刑自反此作。夫孝者，天下之大經也。夫孝，置之而塞於天地，衡之而衡於四海〔四〕，施諸後世而無朝夕〔五〕，推而放諸東海而準，推而放諸西海而準，推而放諸南海而準，推而放諸北海而準。詩云：『自西自東，自南自北，無思不服。』此之謂也。孝有三：大孝不匱，中孝用勞〔六〕，小孝用力。博施備物〔七〕，可謂不匱矣；尊仁安義，可謂用勞矣；慈愛〔八〕忘勞，可謂用力矣。父母愛之，喜而不忘；父母惡之，懼而無怨；父母有過，諫而不逆。父母既歿，以哀祀之。加之如此，謂禮終矣。」

【校注】

〔一〕「稱願」，稱許羡慕。

〔二〕盧辯注：「孝經曰：『夫孝，德之本也，教之所由生也。』」

〔三〕「中」，盧辯注本、漢魏叢書本、雅雨堂藏書本同，四庫全書本、叢書集成本從方本作「忠」。「中」是。阮元注：「中，讀如『億則屢中』之『中』。」黄懷信校注：「中，去聲，合也。」

〔四〕盧辯注：「置，猶立也。衡，猶横也。」黄懷信校注：「置，豎也。塞，填塞、充滿。衡，即横，古通用。下衡，謂横亘、横貫。」

〔五〕「無朝夕」，盧辯注：「言常行也。」阮元注：「謂無一日不行也。」

〔六〕盧辯注：「詩云『孝子不匱，永錫爾類』也。勞，猶功也。」阮元注：「匱，竭也。勞，鄭司農云：『勞，猶功也。』」黄懷信校注：「不匱，謂孝心不匱竭，言用心也。」

〔七〕孔廣森補注：「此王者之孝，德教加于百姓，形于四海，博施之謂也；四海之内各以其職來祭，備物之謂也。」黄懷信校注：「博施，廣施天下之父母也。備物，備其用物也。」

〔八〕「慈受」，漢魏叢書本同，盧辯注本、雅雨堂藏書本、四庫全書本、叢書集成本作「慈愛」，是。慈愛忘勞，孔廣森補注：「庶人之孝。」

樂正子春〔一〕下堂而傷其足，傷瘳〔二〕，數月不出，猶有憂色。門弟子問曰：「夫子傷足瘳矣，數月不出，猶有憂色，何也？」樂正子春曰：「善如爾之問也。吾聞之曾子，曾子聞諸夫子曰：『天之所生，地之所養，人爲大矣。父母全而生之，子全而歸之，可謂孝矣；不虧其體，可謂全矣。』故君子頃步〔三〕之不敢忘也。今予忘夫孝之道矣，予是以有憂色。」故君子一舉足不敢忘父母，一出言不敢忘父母。一舉足不敢忘父母，故道而不徑〔四〕，舟而不游，不敢以先父母之遺體行殆〔五〕也。一出言不敢忘父母，是故惡言不出於口，忿言〔六〕不及於己。然後不辱其身，不憂其親，則可謂孝矣。

【校注】

〔一〕「樂正子春」，曾子弟子。

〔二〕「瘳」，病癒。

〔三〕阮元注：「虧，損也。頃，讀爲跬，聲近假借也。跬，一舉足也。」葛其仁小爾雅疏證：「跬，通頃，謂一舉足，半步。」

〔四〕盧辯注：「不由徑也。」黄懷信校注：「道，謂行大道。徑，謂抄小路。」漢語大詞典釋「徑」曰：「比喻能達到某種目的的不正當門路。」

〔五〕「先父母之遺體」，謂己身也。「行殆」，走危險的路，做危險的事。

〔六〕「忿言」，怨言，怨恨的話。

草木以時伐焉，禽獸以時殺焉。夫子曰：「伐一木，殺一獸，不以其時，非孝也。」

曾子事父母第五

單居離〔一〕問於曾子曰：「事父母有道乎？」曾子曰：「有。愛而敬。父母之行，若中道則從，若不中道則諫，諫而不用，行之如由己〔二〕。從而不諫，非孝也；諫而不從，亦非孝也。孝子之諫，達善而不敢争辨。争辨者，作亂之所由興也。由己爲無咎則寧，由己爲賢人則亂〔三〕。孝子無私樂，父母所憂憂之，父母所樂樂之。孝子唯巧變〔四〕，故父母安之。若夫坐如尸，立如齊，弗訊不言，言必齊色〔五〕，此成人之善者也，未得爲人子之道也。」

【校注】

〔一〕「單居離」，曾子弟子。

〔二〕阮元注：「親中道，則子從。不中道，則子諫。諫而親不用，則親行之。不中道，如由己致之，代親受過，更思復諫也。孝經曰：『父有争子，則身不陷於不義。』故當不義，則子不可以不争於父。」王聘珍解詁：「行之，謂父母行之。由，自也。如由己者，過則歸己也。」

〔三〕孔廣森補注：「言諭親於道，使無大咎，則可以安也。將責難陳善，使其親由己而爲賢人，則失無犯之義。」阮元注：「諫親者，但求因諫而親免於過。若謂由己之諫使不賢之親轉爲賢人，則是揚親過而自立名，大亂之道。」

〔四〕「巧變」，靈巧變化，順遂父母。

〔五〕盧辯注：「齊，謂祭祀時。訊，問也。齊色，嚴敬其色。」孔廣森補注：「上『齊』音齋，此『齊』如字。」阮元注：「坐如祭尸之位，立如致齋之時，皆莊敬也。上問下曰訊。齊色，整齊顏色也。」王聘珍解詁：「祭義曰：『嚴威儼恪，非所以事親也，成人之道也。』」黃懷信校注：「尸，祭祀時代死者受祭之人。如尸，喻其端坐無所動。如齊之齊讀如齋，謂祭祀。齊色，正色。」漢語大詞典：「齊，通作齋。莊重，嚴肅恭敬。齊色，莊重恭敬的神色。」

單居離問曰：「事兄有道乎？」曾子曰：「有。尊事之以爲己望也〔一〕，兄事之不遺其言〔二〕。兄之行若中道，則兄事之〔三〕；兄之行若不中道，則養之〔四〕。養之内不養於外，則是越〔五〕之也；養之外不養於内，則是疏之也〔六〕，是故君子内外養之也。」

【校注】

〔一〕盧辯注：「謂儀象也。」孔廣森補注：「尊事，通解作尊視。」阮元注：「爲己所表望。」儀象，義近模式、模範。漢語大詞典：「望，瞻視，景仰。易繫辭下：『君子知微知彰，知柔知剛，萬夫之望。』孔穎達疏：『故爲萬夫所瞻望也。』亦指榜樣。孟子離婁下：『寇去，則先去以爲民望。』」

〔二〕王念孫曰：「尊事之以爲己望，不遺其言，文義上下相承，則『也』爲衍字。『兄事之』三字，疑亦涉下文『弟之行若不中道，則兄事之』而衍。蓋非我兄而事之如兄，故曰兄事之，曲禮曰『十年以長，則兄事之』是也。既爲我之兄，何得言兄事之乎？且既言尊事之，則不必更言兄事之矣。」

〔三〕王念孫曰：「事之與養之對文，（上文「父母之行若中道則從，若不中道則諫」，文義亦與此同）則『事』上不當有『兄』字，蓋亦涉下文而衍。」

〔四〕盧辯注：「養，猶隱之。」孔廣森補注：「如『中也養不中』之養。」孔視「養」爲「教育」「薰陶」，義勝。禮記文王世子：「立太傅、少傅以養之，欲其知父子君臣也。」鄭玄注：「養者教也。」孟子離婁下：「中也養不中，才也養不才，故人樂有賢父兄也。」朱熹集注：「養謂涵育薰陶，俟其自化也。」

〔五〕孔廣森補注：「越，過也，言以能賢加其兄。」此「越」，似可理解爲「遠」，與「疏」義近。小爾雅廣言：「越，遠也。」兄之行不合道，若内外不教，皆爲疏遠。

〔六〕黃懷信校注：「養，並讀爲『隱』。内外以家言，謂家人與外人、家中與外界。越，揚也。不隱于外，無異於宣揚之也。疏，疏遠，不親也。不隱於内，猶揭其短也，故不親。」

單居離問曰：「使弟有道乎？」曾子曰：「有。嘉事〔一〕不失時也。弟之行若中道，則正以使之〔二〕；弟之行若不中道，則兄事之〔三〕。詘事兄之道，若不可，然後舍之矣〔四〕。」

【校注】

〔一〕「嘉事」，盧辯注：「謂冠娶也。」

〔二〕盧辯注：「正以使之以弟道。」

〔三〕盧辯注：「且以兄禮敬之。」阮元注：「兄事之者，亦如事兄之道養之也。中養不中，賢兄之道也。」

〔四〕盧辯注：「屈事兄之道，然猶不變，則怒罰之。」阮元注：「詘，猶屈也。屈事兄之道于弟，猶不可化，則舍之。舍，釋也。洪震煊云：『釋之以須其後。』詘，屈。舍，釋。古義皆相同。洪説本禮記學記。鄭注學記曰：『雖舍之可也。』鄭注云：『舍之須後。』鄭言暫釋之，以俟其後，非決棄之。此義是也。盧注『怒罰之』，非是。」

曾子曰：「夫禮，大之由也，不與小之自也〔一〕。飲食以齒〔二〕，力事不讓；辱事不齒〔三〕，執觴觚杯豆而不醉，和歌而不哀〔四〕。夫弟者，不衡坐，不苟越，不干逆色〔五〕，趨翔周旋，俛仰從命〔六〕。不見於顏色，未成於弟也〔七〕。」

【校注】

〔一〕王聘珍解詁：「禮，謂成人之禮。大，謂年長者。由，用也。與，讀若『可與共學』之與。小，幼小也。自，由也。言禮爲成人之用，不可遽與幼者由也。此目下經事也。内則曰：『二十而冠，始學禮。十年，朝夕學幼儀。』」高明今注今譯：「自，與『由』同。這裏是説，禮是成年的大人要經由著做的，不可以教小孩子也一同經由著做。」

〔二〕齒，年齡。盧辯注：「以長幼也。」

〔三〕孔廣森補注：「不自以齒長辭辱事也。」阮元注：「勞苦之事，先代長者。卑賤之事，不推長者。」黄懷信校注：「不齒，替長者受辱。」

〔四〕阮元注：「不以己之私致長者不樂。」高明今注今譯：「應和著年長的歌聲，而不雜有一點哀傷。」

〔五〕孔廣森補注：「曲禮曰：『並坐不横肱。』又曰：『先生書策琴瑟在前，坐而遷之，戒勿越干犯也。逆色，怒色。』」王聘珍解詁：「逆色，謂長者不悦之色也。」黄懷信校注：「衡同横。衡坐，謂于兄長面前坐而横其肱也。越，超越。不苟越，謂行坐之間不隨便超越兄長之位。」

〔六〕孔廣森補注：「行而張拱曰翔。」趨翔，碎步疾行如飛，形容奉事兄長禮敬敏捷。俛仰，即低頭擡頭，也指一舉一動。墨子節用：「俛仰周旋威儀之禮，聖王弗爲。」

〔七〕孔廣森補注：「不見於顔色，言勞而無愠。未成于弟，禮不與小之自，以上諸事皆禮之小者，故未成于弟之道也。」黄懷信校注引于鬯大戴禮記校曰：「云不見於顔色、未成于弟，則成弟貴在顔色矣。謂如上文所云，不衡坐、不苟越、不干逆色、趨翔周旋、俛仰從命，皆弟道也，然必見於顔色始成于弟。苟不見於顔色，雖能如上文所云，猶未成于弟也。文義本顯，而孔廣森補注解不見於顔色爲勞而無愠，謬矣。……此與論語爲政篇載子夏問孝，子曰『色難。有事，弟子服其勞；有酒食，先生饌，曾是以爲孝乎』，其意大同。」據于鬯所言，顔色當指悦色、敬色。

曾子制言上第六

曾子曰：「夫行也者，行禮之謂也。夫禮，貴者敬焉，老者孝焉，幼者慈焉，少者友焉，賤者惠焉。此禮也，行之則行〔一〕也，立之則義也。今之所謂行者，犯其上，危其下，衡道〔二〕而彊立之，天下無道故若〔三〕，天下有道，則有司之所求也〔四〕。故君子不貴興道之士，而貴有恥之士也。若由富貴興道者與貧賤，吾恐其或失也；若由貧賤興道者與富貴，吾恐其羸驕〔五〕也。夫有恥之士，富而不以道，則恥之；貧而不以道，則恥之〔六〕。弟子無曰『不我知也』。鄙夫鄙婦相會于廧陰，可謂密矣，明日則或揚其言矣〔七〕。故士執仁與義而明，行之未篤故也。胡爲其莫之聞也？殺六畜不當及親，吾信之矣〔八〕；使民不時失國，吾信之矣。蓬生麻中，不扶自直；白沙在泥，與之皆黑。是故人之相與也，譬如舟車然，相濟達也。己先則援之，彼先則推之。是故人非人不濟，馬非馬不走，土非土不高，水非水不流。君子之爲弟也，行則爲人負〔九〕，無席則寢其趾〔一〇〕，使之爲夫人〔一一〕則否。近市無賈，在田無野〔一二〕，行無據旅〔一三〕，苟若此，則夫杖可因篤焉〔一四〕。富以苟不如貧以譽，生以辱不如死以榮〔一五〕。辱可避，避之而已矣；及其不可避也，君子視死若歸。父母之讎，不與同生；兄弟之讎，不與聚國；朋友之讎，不與聚鄉；族人之讎，不與聚隣。良賈深藏如虚，君子有盛教如無〔一六〕。」

【校注】

〔一〕黄懷信校注引朱彬案：「下『行』字疑是『仁』字。」

〔二〕衡道，即横道，猶言横行霸道。

〔三〕盧辯注：「且自如也。」孔廣森補注：「故若，猶言如故。」王引之經義述聞：「『故』字當屬上讀，『若』字當屬下讀，言犯上委下之人所以幸而免者，天下無道故也；若天下有道，則有司誅之矣。古人之文多有詳於下而略於上者。」王氏之言可從。

〔四〕盧辯注：「言爲法吏所收誅也。」孔廣森補注：「求，拘罪人也。淮南子曰：『求不孝不悌戮暴傲悍而罰之。』」

〔五〕「羸」，漢魏叢書本、雅雨堂藏書本同，四庫全書本、叢書集成本作「嬴」。王聘珍解詁：「釋名云：『羸，累也。』羸驕者，謂爲富貴所累而生驕也。」孔廣森補注：「嬴，宋本譌『羸』，從高安本。」孔説勝，「嬴」有「滿」義，富貴者易自滿驕傲。

〔六〕語近論語里仁篇：子曰：「富與貴，是人之所欲也，不以其道得之，不處也。貧與賤，是人之所惡也，不以其道得（疑作「去」）之，不去也。」求富去貧，應以合乎道的正當方式，否則，以爲可恥。

〔七〕盧辯注：「中庸曰：『莫見於隱，莫顯於微，故君子慎其獨也。』」

〔八〕盧辯注：「凡殺有時，禮也。」孔廣森補注：「不能愛物，則不能仁民；不仁於民者，亦將不仁於親也。」阮元注：「殺畜不當其時，必將殘忍爲亂，禍及其親。」

〔九〕「爲人負」，爲人擔負重物。

〔一〇〕盧辯注：「分重合輕，班白不任，弟達於道路也。寢，猶止也。言裁自容也。」孔廣森補注：「寢于尊者之席末，猶所云坐於足。」

〔一一〕王聘珍解詁：「『爲夫人』之爲，讀曰僞。廣雅云：『僞，欺也。』夫人，謂長者。」阮元注：「此

『夫』字及下夫杖『夫』字，皆『老』字形近之訛。篆字『老』作耂。言當使之人其年或老，則止。」俞樾羣經平議認爲當解作「衆人」、「他人」。戴禮集注認爲當解作「僕夫、小人」。高明今注今譯認爲「夫人，是壯夫的意思」。歧解紛紛，難以統一。

〔一二〕盧辯注：「田無廬也。」野通宇，屋宇。

〔一三〕「據旅」，漢魏叢書本、雅雨堂藏書本同，四庫全書本、叢書集成本據劉本作「據依」。「據旅」是。盧辯注：「守直道無所私。」孔廣森補注：「據，安也。旅，逆旅也。言行無常舍。」王聘珍解詁：「據，依也。旅，處也。言君子所在皆窮也。」黄懷信校注：「據，依也。旅，謂旅舍。言人雖近市而不爲買賣，雖田作而不野宿，雖行路而不依旅舍，愛護兄長也。」

〔一四〕盧辯注：「言行如此，則其所杖者皆可因厚焉。」孔廣森補注：「因，親也。」阮元注：「以上皆申言『人非人不濟』之義，仁道也。安老如此，則凡老杖者可因依篤厚矣。」黄懷信校注從戴禮説，以爲「夫當作扶」：「扶杖，謂至老。言爲人弟年輕時苟若此，則其老而扶杖必可『因篤』。因，依也。篤，信也。」

〔一五〕盧辯注：「見危致命，死之榮也。」

〔一六〕盧辯注：「言珍寳深藏若虚，君子懷德若愚也。」阮元注：「良賈不自衒其貨，君子不自矜其學，非有意匿之。故曾子曰：『有若無，實若虚，昔者吾友嘗從事斯也。』」曾子此語見論語泰伯篇。

弟子問於曾子曰：「夫士何如則可以爲達〔一〕矣？」曾子曰：「不能則學，疑則問，欲行則比賢〔二〕，雖有險道，循行達矣。今之弟子，病下人〔三〕，不知事賢，恥不知而又不問，欲作則其知不足，是以惑闇，惑闇終其世而已矣，是謂窮民也〔四〕。」

【校注】

〔一〕達，通達。論語顔淵篇：「子張問：『士何如斯可謂之達也？』子曰：『夫達也者，質直而好義，察言而觀色，慮以下人。在邦必達，在家必達。』」劉寶楠論語正義曰：「『達』者，通也。通於處人、處己之道，故行之無所違阻，所謂『忠信篤敬，蠻貊可行』，即達義也。」

〔二〕孔廣森補注：「比，親也。道雖險而行，則循其常，無弗達也。」阮元注：「比賢，如見賢思齊焉。」

〔三〕孔廣森補注：「病，病之也。下人，下於人也。子張問達，子曰：『慮以下人。』」

〔四〕王聘珍解詁：「惑，迷也。闇，冥也。惑闇，謂迷於不明之處。窮，困也。論語曰：『困而不學，民斯爲下矣。』」孫欽善論語本解曰：「遇到困惑仍不學習，這樣的人就是下等了。」

曾子門弟子或將之晉，曰：「吾無知〔一〕焉。」曾子曰：「何必然！往矣。有知焉謂之友，無知焉謂之主〔二〕。且夫君子執仁立志，先行後言，千里之外，皆爲兄弟〔三〕。苟是之不爲，則雖汝親，庸孰〔四〕能親汝乎！」

【校注】

〔一〕孔廣森補注：「無相知者。」没有相知相識的人。

〔二〕盧辯注：「謂之友，曰友之也。謂之主，且客之而已。」孔廣森補注：「若主顏犨牛之主。」高明今注今譯：「有相知的人，就説他們是朋友；没有相知的人，就稱他們是待客的主人吧！」

〔三〕盧辯注：「故曰君子何患無兄弟也。」論語顏淵篇子夏曰：「君子敬而無佚，與人恭而有禮，四海之内皆兄弟也。」

〔四〕「庸孰」，盧辯注：「庸，用也。孰，誰也。」王念孫曰：「『用誰』之語不辭，余謂庸、孰皆何也，言何能親汝也。既言庸而又言孰者，古人自有複語耳。」漢語大詞典釋「庸孰」爲「庸詎」，意爲「豈，何以，怎麽」，並引大戴禮記此語爲例。

曾子制言中第七

曾子曰：君子進則能達，退則能靜〔一〕。豈貴其能達哉？貴其有功也。豈貴其能靜哉？貴其能守也〔二〕。夫唯進之何功，退之何守〔三〕，是故君子進退有二觀焉。故君子進則能益上之譽而損下之憂；不得志，不安貴位，不懷〔四〕厚禄，負耜而行道，凍餓而守仁，謂其守也〔五〕，則君子之義也。其功守之義，有知之，則願也；莫之知，苟吾自知也〔六〕。

【校注】

〔一〕王聘珍解詁：「靜，安也。」高明今注今譯：「靜，是澹泊寧靜的意思。」

〔二〕王聘珍解詁：「國功曰功。持不惑曰守。論語曰：『守死善道。』」

〔三〕盧辯注：「問君子進退，其攻守如何。」于鬯校：「兩『何』字蓋讀爲『可』。何諧可聲，故字多通用。此承上文貴其有功、貴其能守而言，故曰夫唯進之可功、退之可守，謂進之可以有功、退之可以能守也，故下文曰是故君子進退有二觀焉，文義甚曉。而盧注云『問君子進退，其攻守何如』，則誤以『何』字爲問辭，與『唯』字語義既不協，而下文作答語，亦豈有用『是故』二字發首乎？凡承言唯、伸言故，語辭之恒例，從無以爲問答之辭者。」

〔四〕「慱」，漢魏叢書本同（「慱」爲「博」之俗字）；盧辯注本、元嘉興路學本作「壞」，誤；雅雨堂藏書本、四庫全書本、叢書集成本作「懷」，是。懷禄，思念、留戀爵禄。

〔五〕「謂其守也」，四庫全書本、叢書集成本視作注文。

〔六〕黄懷信校注：「願，願望，所希望。苟，且也。」

吾不仁其人，雖獨也，吾弗親也〔一〕。故君子不假貴而取寵，不比譽而取食〔二〕，直行而取禮，比説而取友〔三〕。有説我，則願也。莫我説，苟吾自説也。

【校注】

〔一〕盧辯注：「人而不仁，不足友也。故周公曰：『不如我者，吾不與處，損我者也；與我等，吾不與處，無益我者也。吾所與處者，必賢於我。』」阮元注：「知其人之不仁，己雖無友，亦不近之。」黄懷信校注：「不仁其人，以其人爲不仁也。獨，孤獨。雖孤獨，亦不親不仁之人以求其知也。」

〔二〕盧辯注：「不因人之貴苟求寵愛也。不校名譽以求禄也。」孔廣森補注：「比，附也。盜附虚聲以干禄也。」阮元注：「比，親合也，互相稱譽以干禄。」高明今注今譯：「比，是親比。比譽，就是彼此親近、互相標榜。」比，阮元、高明「親合」、「親比」説義勝。

〔三〕盧辯注：「言脩己以事人。」王聘珍解詁：「左氏二十八年傳曰：『擇善而從之曰比。』高注國策、吕覽並云：『説，敬也。』論語曰：『善與人交，久而敬之。』」阮元注：「志同道合乃相親合而説。」黄懷信校注：「比，與上比同，亦較也。説，讀爲『悦』，即下文『説（悦）我』。言比較悦我之程度而取友，即悦我甚者則友之。」

故君子無悒悒於貧，無勿勿於賤，無憚憚於不聞〔一〕，布衣不完，蔬食不飽，蓬户穴牖，日孜孜上仁。知我，吾無訢訢〔二〕；不知我，吾無悒悒。是以君子直言直行，不宛言而取富，不屈行而取位。畏〔三〕之見逐，智之見殺，固不難〔四〕；詘身而爲不仁，宛言而爲不智，則君子弗爲也〔五〕。君子雖言不受必忠，曰道；雖行不受必忠，曰仁；雖諫不受必忠，曰智。天下無道，循道而行，衡塗而僨〔六〕，手足不揜，四支不被。此則非士之罪也，有士〔一〇〕者之羞也。詩云：「行有死人，尚或墐之〔八〕。」則此〔九〕非士之罪也，有士〔一〇〕者之羞也。

【校注】

〔一〕「悒悒」，憂悶不舒貌。「勿勿」，盧辯注本、漢魏叢書本、雅雨堂藏書本同，四庫全書本、叢書集成本作「忽忽」。漢語大詞典釋「勿勿」曰：「猶忽忽，憂愁貌。『勿』與『忽』聲近義同。」「憚憚」，憂懼貌。

〔二〕「訢訢」，欣喜貌。

〔三〕「畏」，盧辯注本、漢魏叢書本、雅雨堂藏書本同，四庫全書本、叢書集成本據方本作「仁」，可從。

〔四〕王念孫曰：「難，讀患難之難。不難者，不患也。言仁之見逐、智之見殺，固非君子之所患，若反是而爲不仁之事，出不智之言，則君子弗爲也。」

〔五〕盧辯注：「小人在朝，多逐害於仁智者。君子之人不枉言行而懷其禄也。」

〔六〕盧辯注：「衡，横也。僨，僵也。」王聘珍解詁：「循，從也。孟子曰：『天下無道，以身殉道。』塗，路也。被，覆也。言其死于道路也。』」黄懷信校注：「僨，僵僕而倒，死也。」

〔七〕「節」，漢魏叢書本同，盧辯注本、雅雨堂藏書本、四庫全書本、叢書集成本作「即」，是。

〔八〕自「手足」至「愍懃耳」十一字，雅雨堂藏書本視作注文。自「手足」至「墐之」二十一字，四庫全書本、叢書集成本視作注文。

〔九〕「則此」，盧辯注本、漢魏叢書本、雅雨堂藏書本同，四庫全書本、叢書集成本據永樂大典本作「此則」。

〔一〇〕「士」，盧辯注本、漢魏叢書本、雅雨堂藏書本同，四庫全書本、叢書集成本據方本作「土」，誤。阮元注曰：「士見逐於君，窮死道路，必有爲之路冢者。此非士罪，乃有士者之恥。此勗士之勿以直言直行爲悔。」黄懷信校注：「有士者，謂國君。羞，羞其無道也。」

是故君子以仁爲尊。天下之爲富，何爲富？則仁爲富也。天下之爲貴，何爲貴？則仁爲貴也。昔者，舜疋夫也，土地之厚，則得而有之；人徒之衆，則得而使之：舜唯以〔一〕得之也。是故君子將説富貴，必勉於仁也〔二〕。昔者，伯夷、叔齊〔三〕死於溝澮之間，其仁成名於天下。夫二子者，居河濟之間，非有土地之厚、貨粟之富也；言爲文章，行爲表綴〔四〕於天下。是故君子思仁義，晝則忘食，夜則忘寐，日旦就業，夕而自省，以役〔五〕其身，亦可謂守業矣。

【校注】

〔一〕「以」，盧辯注本、漢魏叢書本、雅雨堂藏書本同，四庫全書本、叢書集成本據方本作「仁」。

王念孫曰：「當作『舜唯以仁得之也』。今本脱『仁』字，永樂大典脱『以』字。上文曰君子以仁爲尊，下文曰是故君子將説富貴必勉於仁也，並與此仁字相應。若無仁字，則文不成義，且與上文不相應矣。」

〔二〕孔廣森補注：「君子未嘗説富貴也，爲此語者，猶禄在其中之意。」王聘珍解詁：「論語曰：『富與貴是人之所欲也，不以其道得之，不處也。』『君子去仁，惡乎成名。』」黄懷信校注：「説，亦讀爲『悦』，喜也。」

〔三〕盧辯注：「伯夷、叔齊，孤竹君之子。初無父母，後交讓國，遂退北海之濱，而終死于首陽。」孔廣森補注：「首陽山在蒲阪河曲中，其南王屋，濟水所出，故云河濟之間。」伯夷、叔齊，商孤竹君的兩個兒子。相傳其父遺命要立次子叔齊爲繼承人。孤竹君死後，叔齊讓位給伯夷，伯夷不受，叔齊也不願登位，先後都逃到周國。周武王伐紂，兩人曾叩馬諫阻。武王滅商後，他們恥食周粟，逃到首陽山，采薇而食，餓死山中。

〔四〕表綴，表率。孔廣森補注：「表綴，言爲人準望也。」

〔五〕「殁」，盧辯注本、漢魏叢書本、雅雨堂藏書本同，四庫全書本、叢書集成本據方本作「殁」，是。曾子立事篇亦作「以殁其身」。

曾子制言下第八

曾子曰：天下有道，則君子訢然以交同；天下無道，則衡言不革〔一〕。諸侯不聽，則不干其土；聽而不賢，則不踐其朝。是以君子不犯禁而入人〔二〕境，及郊，問禁請命。不通患而出危色〔三〕，則秉德之士不讇〔四〕矣。故君子不讇富貴以爲己説，不乘〔五〕貧賤以居己尊。凡行不義，則吾不事；不仁，則吾不長〔六〕；奉相〔七〕仁義，則吾與之聚羣；嚮爾寇盜，則吾與慮〔八〕。國有道則突〔九〕若入焉，國無道則突若出焉，如此之謂義。夫有世義者哉〔一〇〕？曰〔一一〕仁者殆，恭者不入，慎者不見使，正直者則邇於刑，弗違則殆於罪。是故君子錯〔一二〕在高山之上，深澤之汙，聚橡栗藜藿而食之，生耕稼以老十室之邑。是故昔者禹見耕者五耦而武〔一三〕，過十室之邑則下，爲秉德之士存焉。

【校注】

〔一〕盧辯注：「衡，平也。言不苟合也。」孔廣森補注：「革，改也。平言，不危言也。然亦無改其所守，故君子和而介。」阮元注：「訢，喜也。革，急也。謂孫其言以遠害。革、急古同音，每相假借。禮檀弓：『夫子病革矣。』鄭讀爲急，是也。」孫詒讓斠補：「衡，當如『衡塗而僨』之衡。衡言不革，言抗言不更其節也。衛將軍文子篇云：『有道順君，無道横命。』」黄懷信校注：「訢然，喜悦貌。交同，結交同道。衡，當讀爲横，孫説是。横，直也。中篇曰：『君子直言直行。』革，改也。」

〔二〕「入入」，盧辯注本、漢魏叢書本同，斷句爲：「是以君子不犯禁而入，入境及郊，問禁請命。」雅雨堂藏書本、四庫全書本、叢書集成本作「入人之境」。阮元注：「『及郊』以下盧注六字各本皆以爲正文，惟戴庶常改爲注，孔本從之。元案：此雖無據，而其跡之誤甚顯，故可從也。自『曾子曰天下有道』以下，皆語語相偶，無散亂之句，故知『不通患』七字正與『不犯禁』七字相對，待以成文，此中斷，不致羼入『及郊』六字也。『入人』字，宋本訛爲『入入』，盧學士校改，今從之。」

〔三〕「不通患而出危色」，漢魏叢書本同，雅雨堂藏書本作「不通患而出危邑」，四庫全書本、叢書集成本作「不避患而出危邑」，可從。

〔四〕「諂」，同「諂」，諂媚。禮記少儀：「訟而無諂，諫而無驕。」阮元注：「不諂亂國之君以求爵邑。」

〔五〕孔廣森補注：「乘，陵也。」

〔六〕黄懷信校注：「不長，不以之爲長上。」

〔七〕盧辯注：「相，助也。」

〔八〕「嚮爾」，靠近，接近。書盤庚上：「若火之燎于原，不可嚮邇。」「則吾與慮」，盧辯注本、漢魏叢書本、雅雨堂藏書本同，四庫全書本、叢書集成本據方本作「則吾不與慮」，當屬誤增「不」字。孔廣森補注：「人有與寇盜親邇者，則爲憂之。」王聘珍解詁以「嚮邇」屬上句，解作：「嚮，謂嚮往。言奉助仁義之人，君子身則與之聚羣，而心則嚮往之。」不可從。

〔九〕「突」，盧辯注本、漢魏叢書本、雅雨堂藏書本同，四庫全書本、叢書集成本據方本作「鴪」。鴪，疾飛貌。盧辯注：「詩云『鴪彼晨風，鬱彼北林』也。」孔廣森補注：「『突』字誤，依注當爲『鴪』。」孫詒讓斠補：「孫校云：『突字不誤。埤雅鸇類引曾子亦作突。』」黄懷信校注：「『突』不誤，注引詩『鴪』乃釋『突』義，不可以注改原文。」高明今注今譯：「國家有道，就很快的進去；國家無道，就很快的離開。」

〔一〇〕盧辯注：「義，宜。」王聘珍解詁：「夫，謂君子。世義，謂與世相宜也。此問君子出入時宜之道，下文乃爲答之之詞。」孔廣森補注：「有世，猶言有時也。義者哉，當爲禍裁之裁，與『仁者殆』對文。」于鬯校：「哉，當從孔廣森補注讀爲禍裁之裁。下文云『仁者殆』，與『義者哉』相對爲文，惟『有世』二字未得其解。竊疑『有世』實『世有』之倒。夫有世義者哉、仁者殆云云，義貫而下，甚爲顯白。倒作『有世』，則不辭。」

〔一二〕「曰」，盧辯注本、漢魏叢書本、雅雨堂藏書本同，四庫全書本、叢書集成本據永樂大典本删之。

〔一三〕「錯」，隱藏，隱居。王聘珍解詁：「言君子去無道之國，而隱居自給，無求於人，所謂與世相宜之道也。」

〔一三〕「武」，漢魏叢書本同，盧辯注本、雅雨堂藏書本、四庫全書本、叢書集成本作「式」，是。式，通軾，車前横木，立乘撫軾以示敬。

曾子疾病第九

曾子疾病，曾元抑首，曾華抱足〔一〕。曾子曰：「微乎！吾無夫顏氏之言〔二〕，吾何以語汝哉！然而君子之務，盡〔三〕有之矣。夫華繁而實寡者，天也；言多而行寡者，人也。鷹鶽以山爲卑而曾〔四〕巢其上，魚鼈黿鼉以淵爲淺而蹷穴〔五〕其中，卒其所以得之者，餌也。是故君子苟無以利害義，則辱何由至哉！親戚〔六〕不悦，不敢外交，近者不親，不敢求遠，小者不審，不敢言大。故人之生也，百歲之中，有疾病焉，者〔七〕老幼焉，故君子思其不復〔八〕者而先施焉。親戚既殁，雖欲孝，誰爲孝？年既耆艾〔九〕，雖欲弟，誰爲弟？故孝有不及，弟有不時，其此之謂與！言不遠身，言之主也，行不遠身，行之本也。言有主，行有本，謂之有聞矣〔一〇〕。君子尊其所聞，則高明矣，行其所聞，則廣大矣。高明廣大，不在於他，在加之志而已矣。與君子游，苾乎如入蘭芷之室，入〔一一〕而不聞，則與之化矣，與小人游，貸乎如入鮑魚之次〔一二〕，久而不聞，則與之化矣，是故君子慎其所去就。與君子游，如長日加益，而不自知也，與小人游，如履薄冰，每履而下，幾何而不陷乎哉！吾不見好學盛而不衰者矣，吾不見好教如食疾子矣〔一三〕，吾不見日省而月考之其友者矣，吾不見孜孜而與來而改者矣。」

【校注】

〔一〕盧辯注：「元、華，其子。」孔廣森補注：「檀弓曰：『曾子寢疾病，曾元、曾申坐於足。』據申字子西，則『華』字當作『申』，形似故誤耳。」阮元注：「『抑首』當如説苑作『抱首』，『華』當如檀弓作『申』，皆字形相近之訛。元與申，曾子二子。曾元嘗遊于燕。申字子西。子夏以詩傳曾申。左丘明作春秋傳，亦授曾申。説苑敬慎篇亦作『曾華』。漢書王吉傳王駿曰『子非華元』，蓋漢人皆以爲『曾華』，惟檀弓曰『曾子寢疾病，曾元、曾申坐於足』，作『申』字。困學紀聞曰：『楚鬬宜申、公子申皆字子西，則曾西之爲曾申無疑。』」黄懷信校注：「『抑首』似不敬，作『抱首』義勝。阮説當是。『華』，當是『申』訛。」

〔二〕阮元注：「微猶無，止辭也。檀弓曾子曰：『微與？其嗟也可去，其謝也可食。』孔檢討云：『顔氏，子淵也。元謂顔子死，弟子必有記言，惜今鮮傳。』」

〔三〕「盡」，盧辯注本、漢魏叢書本、雅雨堂藏書本同，四庫全書本、叢書集成本據永樂大典本作「蓋」。

〔四〕「曾」，通「增」。

〔五〕「堰穴」，挖掘洞穴。

〔六〕孔廣森補注：「古者謂父母爲親戚。」

〔七〕「者」，漢魏叢書本同，盧辯注本、雅雨堂藏書本、四庫全書本、叢書集成本作「有」，是。

〔八〕「不復」，盧辯注本、漢魏叢書本、雅雨堂藏書本同，四庫全書本、叢書集成本據永樂大典本作「不可復」。復，返回的意思。

〔九〕「耆艾」，孔廣森補注：「六十曰耆，五十曰艾。」

〔一〇〕盧辯注：「知身是言行之基，可謂聞矣。」阮元注：「曾子之學皆本於身，不求言行於虛遠之地，以身爲言行所從出，故日省其身。有聞者，如子路有聞。」「子路有聞」，引自論語公冶長篇：「子路有聞，未之能行，唯恐有聞。」對於此「聞」，有的解作「聲聞」，如金知明論語精讀：「有聞，名有所聞，義爲名聲在外。」有的解作「聞道」，如楊朝明論語詮解：「子路聽到一項道理，若未能實行，便生怕知道另一項。」當以「聞道」是。理解爲「聞道」，下文「尊其所聞」、「行其所聞」才解釋得通。

〔一一〕「入」，漢魏叢書本同，盧辯注本、雅雨堂藏書本、四庫全書本、叢書集成本作「久」，是。

〔一二〕「貸」，盧辯注本、漢魏叢書本、雅雨堂藏書本同，四庫全書本、叢書集成本據永樂大典本作「膩」。王引之曰：「貸，永樂大典本作膩，羣書治要引曾子同，馬總意林作戲。家大人曰：『貸、膩、戲，皆膱字之訛。』廣雅曰：『苾，香也。膱，臭也。』故曰苾乎如入蘭芷之室，膱乎如入鮑魚之次。又案『次』字，宋本與今本同，孔氏補注從永樂大典本作『肆』，而以文選辨命論注引大戴禮作肆爲證。今案：次即肆也。周官廛人掌斂市次布。鄭司農云：『次布，列肆之税布。』不必改爲肆。羣書治要引曾子正作鮑魚之次，與宋本同。文選注作肆者，後人依家語六本篇改之耳。」

〔一三〕盧辯注：「言未見好教，欲人之受，如餔疾子也。」孔廣森補注：「子疾新愈，冀其能食，而又餔之有節，如善誘人者。誨之不倦，而又必以漸也。」「矣」前，四庫全書本、叢書集成本據永樂大典本增「者」字。

曾子天圓第十

單居離問於曾子曰：「天員而地方者，誠有之乎？」曾子曰：「離！而聞〔一〕之云乎？」單居離曰：「弟子不察，此以〔二〕敢問也。」曾子曰：「天之所生上首，地之所生下首。上首之謂員，下首之謂方〔三〕。如誠天圓而地方，則是四角之不揜也〔四〕。且來，吾語汝。參嘗聞之夫子曰：天道曰圓，地道曰方，方曰幽而圓曰明〔五〕。明者，吐氣者也，是故外景〔六〕；幽者，含氣者也，是故内景。故火曰〔七〕外景，而金水内景。吐氣者施，而含氣者化，是以陽施而陰化也。陽之精氣曰神，陰之精氣曰靈。神者，品物之本也〔八〕，而禮樂仁義之祖也，而善否治亂所興作也。陰陽之氣各静〔九〕其所則静矣，偏則風〔一〇〕，俱則靁，交則電〔一一〕，亂則霧，和則雨〔一二〕。陽氣勝則散爲雨露，陰氣勝則凝爲霜雪。陽之專氣爲雹，陰之專氣爲霰〔一三〕；霰雹者，一氣之化也。

【校注】

〔一〕盧辯注：「而，猶汝也。汝聞則言之也。」「聞」，盧辯注本、雅雨堂藏書本、四庫全書本、叢書集成本同，漢魏叢書本作「問」，誤。

〔二〕「此以」，盧辯注本、漢魏叢書本、雅雨堂藏書本同，四庫全書本、叢書集成本據永樂大典本作「以此」。

〔三〕盧辯注：「人首員足方，因繫之天地，因謂天地爲方圓也。」周髀曰：『方屬地，圓屬天，天圓地方也。』淮南子曰：『天之員，不中規。地之方，不中矩。』」

〔四〕「揜」，通「掩」，掩蓋，遮蔽。孔廣森補注：「渾天之象，天地皆渾圓如丸。天旋於外，地止於內，水繞地而流，人附地而行，雖自北極至於南極，首恒戴天，足恒履地，如蟻行案底，初不知有側立之時，倒懸之患。世人據齊州爲地平，指所未見者爲地下，此拘墟之識耳。昔者黄帝問于岐伯曰：『地之爲下否乎？』岐伯曰：『地爲人之下，太虛之中，大氣舉之。』然則地圓之理，古聖發之矣。」阮元注：「方圓同積，則圓者必不能揜方之四角。今地皆爲天所揜，明地在天中，天體渾員，地體亦員也。」

〔五〕盧辯注：「方者陰義，而圓者陽理，故以名天地也。」

〔六〕盧辯注：「景，古通以爲『影』字。外景者，陽道施也。内景者，陰道含藏也。」王聘珍解詁：「吐，猶出也。説文云：『景，光也。』外景者，光在外。内景者，光在内。」黄懷信校注：「景，廣雅釋詁：『照也。』外照，故明；内照，故暗。」

〔七〕「曰」，漢魏叢書本同，盧辯注本、雅雨堂藏書本、四庫全書本、叢書集成本作「日」，是。阮元注：「日與火屬天，其景外照，月星從之。金與水從地，其景内照，故鏡能含景。」

〔八〕「神者」，盧辯注本、漢魏叢書本同，雅雨堂藏書本、四庫全書本、叢書集成本作「神靈者」，是。盧辯注：「神爲魂，靈爲魄。魂魄，陰陽之精，有生之本也。及其死也，魂氣上升於天爲神，體魄下降於地爲鬼，各反其所自出也。」

〔九〕「静」，盧辯注本、漢魏叢書本、雅雨堂藏書本同，四庫全書本、叢書集成本據高安本作「從」。王聘珍解詁：「各静其所，謂各安其處也。毛詩傳云：『静，安也。』」阮元注本作「各從其所」，注曰：「近于日爲陽，遠于日爲陰。夏多陽，冬多陰。南多陽，北多陰。晝多陽，夜多陰。是其所也。」

〔一〇〕盧辯注：「謂氣勝負。」王聘珍解詁：「偏，不正也。陰入于陽，旋而無形，爲風也。」戴禮引淮南曰：「天之偏氣，怒者爲風。」

〔一一〕盧辯注：「自仲春至仲秋，陰陽交泰，故雷電也。」王聘珍解詁：「俱，皆也。陽爲陰伏，相薄而有聲，爲雷。」黄懷信校注：「俱，謂俱盛。交，謂相交。」

〔一二〕盧辯注：「偏則風而和則雨。此謂一時之氣也。至若春多雨，則時所宜也。」孔廣森補注：「爾雅曰：『天氣下，地不應，曰霁。地氣發，天不應，曰霧。』」

〔一三〕盧辯注：「陽氣在雨，温煖如陽，陰氣薄之，不相入，轉而爲雹。陰氣在雨，凝滯爲雪，陽氣薄之，不相入，散而爲霰。」孫詒讓斠補：「兩『專』字，當讀徒丸反，兩『專』字略讀。劉校云：頍弁箋云：『將大雨雪，始必微温，雪自上下遇温氣而摶，謂之霰。』正義引此，申之云：『盛陽之氣在，雨水則温暖爲（案：此句文意未全），陰氣薄而會之，不相入則摶爲雹也。盛陰之氣在，雨水則凝滯而爲雪，陽氣薄而脅之，不相入則消散而下，因水而爲霰，是霰由陽氣所薄而爲之也。』」

毛蟲毛而後生，羽蟲羽而後生，毛羽之蟲，陽氣之所生也。介蟲介而後生，鱗蟲鱗而後生，介鱗之蟲，陰氣之所生也〔一〕。唯人爲倮匈〔二〕而後生也，陰陽之精也〔三〕。毛蟲之精者曰麟，羽蟲之精者曰鳳，介蟲之精者曰龜，鱗蟲之精者曰龍，倮蟲之精者曰聖人〔四〕。龍非風不舉，龜非火不兆〔五〕，此皆陰陽之際也。兹四者，所以役聖人之也〔六〕。是故聖人爲天地主，爲山川主，爲鬼神主，爲宗廟主。聖人慎守日月之數，以察星辰之行，以序四時之順逆，謂之曆；截十二管，以宗八音之上下清濁〔七〕，謂之律也。律居陰而治陽，曆居陽而治陰，律曆迭相治也，其間不容髮。聖人立五禮以爲民望，制五衰以別親疏，和五聲之樂以導民氣，合五味之調以察民情，正五色之位，成五穀之名〔八〕。序五牲之先後貴賤，諸侯之祭牛，曰太牢〔九〕；大夫之祭牲羊，曰少牢；士之祭牲特豕，曰饋食〔一〇〕。無祿者稷饋，稷饋者無尸，無尸者厭也〔一一〕。宗廟曰芻豢，山川曰犧牷〔一二〕，割列禳瘞〔一三〕，是有五牲。此之謂品物之本，禮樂之祖，善否治亂之所由興作也。」

【校注】

〔一〕盧辯注：「言陰陽所生者，舉其多也。」孔廣森補注：「動物皆天之所生，天氣又自分陰分陽。毛羽外見，故陽；介鱗水伏，故陰也。」

〔二〕「倮匈」，倮，赤體；匈，同「胸」。倮匈指無毛羽鱗介蔽體，即裸體。

〔三〕盧辯注：「人受陰陽純粹之精，有生之貴也。凡倮蟲則亦兼陰陽氣而生也。」

〔四〕盧辯注：「龜龍麟鳳，所謂四靈。」高明今注今譯：「倮蟲中最特出的是聖人。」

〔五〕此語後，四庫全書本、叢書集成本以爲脱去「鳳非梧不棲，麟非藪不止」十字，據永樂大典本補。盧辯注：「龜龍爲陰，風火爲陽，陰陽會也。」孔廣森補注：「兆，謂以火灼龜，兆吉凶也。」

〔六〕此語，漢魏叢書本同，盧辯注本、四庫全書本、叢書集成本作「所以聖人役之也」，雅雨堂藏書本作「所以役於聖人也」，於義爲長。

〔七〕「宗」，漢魏叢書本、雅雨堂藏書本同，高安本作「索」，四庫全書本、叢書集成本據永樂大典本作「察」。「八音」，盧辯注：「八卦之音，以律定八風之高下清濁，而準配金石絲竹也。」孔廣森補注：「索，求也。管短則音上而清，管長則音下而濁。八卦之音，乾爲石，坎爲革，艮爲匏，震爲竹，巽爲木，離爲絲，坤爲土，兑爲金也。」

〔八〕「榖」誤，當爲「穀」。王聘珍解詁：「五禮，謂春官宗伯所掌吉、凶、賓、軍、嘉五禮也。盧注云：『五禮其別三十六，生民之紀在焉。』聘珍謂：五衰，五服也。鄭注喪服云：『凡服，上曰衰，下曰裳。』賈疏云：『五服，謂斬衰、齊衰、大功、小功、緦麻也。』親者服重，疏者服輕。』五聲者，樂記曰：『宮爲君，商爲臣，角爲民，徵爲事，羽爲物。』導，宣導也。五味者，周禮曰：『春多酸，夏多苦，秋多辛，冬多鹹，調以滑甘。』調，和也。察民情者，王制曰：『中國、夷、蠻、戎、狄，皆有安居和味。』又曰：『五味異和。』五色之位者，考工記曰：『東方謂之青，南方謂之赤，西方謂之白，北方謂之黑，地謂之黄。』盧注云：『五穀者，謂黍、稷、麻、麥、菽也。』」五味，孔廣森補注：「樂以養陽，食以養陰。凡酸入肝，苦入心，甘入脾，辛入肺，鹹入腎。五味失調，則各偏一藏，故五情之發亦不得其正。」

〔九〕「牛」前，盧辯注本、四庫全書本、叢書集成本有「牲」字，是。盧辯注：「五牲，牛、羊、豕、犬、雞。先後，謂四時所尚也。」孔廣森補注：「牛，土畜，司徒奉之。雞，木畜，宗伯奉之。羊，火畜，司馬奉之。犬，金畜，司寇奉之。豕，水畜，司空奉之。周禮與五行傳所説同也。」

〔一〇〕盧辯注：「不言特牲，其文已著，又與大夫互相足也。」黄懷信校注：「特，獨也。特豕，即特牲也。士言特豕，則諸侯之『牛』含羊、豕，大夫之『羊』含豕可知。士之祭禮名饋食，則大夫之祭禮本不兼饋食之名可知，不必互相足。」「特豕」，只用豕祭，一牲曰特。

〔一一〕盧辯注：「庶人無常牲，故以稷爲主。」孔廣森補注：「祭殤者無尸，有陰厭陽厭，庶人薦不立尸，其禮亦準焉。」漢語大詞典釋「厭祭」曰：「古代祭祀常用活人爲『尸』，代死者受祭，不用『尸』的祭稱厭祭。」禮記曾子問：『曾子問曰：祭必有尸乎？若厭祭亦可乎？』又：『孔子曰：攝主不厭祭。』鄭玄注：『厭，飫神也。厭有陰有陽，迎尸之前祝酌奠，奠之且饗，是陰厭也；尸謖之後徹薦俎敦，設於西北隅，是陽厭也。』」

〔一二〕盧辯注：「牛羊曰芻，犬豕曰豢。色純曰犧，體完曰牷。」

〔一三〕「穰」，漢魏叢書本同，雅雨堂藏書本、四庫全書本、叢書集成本作「禳」，是。盧辯注：「割，割牲也。列，副辜也。禳，面禳也。瘞，埋也。」孔廣森補注：「割者，披磔牲以祭，蓋副辜近之。月令曰：『大割祠於公社，及門閭。列，陳也。陳牲而不瘞，若祭山庋縣是也。』」王聘珍解詁：「割牲者，以血祭祭社稷，月令曰『大割祠於公社』是也。列副辜者，祭四方百物。面禳者，先鄭注雞人職云：『面禳，四面禳也。』祭山林曰埋。」副音劈。副辜，分割、肢解牲體。

曾子全書

汪晫輯

曾子全書，南宋汪晫輯，成於慶元、嘉泰（一一九五—一二〇四）年間。汪氏廣搜論語、孟子、荀子、韓詩外傳、晏子春秋、大戴禮記、禮記、説苑、孔子家語、孔叢子、孔子集語等書中的曾子言行事蹟材料，輯得近一萬五千言，名曰曾子全書。該書分内、外篇。内篇二篇，即仲尼閒居第一（即孝經，文字略有增删改動）和明明德第二（即大學，亦有改動）。孝經、大學的作者歷來存有很大争議，汪氏認定爲曾子所作，且在大學的第一、二章之首特冠以「曾子曰」，可見其良苦用心。外篇十篇，即養老第三（側重孝行材料）、周禮第四（側重禮儀材料）、有子問第五（多輯自禮記檀弓有關喪葬的材料）、喪服第六（全部輯自禮記曾子問）、第七闕、第八闕、晉楚第九（記述曾子言行）、守業第十（全部輯自大戴禮記曾子立事）、三省第十一（記述曾子言行）、忠恕第十二（記述曾子言行）。部分材料與前書曾子十篇重複，爲保持曾子全書的完整性，不予删略，只校文字異同，不重複注釋。

茲以四庫全書本曾子全書爲底本，以明代隆慶四年汪文川刊曾子全書（簡稱爲「汪文川本」）爲參校本，並參校阮元十三經注疏、朱熹四書章句集注以及所關涉荀子、韓詩外傳、晏子春秋、大戴禮記、禮記、説苑、孔子家語、孔叢子、孔子集語諸書之善本。

内篇　仲尼閒居第一　凡十四章

本篇取自孝經，篇名仲尼閒居取自本篇首句。漢書藝文志曰：「孝經者，孔子爲曾子陳孝道也。」一般以爲孝經爲孔子作。汪氏認定爲曾子作，收進曾子全書，並取論語以句首語爲篇名例，改名爲仲尼閒居。他還對孝經各章的劃分及其先後順序作了歸併調整，不少詞句也多有改動或增删。此篇校注，主要參考十三經注疏本孝經注疏，即唐玄宗李隆基注、宋邢昺疏，兼顧漢鄭玄注（鄭玄注采用嚴可均孝經鄭注本）等。

仲尼閒居，曾子侍坐〔一〕。

子曰：「參〔二〕！先王有至德要道，以順天下，民用和睦，上下無怨〔三〕，女知之乎？」

曾子避席曰：「參不敏，何足以知之〔四〕？」

子曰：「夫孝，德之本也，教之所由生也。復坐，吾語女。身體髮膚，受之父母，不敢毁傷，孝之始也〔五〕。立身行道，揚名於後世，以顯父母，孝之終也。夫孝，始於事親，中於事君，終於立身〔六〕。（此爲仲尼閒居第一章，原爲孝經開宗明義章第一）

【校注】

〔一〕「閒」、「坐」二字，十三經注疏本孝經無。曾子，名參，字子輿，孔子弟子。史記仲尼弟子列傳：「曾參，南武城人，字子輿，少孔子四十六歲。孔子以爲能通孝道，故授之業。作孝經。死于魯。」

〔二〕「參」字，十三經注疏本孝經（以下簡稱爲孝經）無。關於「參」字讀音，吉常宏古人名字解詁曰：「曾參，春秋魯人，字子輿。古代大夫用三馬所駕之車曰『參輿』。説苑修文：『天子乘馬六匹，諸侯四匹，大夫三匹。』又：『天子乘馬六匹，乘車；諸侯四匹，乘輿；大夫曰參輿。』按：此義今作驂，但曾子之名舊讀 sēn。説文解字林部：『森，讀若曾參之參。』今讀 shēn。」

〔三〕鄭玄注：「至德，孝悌也；要道，禮樂也。」唐玄宗注：「孝者，德之至、道之要也，言先代聖德之主，能順天下人心，行此至要之化，則上下臣人，和睦無怨。」用，因而。

〔四〕唐玄宗注：「禮：師有問，避席起答。敏，達也。言參不達，何足知此至要之義？」敏，聰敏。

〔五〕唐玄宗注：「父母全而生之，己當全而歸之，故不敢毁傷。」

〔六〕鄭玄注：「父母生之，是事親爲始；四十彊而仕，是事君爲中；七十行步不逮縣車，致仕，是立身爲終也。」唐玄宗注：「行孝以事親爲始，事君爲中。忠孝道著，乃能揚名榮親，故曰終於立身也。」「終於立身」句後，孝經有「大雅云：無念爾祖，聿脩厥德」十一字，删。

「愛親者〔一〕，不敢惡於人〔二〕。敬親者，不敢慢於人〔三〕。愛敬盡於事親，而德教加於百姓，刑於四海〔四〕。蓋天子之孝也〔五〕。（此爲仲尼閒居第一章，原爲孝經天子章第二）

【校注】

〔一〕句首，孝經有「子曰」二字。親，指自己的父母親。

〔二〕唐玄宗注：「博愛也。」惡，憎惡，厭惡。人，指所有人的父母。

〔三〕唐玄宗注：「廣敬也。」慢，傲慢不敬。

〔四〕唐玄宗注：「刑，法也。君行博愛廣敬之道，使人皆不慢惡其親，則德教加被天下，當爲四夷之所法則也。」加，施及，施加。孟子盡心上：「古之人得志，澤加於民；不得志，修身見於世。」呂氏春秋孝行：「光耀加于百姓。」刑，謂以法治理。周禮秋官序官：「乃立秋官司寇，使帥其屬而掌邦禁，以佐王刑邦國。」

〔五〕句後，孝經有「甫刑云：一人有慶，兆民賴之」十一字。

「在上不驕，高而不危〔一〕。制節謹度，滿而不溢〔二〕。高而不危，所以長守貴也。滿而不溢，所以長守富也。富貴不離其身，然後能保其社稷，而和〔三〕其民人。蓋諸侯之孝也〔四〕。（此爲仲尼閒居第一章，原爲孝經諸侯章第三）

【校注】

〔一〕唐玄宗注：「諸侯，列國之君，貴在人上，可謂高矣。而能不驕，則免危也。」

〔二〕制節謹度，即節儉克制，慎行禮法。唐玄宗注：「費用約儉謂之制節，慎行禮法謂之謹度。無禮爲驕，奢泰爲溢。」邢昺疏：「積一國之賦税，其府庫充滿矣。若制立節限，慎守法度，則雖充滿，而不至盈溢也。滿謂充實，溢謂奢侈。……言諸侯貴爲一國人主，富有一國之財，故宜戒之也。」

〔三〕「和」，協和，和睦。

〔四〕句後，孝經有「詩云：戰戰兢兢，如臨深淵，如履薄冰」十四字。

「非先王之法服不敢服，非先王之法言不敢道，非先王之德行不敢行〔一〕。是故非法不言，非道不行。口無擇言，身無擇行。言滿天下無口過，行滿天下無怨惡。三者備矣，然後能守其宗廟〔二〕。蓋卿大夫之孝也〔三〕。（此爲仲尼閒居第一章，原爲孝經卿大夫章第四）

【校注】

〔一〕唐玄宗注：「服者，身之表也。先王制五服，各有等差。言卿大夫遵守禮法，不敢僭上偪下。法言，謂禮法之言。德行，謂道德之行。若言非法，行非德，則虧孝道，故不敢也。」孝經鄭注：「法服，謂日月星辰山龍華蟲藻火粉米黼黻絺繡。先王制五服，天子服日月星辰，諸侯服山龍華蟲，卿大夫服藻火，士服粉米，皆謂文繡也。」

〔二〕唐玄宗注：「三者，服、言、行也。禮：卿大夫立三廟，以奉先祖。言能備此三者，則能長守宗廟之祀。」孝經鄭注：「法先王服，言先王道，行先王德，則爲備矣。」

〔三〕句後，孝經有「詩云：夙夜匪解，以事一人」十字。

「資於事父以事母，而愛同；資於事父以事君，而敬同〔一〕。故母取其愛，而君取其敬，兼之者父也〔二〕。故以孝事君則忠，以敬事長則順〔三〕。忠順不失，以事其上，然後能保其爵禄〔四〕，而守其祭祀。蓋士之孝也〔五〕。（此爲仲尼閒居第一章，原爲孝經士章第五）

【校注】

〔一〕「資」，取用。唐玄宗注：「資，取也。言愛父與母同，敬父與君同。」邢昺疏：「資者，取也。取於事父之行以事母，則愛父與愛母同。取於事父之行以事君，則敬父與敬君同。母之於子，先取其愛；君之於臣，先取其敬，皆不奪其性也。」

〔二〕唐玄宗注：「言事父兼愛與敬也。」

〔三〕唐玄宗注：「移事父孝以事於君，則爲忠矣。移事兄敬以事於長，則爲順矣。」

〔四〕「爵禄」，孝經作「禄位」。唐玄宗注：「能盡忠順以事君長，則常安禄位，永守祭祀。」

〔五〕句後，孝經有「詩云：夙興夜寐，無忝爾所生」十一字。

「用天之道，因地之利〔一〕，謹身節用，以養父母〔二〕。此庶人之孝也。故自天子以下〔三〕至於庶人，孝無終始，而患不及者，未之有也〔四〕。」（此爲仲尼閒居第一章，原爲孝經庶人章第六。汪氏將以上六章歸併爲仲尼閒居第一章）

【校注】

〔一〕此句，孝經鄭注作「子曰：因天之道，分地之利」，十三經注疏本孝經作「用天之道，分地之利」。唐玄宗注：「春生、夏長、秋斂、冬藏，舉事順時，此用天道也。分別五土，視其高下，各盡所宜，此分地利也。」

〔二〕唐玄宗注：「身恭謹則遠恥辱，用節省則免饑寒，公賦既充則私養不闕。」邢昺疏：「言庶人服田力穡，當須用天之四時生成之道也，分地五土所宜之利，謹慎其身，節省其用，以供養其父母，此則庶人之孝也。」

〔三〕「以下」二字，孝經無。

〔四〕唐玄宗注：「始自天子，終於庶人，尊卑雖殊，孝道同致，而患不能及者，未之有也。言無此理，故曰未有。」患不及，謂擔憂做不到。

子曰：「君子之教以孝也，非家至而日見之也〔一〕。教以孝，所以敬天下之爲人父者也。教以悌，所以敬天下之爲人兄者也〔二〕。教以臣，所以敬天下之爲人君者也。詩云：『愷悌君子，民之父母〔三〕。』非至德，其孰能順民如此其大者乎！」（此爲仲尼閒居第二章，原爲孝經廣至德章第十三）

【校注】

〔一〕唐玄宗注：「言教不必家到户至，日見而語之。但行孝於內，其化自流於外。」

〔二〕唐玄宗注：「舉孝悌以爲教，則天下之爲人子弟者，無不敬其父兄也。」

〔三〕語出詩大雅泂酌。唐玄宗注：「愷，樂也。悌，易也。義取君以樂易之道化人，則爲天下蒼生之父母也。」愷悌，和悦平易。邢昺疏：「言樂易之君子，能順民心而行教化，乃爲民之父母。若非至德之君，其誰能順民心如此其廣大者乎？」

子曰：「教民親愛，莫善於孝。教民禮順，莫善於悌〔一〕。移風易俗，莫善於樂〔二〕。安上治民，莫善於禮〔三〕。禮者，敬而已矣〔四〕。敬其父則子悦，敬其兄則弟悦，敬其君則臣悦，敬一人而千萬人悦〔五〕。所敬者寡而悦者衆，此之謂要道〔六〕。」（此爲仲尼閒居第三章，原爲孝經廣要道章第十二）

【校注】

〔一〕唐玄宗注：「言教人親愛禮順，無加於孝悌也。」

〔二〕唐玄宗注：「風俗移易，先入樂聲。變隨人心，正由君德。正之與變，因樂而彰，故曰莫善於樂。」孝經鄭注：「夫樂者，感人情者也。樂正則心正，樂淫則心淫也。」

〔三〕唐玄宗注：「禮所以正君臣父子之别，明男女長幼之序，故可以安上化下也。」孝經鄭注：「上好禮則民易使也。」

〔四〕唐玄宗注：「敬者，禮之本也。」

〔五〕唐玄宗注：「居上敬下，盡得歡心，故曰悦也。」邢昺疏：「又明敬功至廣，是要道也。其要正以爲天子敬人之父，則其子皆悦；敬人之兄，則其弟皆悦；敬人之君，則其臣皆悦：此皆敬父兄及君一人，則其子弟及臣千萬人皆悦，故其所敬者寡而悦者衆。即前章所言『先王有至德要道』者，皆此義之謂也。」

〔六〕「道」後，孝經有「也」字。

曾子曰：「甚哉！孝之大也〔一〕。」子曰：「夫孝，天之經，地之義，而民之行〔二〕。天地之經，而民是則之〔三〕。則天之明，因地之義，以順天下。是以其教不肅而成，其政不嚴而治〔四〕。」（此爲仲尼閒居第四章，原爲孝經三才章第七的前半部分）

【校注】

〔一〕唐玄宗注：「參聞行孝無限高卑，始知孝之爲大也。」孝經鄭注：「上從天子，下至庶人，皆當爲孝，無終始，曾子乃知孝之爲大。」

〔二〕此句，孝經作「民之行也」，無「而」字，有「也」字。唐玄宗注：「經，常也。利物爲義。孝爲百行之首，人之常德，若三辰運天而有常，五土分地而爲義也。」

〔三〕唐玄宗注：「天有常明，地有常利，言人法則天地，亦以孝爲常行也。」孝經鄭注：「天有四時，地有高下，民居其間，當是而則之。」

〔四〕唐玄宗注：「法天明以爲常，因地利以行義，順此以施政教，則不待嚴肅而成理也。」孝經鄭注：「以，用也。用天四時地利順治天下，下民皆樂之，是以其教不肅而成也。」「因地之義」，孝經作「因地之利」。「不嚴而治」句後，孝經有「先王見教之可以化民也，是故先之以博愛，而民莫遺其親。陳之于德義，而民興行。先之以敬讓，而民不爭。導之以禮樂，而民和睦。示之以好惡，而民知禁。詩云：赫赫師尹，民具爾瞻」六十九字。

子曰：「昔者明王之以孝治天下也，不敢遺小國之臣，而況於公侯伯子男乎〔一〕？故得萬國之懽心，以事其先王〔二〕。治國者不敢侮於鰥寡，而況於士民乎〔三〕？故得百姓之懽心，以事其先君〔四〕。治家者不敢失於臣妾，而况於妻子乎〔五〕？故得人之懽心，以事其親〔六〕。夫然，故生則親安之，祭則鬼享之。是以天下和平，災害不生，禍亂不作。故明王之以孝治天下如此。詩云：『有覺德行，四國順之〔七〕。』」（此爲仲尼閒居第五章，原爲孝經孝治章第八）

【校注】

〔一〕唐玄宗注：「小國之臣，至卑者耳。王尚接之以禮，况於五等諸侯，是廣敬也。」明王，聖明的君主。

〔二〕唐玄宗注：「萬國，舉其多也。言行孝道，以理天下，皆得懽心，則各以其職來助祭也。」先王，前代君王，指明王已去世的父祖。

〔三〕唐玄宗注：「理國，謂諸侯也。鰥寡，國之微者，君尚不敢輕侮，况知禮義之士乎？」

〔四〕唐玄宗注：「諸侯能行孝理，得所統之懽心，則皆恭事助其祭享也。」先君，指諸侯已故的父祖。邢昺疏：「此説諸侯之孝治也。言諸侯以孝道治其國者，尚不敢輕侮於鰥夫寡婦，而况於知禮儀之士民乎？亦言必不輕侮也。以此故得其國内百姓歡悦，以事其先君也。」

〔五〕唐玄宗注：「理家，謂卿大夫。臣妾，家之賤者。妻子，家之貴者。」邢昺疏：「説卿大夫之孝治也。言以孝道理治其家者，不敢失於其家臣妾賤者，而况於妻子之貴者乎？言必不失也。故得其家之懽心，以承事其親也。」

〔六〕唐玄宗注：「卿大夫位以材進，受禄養親，若能孝理其家，則得小大之懽心，助其奉養。」

〔七〕唐玄宗注：「覺，大也。義取天子有大德行，則四方之國順而行之。」邢昺疏：「云『覺，大也』，此依鄭注也。故詩箋云：『有大德行，則天下順從其化。』是以覺爲大也。」

曾子曰：「敢問聖人之德，其無以加於孝乎〔一〕？」子曰：「天地之性人爲貴〔二〕。人之行莫大於孝，孝莫大於嚴父〔三〕，嚴父莫大於配天，則周公其人也〔四〕。昔者周公郊祀后稷以配天〔五〕，宗祀文王於明堂以配上帝〔六〕，是以四海之内，各以其職來助祭〔七〕。夫聖人之德，又何以加於孝乎？故親生之膝下，以養父母日嚴〔八〕。聖人因嚴以教敬，因親以教愛〔九〕。聖人之教不肅而成，其政不嚴而治〔一〇〕。其所因者本也〔一一〕。」（此爲仲尼閒居第五章，原爲孝經聖治章第九的前半部分。汪氏將其與孝經的孝治章合爲一章）

【校注】

〔一〕「其」字，孝經無。唐玄宗注：「參聞明王孝理以致和平，又問聖人德教更有大於孝不？」

加，高於，大於，超過。

〔二〕邢昺疏：「性，生也。言天地之所生，唯人最貴也。」性，生命，天地間的生命。

〔三〕唐玄宗注：「萬物資始於乾，人倫資父爲天，故孝行之大，莫過尊嚴其父也。」嚴，尊敬，尊重。禮記學記：「凡學之道，嚴師爲難。」鄭玄注：「嚴，尊敬也。」

〔四〕唐玄宗注：「謂父爲天，雖無貴賤，然以父配天之禮始自周公，故曰其人也。」配天，祭祀時以祖先配享。

〔五〕唐玄宗注：「后稷，周之始祖也。郊謂圜丘祀天也。周公攝政，因行郊天之祭，乃尊始祖以配之也。」郊祀，在郊外祭祀天地，南郊祭天，北郊祭地。古代帝王在國都郊外築圜丘，冬至日祭天。

〔六〕唐玄宗注：「明堂，天子布政之宮也。周公因祀五方上帝於明堂，乃尊文王以配之也。」孝經鄭注：「文王，周公之父。明堂，天子布政之宮。明堂之制八窗四闥，上圓下方。在國之南，南是明陽之地，故曰明堂。」

〔七〕「助」字，孝經無。唐玄宗注：「君行嚴配之禮，則德教刑於四海。海內諸侯，各修其職來助祭也。」

〔八〕唐玄宗注：「親，猶愛也。膝下，謂孩幼之時也。言親愛之心，生於孩幼，比及年長，漸識義方，則日加尊嚴，能致敬於父母也。」

〔九〕唐玄宗注：「聖人因其親嚴之心，敦以愛敬之教。故出以就傅，趨而過庭，以教敬也；抑搔癢痛，懸衾篋枕，以教愛也。」孝經鄭注：「因人尊嚴其父，教之爲敬；因親近於其母，教之爲愛，順人情也。」

〔一〇〕唐玄宗注：「聖人順羣心以行愛敬，制禮則以施政教，亦不待嚴肅而成理也。」孝經鄭注：「聖人因人情而教民，民皆樂之，故不肅而成也。其身正，不令而行，故不嚴而治。」

〔一一〕唐玄宗注：「本謂孝也。」

子曰：「父子之道，天性也，君臣之義也〔一〕。父母生之，續莫大焉〔二〕。君親臨之，厚莫重焉〔三〕。不愛其親而愛他人者，謂之悖德；不敬其親而敬他人者，謂之悖禮〔四〕。」（此爲仲尼閒居第六章，原爲孝經聖治章第九的中間部分）

【校注】

〔一〕「子曰」二字，孝經無。唐玄宗注：「父子之道，天性之常，加以尊嚴，又有君臣之義。」邢昺疏：「正義曰：云『父子之道，天性之常』者，父子之道，自然慈孝，本乎天性，則生愛敬之心，是常道也。云『加以尊嚴，又有君臣之義』者，言父子相親本於天性，慈孝生於自然，既能尊嚴於親，又有君臣之義。」

〔二〕唐玄宗注：「父母生子，傳體相續，人倫之道，莫大於斯。」邢昺疏：「案説文云：『續，連也。』言子繼於父母，相連不絶也。易稱『生生之謂易』，言後生次於前也。此則傳續之義也。」賈慶超曾子校釋：「續：衍續，即父母生子，生生不已，世世接續。」

〔三〕唐玄宗注：「謂父爲君，以臨於己。恩義之厚，莫重於斯。」賈慶超曾子校釋：「君親：父母。强調既爲至親，又爲嚴君。臨：以上對下曰臨。」臨，在此含有管教、教養、調理的意思。

〔四〕「不愛」前，孝經有「故」字。唐玄宗注：「言盡愛敬之道，然後施教於人，違此則於德禮爲悖也。」悖，違逆，違背。

子曰：「孝子之事親也，居則致其敬，養則致其樂，病則致其憂〔一〕，喪則致其哀，祭則致其嚴。五者備矣，然後能事親。事親者居上不驕，爲下不亂，在醜不争〔二〕。居上而驕則亡，爲下而亂則刑，在醜而争則兵。此三者不除，雖日用三牲之養猶爲不孝也〔三〕。」（此爲仲尼閒居第七章，原爲孝經紀孝行章第十）

【校注】

〔一〕「病則致其憂」，父母患病，子女應盡其憂。論語爲政篇：「父母唯其疾之憂。」即唯有父母身上的疾病最令子女擔憂。下句「致其哀」，即盡其哀痛之情；「盡其嚴」，即盡其莊敬嚴肅之情。

〔二〕「醜」，通「儔」，同類，同輩。唐玄宗注：「醜，衆也。争，競也。當和順以從衆也。」邢昺疏：「在醜輩之中不可爲忿争之事。……在醜輩須去争，不去則兵刃或加於身。」

〔三〕「此」字，孝經無。唐玄宗注：「三牲，太牢也。孝以不毁爲先。言上三事皆可亡身，而不除之，雖日致太牢之養，固非孝也。」

子曰：「五刑之屬三千，而罪莫大於不孝〔一〕。要君者無上〔二〕，非聖人者無法〔三〕，非孝者無親〔四〕，此大亂之道也。」（此爲仲尼閒居第八章，原爲孝經五刑章第十一）

【校注】

〔一〕唐玄宗注：「五刑，謂墨、劓、剕、宫、大辟也。條有三千，而罪之大者莫過不孝。」

〔二〕唐玄宗注：「君者臣之稟命也，而敢要之，是無上也。」要，要挾，脅迫。無上，藐視君長，目無長上。

〔三〕唐玄宗注：「聖人制作禮樂，而敢非之，是無法也。」非，詆毀，侮辱。

〔四〕唐玄宗注：「善事父母爲孝，而敢非之，是無親也。」

子曰：「君子事上，進思盡忠〔一〕，退思補過〔二〕，將順其美〔三〕，匡救其惡〔四〕，故上下能相親〔五〕。詩曰：『心乎愛矣，遐不謂矣。中心藏之，何日忘之〔六〕？』」（此爲仲尼閒居第九章，原爲孝經事君章第十七）

【校注】

〔一〕唐玄宗注：「進見於君，則思盡忠節。」

〔二〕唐玄宗注：「君有過失，則思補益。」

〔三〕唐玄宗注：「將，行也。君有美善，則順而行之。」

〔四〕唐玄宗注：「匡，正也。救，止也。君有過惡，則正而止之。」

〔五〕唐玄宗注：「下以忠事上，上以義接下，君臣同德，故能相親。」

〔六〕唐玄宗注：「遐，遠也。義取臣心愛君，雖離左右，不謂爲遠。愛君之志，恒藏心中，無日暫忘也。」

子曰：「昔者明王事父孝，故事天明；事母孝，故事地察〔一〕。長幼順，故上下治〔二〕。天地明察，神明彰矣〔三〕。故雖天子，必有尊也，言有父也；必有先也，言有兄也〔四〕。宗廟致敬，不忘親也。修身慎行，恐辱先也〔五〕。宗廟致敬，鬼神著矣〔六〕。孝弟之至，通於神明，光於四海，無所不通〔七〕。詩云：『自西自東，自南自北，無思不服。』」（此爲仲尼閒居第十章，原爲孝經感應章第十六）

【校注】

〔一〕唐玄宗注：「王者父事天，母事地，言能敬事宗廟，則事天地能明察也。」邢昺疏：「此章夫子述明王以孝事父母，能致感應之事。言昔者明聖之王，事父能孝，故事天能明，言能明天之道，故易說卦云：『乾爲天爲父。』此言事父孝，故能事天明，是事父之道通於天也。事母能孝，故事地能察，言能察地之理，故説卦云：『坤爲地爲母。』此言事母孝，故事地察，則是事母之道通於地也。」

〔二〕唐玄宗注：「君能尊諸父，先諸兄，則長幼之道順，君人之化理。」孝經鄭注：「卑事於尊，幼事於長，故上下治。」

〔三〕唐玄宗注：「事天地能明察，則神感至誠而降福佑，故曰彰也。」邢昺疏：「明王之事天地既能明察，必致福應，則神明之功彰見。謂陰陽和，風雨時，人無疾厲，天下安寧也。」

〔四〕唐玄宗注：「父謂諸父，兄謂諸兄，皆祖考之胤也。禮：君燕族人，與父兄齒也。」邢昺疏：「古者天子祭畢，同姓則留之，謂與族人燕。故楚茨詩曰：『諸父兄弟，備言燕私。』鄭箋云：『祭畢，歸賓客之俎，同姓則留與之燕。』是天子燕族人也。又禮記文王世子云：『若公與族燕，則異姓爲賓，膳宰爲主人。公與父兄齒。』則知燕族人亦以尊卑爲列，齒於父兄之下也。」

〔五〕唐玄宗注：「天子雖無上於天下，猶修持其身，謹慎其行，恐辱先祖而毀盛業也。」

〔六〕唐玄宗注：「事宗廟能盡敬，則祖考來格，享於克誠，故曰著也。」邢昺疏：「云『族考來格』者，尚書益稷文。格，至也。言事宗廟能恭敬，則族考之神來格。詩曰：『神保是格，報以景福。』亦是言神之至。」

〔七〕唐玄宗注：「能敬宗廟，順長幼，以極孝悌之心，則至性通於神明，光於四海，故曰無所不通。」

子曰：「君子之事親孝，故忠可移於君〔一〕；事兄弟，故順可移於長〔二〕；居家理，故治可移於官〔三〕。是以行成於内，而名立於後世矣〔四〕。」（此爲仲尼閒居第十一章，原爲孝經廣揚名章第十四）

【校注】

〔一〕唐玄宗注：「以孝事君則忠。」即「移孝作忠」。

〔二〕唐玄宗注：「以敬事長則順。」

〔三〕唐玄宗注：「君子所居則化，故可移於官也。」

〔四〕唐玄宗注：「脩上三德於内，名自傳於後代。」邢昺疏：「言君子之事親能孝者，資孝爲忠，可移孝行以事君也。事兄能悌者，故資悌爲順，可移悌行以事長也。居家能理者，故資治爲政，可移治績以施於官也。是以君子若能以此善行成之於内，則令名立於身没之後也。」

子曰：「閨門之内具禮矣乎〔一〕？嚴父、嚴兄〔二〕，妻子、臣妾，猶百姓徒役也〔三〕。」（此爲仲尼閒居第十二章，原孝經無此章，蓋汪氏據古文孝經補入）

【校注】

〔一〕「閨門」，漢語大詞典釋曰：「閨門：宫苑、内室的門。借指宫廷、家庭。禮記樂記：『在閨門之内，父子兄弟同聽之，則莫不和親。』周書孝義傳秦族：『〔秦族〕與弟榮先，復相友愛，閨門之中，怡怡如也。』」「具」，漢語大詞典釋曰：「具：完備、齊全。禮記樂記：『其功大者其樂備，其治辯者其禮具。』」

〔二〕古文孝經孔氏傳曰：「嚴親孝，嚴兄弟也。孝以事君，弟以事長，而忠順之節著矣。」

〔三〕古文孝經孔氏傳曰：「臣謂家臣僕也，故家人有嚴君焉，父之謂也。父謂嚴君，而兄爲尊長，則其妻子臣妾猶百姓徒役，是故君子役私家之内，而君人之禮具矣。」

曾子曰：「若夫慈愛恭敬，安親揚名，參〔一〕聞命矣。敢問從父之令，可謂孝乎〔二〕？」子曰：「是何言與？是何言與〔三〕？昔者天子有爭臣七人，雖無道，不失其天下。諸侯有爭臣五人，雖無道，不失其國。大夫有爭臣三人，雖無道，不失其家〔四〕。士有爭友，則身不離於令名〔五〕。父有爭子，則身不陷於不義。故當不義，則子不可以弗爭於父，臣不可以弗爭於君〔六〕。故當不義則爭之，從父之令，又焉得爲孝乎？」（此爲仲尼閒居第十三章，原爲孝經諫諍章第十五）

【校注】

〔一〕「參」，孝經作「則」。

〔二〕「從」前，孝經有「子」字。唐玄宗注：「事父有隱無犯，又敬不違，故疑而問之。」

〔三〕唐玄宗注：「有非而從，成父不義，理所不可，故再言之。」

〔四〕唐玄宗注：「降殺以兩，尊卑之差。争謂諫也。言雖無道，爲有争臣，則終不至失天下、亡家國也。」邢昺疏：「夫子以曾參所問於理乖僻，非諫諍之義，因乃誚而答之，曰：汝之此問，是何言與？再言之者，明其深不可也。既誚之後，乃爲曾子説必須諫諍之事，言臣之諫君，子之諫父，自古攸然。故言昔者天子治天下，有諫争之臣七人，雖復無道，昧於政教，不至於失天下。言無道者，謂無道德。諸侯有諫争之臣五人，雖無道，亦不失其國也。大夫有諫争之臣三人，雖無道，亦不失於其家。士有諫争之友，則其身不離遠於善名也。父有諫争之子，則身不陷於不義。故君父有不義之事，凡爲臣子者，不可以不諫争。以此之故，當不義則須諫之。」

〔五〕唐玄宗注：「令，善也。益者三友。言受忠告，故不失其善名。」

〔六〕唐玄宗注：「不争則非忠孝。」

子曰：「孝子之喪親，哭不偯〔一〕，禮無容〔二〕，言不文〔三〕，服美不安〔四〕，聞樂不樂，食旨不甘〔五〕，此哀戚之情也。三日而食，教民無以死傷生，毁不滅性，此聖人之政〔六〕。喪不過三年，示民有終〔七〕。爲之棺槨衣衾而舉之〔八〕，陳其簠簋而哀戚之〔九〕。擗踊〔一〇〕哭泣，哀以送之。卜其宅兆〔一一〕，而安厝之。爲之宗廟，以鬼享之〔一二〕。春秋祭祀，以時思之。生事愛敬，死事哀戚，生民之本盡矣，死生之義備矣，孝子之事親終矣。」（此爲仲尼閒居第十四章，原爲孝經喪親章第十八）

【校注】

〔一〕「偯」，音「乙」。唐玄宗注：「氣竭而息，聲不委曲。」邢昺疏：「言孝子之喪親，哭以氣竭而止，不有餘偯之聲。」漢語大詞典釋曰：「偯，拖長哭的餘聲。」禮記雜記下：「童子哭不偯，不踊，不杖，不菲，不廬。」又間傳：「大功之哭，三曲而偯；小功緦麻，哀容可也。」鄭玄注：「偯，聲餘從容也。」」

〔二〕禮，禮儀。無容，因哀痛而不修飾儀容。

〔三〕唐玄宗注：「不爲文飾。」

〔四〕唐玄宗注：「不安美飾，故服縗麻。」

〔五〕唐玄宗注：「旨，美也。不甘美味，故蔬食水飲。」

〔六〕唐玄宗注：「不食三日，哀毀過情，滅性而死，皆虧孝道，故聖人制禮施教，不令至於殞滅。」

政，法則，標準。

〔七〕唐玄宗注：「三年之喪，天下達禮，使不肖企及，賢者俯從。夫孝子有終身之憂，聖人以三年爲制者，使人知有終竟之限也。」

〔八〕唐玄宗注：「周尸爲棺，周棺爲椁。衣，謂斂衣。衾，被也。舉，謂舉尸内於棺也。」

〔九〕唐玄宗注：「簠簋，祭器也。陳奠素器而不見親，故哀戚也。」簠、簋，盛黍稷稻粱的禮器。

〔一〇〕「擗踊」，亦作「擗踊」，捶胸頓足，哀痛貌。

〔一一〕唐玄宗注：「宅，墓穴也。兆，塋域也。葬事大，故卜之。」

〔一二〕唐玄宗注：「立廟祔祖之後，則以鬼禮享之。」

内篇　明明德第一　凡十一章

本篇原爲禮記中的大學。大學的作者，多數研究者以爲是曾參，但也有主孔子或秦漢學者者。朱熹認爲，大學中「經」一章，是「孔子之言，而曾子述之」；以下「傳」十章，是「曾子之意，而門人述之」。汪晫認定爲曾子作，並特意於第一、二章之首冠以「曾子曰」，其篇名也改作明明德。汪晫與朱熹是同時代人，其章句排列順序與朱熹四書章句集注同，而與十三經注疏本禮記異。

曾子曰：「子曰〔一〕：大學之道，在明明德〔二〕，在親民〔三〕，在止〔四〕於至善。知止〔五〕而后有定，定而后能静，静而后能安，安而后能慮，慮而后能得〔六〕。物有本末，事有終始，知所先後，則近道矣。古之欲明明德於天下者，先治其國。欲治其國者，先齊其家。欲齊其家者，先修其身。欲修其身者，先正其心。欲正其心者，先誠其意。欲誠其意者，先致其知〔七〕。致知在格物〔八〕。物格而后知至，知至而后意誠，意誠而后心正，心正而后身修，身修而后家齊，家齊而后國治，國治而后天下平。自天子以至於庶人，壹是〔九〕皆以修身爲本，其本亂而末治者，否矣。其所厚者薄，而其所薄者厚〔一〇〕，未之有也。』」（此爲明明德第一章）

【校注】

〔一〕「曾子曰子曰」五字，朱熹四書章句集注、十三經注疏本禮記皆無。朱熹四書章句集注（以下簡稱爲「朱熹注」）：「右經一章，蓋孔子之言，而曾子述之。」汪氏遵其意，故於「曾子曰」後加「子曰」。

〔二〕「明明德」，前「明」字，顯明。後「明德」一詞，即光明之德，美德。禮記大學鄭玄注（以下簡稱爲「鄭玄注」）：「明明德，謂顯明其至德也。」

〔三〕「親」，新也。親民，使民新也。朱熹注曰：「程子曰：『親，當作新。』新者，革其舊之謂也。言既自明其明德，又當推以及人，使之亦有以去其舊染之污也。」王文錦禮記譯解解「親民」爲「親愛人民」。

〔四〕「止」，鄭玄注：「止，猶自處也。」朱熹注：「止者，必至於是而不遷之意。」今注本多釋「止」爲「達到」。

〔五〕朱熹注：「止者，所當止之地，即至善之所在也。」知止，王文錦禮記譯解解爲「知道應該達到的目標」。

〔六〕朱熹注：「得，謂得其所止。」賈慶超曾子校釋：「得，達到目的。此指達到至善的境界。」王文錦禮記譯解：「思慮周詳，然後才能處事得宜。」細察文義，「得」理解爲「獲得」、「收穫」爲是。

〔七〕「知」，鄭玄注：「知，謂知善惡吉凶之所終始也。」王文錦禮記譯解：「想要誠實自己的意念，先要獲得知識。」王文錦所釋爲當。

〔八〕朱熹注：「致，推極也。知，猶識也。推極吾之知識，欲其所知無不盡也。格，至也。物，猶事也。窮至事物之理，欲其極處無不到也。」辭源：「格，窮究。」「格物，窮究事物的原理。」「格致，格物致知的簡稱，謂窮究事物的原理而獲得知識。」

〔九〕朱熹注：「壹是，一切也。」

〔一〇〕朱熹注：「所厚，謂家也。」賈慶超曾子校釋：「厚，厚待，厚施，厚愛。薄，不厚道，苛刻、刻薄。」王文錦禮記譯解：「對自己關係親厚的人情意澹薄，而對自己關係澹薄的人卻情意濃厚，没有這樣的情理。」此「厚」「薄」當理解爲重視或輕視，經文的意思是主張重視修身之本，即重本輕末。句意是：「對於所應重視厚待的卻輕視鄙薄，對於所應輕視鄙薄的卻重視厚待，没有這樣的道理。」

曾子曰〔一〕：「康誥曰：『克明德〔二〕。』太甲曰：『顧諟天之明命〔三〕。』帝典曰：『克明峻德〔四〕。』皆自明也。」（此爲明明德第二章）

【校注】

〔一〕「曾子曰」三字，朱熹集注、十三經注疏本禮記皆無。

〔二〕朱熹注：「康誥，周書。克，能也。」

〔三〕「顧諟」，書孔安國傳：「顧，謂常目在之。諟，是也。言敬奉天命以承順天地。」孔穎達疏：「説文云：顧，還視也。諟與是，古今之字異，故變文爲是也。言先王每有所行，必還迴視是天之明命，謂常目在之。言其想象如目前，終常敬奉天命，以承上天下地之神祇也。」鄭玄注：「顧，念也。諟，猶正也。」朱熹注：「大甲，商書。顧，謂常目在之也。諟，猶此也，或曰審也。天之明命，即天之所以與我，而我之所以爲德者也。常目在之，則無時不明矣。」王文錦禮記譯解：「要顧念熟思上天賦予的光明使命。」顧諟，孔安國傳、孔穎達疏可從。當時是兩個詞，後人用得多了，漸漸將其視爲一個詞。漢語大詞典將「顧諟」立爲詞頭，先列舉孔傳、孔疏，繼而釋曰：「後以『顧諟』指敬奉、禀順天命。明高攀龍高子遺書語：『真明者，其明命乎。古人顧諟，蓋實體如是，非見也，有見則妄矣。』清魏源默觚上學篇五：『故聖人之言敬也，皆敬天也，昭事上帝，顧諟明命也。』」

〔四〕朱熹注：「帝典，堯典，虞書。峻，大也。」

湯之盤銘曰：「苟日新，日日新，又日新〔一〕。」康誥曰：「作新民〔二〕。」詩曰：「周雖舊邦，其命維新〔三〕。」是故君子無所不用其極。（此爲明明德第三章）

【校注】

〔一〕朱熹注：「盤，沐浴之盤也。銘，名其器以自警之辭也。苟，誠也。湯以人之洗濯其心以去惡，如沐浴其身以去垢，故銘其盤，言誠能一日有以滌其舊染之污而自新，則當因其已新者而日日新之，又日新之，不可略有間斷也。」苟，在此當釋爲「如果」、「假如」。

〔二〕朱熹注：「鼓之舞之之謂作，言振起其自新之民也。」王文錦禮記譯解：「使他們作爲新的人民。」康誥，尚書篇名。該句在康誥的上下文爲：「王曰……已！汝惟小子，乃服惟弘王，應保殷民，亦惟助王宅天命，作新民。」孔安國傳：「已乎！汝惟小子，乃當服行德政，惟弘大王道，上以應天，下以安我所受殷之民衆。弘王道，安殷民，亦所以惟助王者居順天命，爲民日新之教。」

〔三〕朱熹注：「詩大雅文王之篇。言周國雖舊，至於文王，能新其德以及於民，而始受天命也。」

詩云：「邦畿千里，惟民所止〔一〕。」詩云：「緡蠻黃鳥，止於丘隅〔二〕。」子曰：「於止，知其所止，可以人而不如鳥乎〔三〕？」詩云：「穆穆文王，於緝熙敬止〔四〕。」爲人君，止於仁；爲人臣，止於敬；爲人子，止於孝；爲人父，止於慈；與國人交，止於信〔五〕。詩云：「瞻彼淇澳〔六〕，菉竹猗猗。有斐君子，如切如磋，如琢如磨。瑟兮僩兮，赫兮喧兮〔七〕。有斐君子，終不可諠〔八〕兮。」如切如磋者，道學也〔九〕；如琢如磨者，自修也；瑟兮僩兮者，恂慄〔一〇〕也；赫兮喧兮者，威儀也；有斐君子，終不可諠兮者，道盛德至善，民之不能忘也。詩云：「於戲前王不忘〔一一〕！」君子賢其賢而親

其親，小人樂其樂而利其利〔一二〕，此以没世不忘也。（此爲明明德第四章）

【校注】

〔一〕朱熹注：「詩商頌玄鳥之篇。邦畿，王者之都也。止，居也，言物各有所當止之處也。」邦畿，王城及其所屬周圍的地域。詩毛傳：「畿，疆也。」鄭玄箋：「王畿千里之内，其民居安，乃後兆域正天下之經界，言其爲政自内及外。」

〔二〕「緡蠻」，鳥鳴聲。「丘隅」，山丘的曲深僻静處。

〔三〕鄭玄注：「於止，於鳥之所止也。就而觀之，知其所止，知鳥擇岑蔚安閒而止處之耳。言人亦當擇禮義樂土而自止處也。論語曰：『里仁爲美，擇不處仁，焉得知？』」

〔四〕鄭玄注：「緝熙，光明也。此美文王之德光明，敬其所以自止處。」孔穎達疏：「此大雅文王之篇，美文王之詩。緝熙，光明也。止，辭也。」朱熹注：「詩文王之篇。穆穆，深遠之意。於，歎美辭。緝，繼續也。熙，光明也。敬止，言其無不敬而安所止也。」

〔五〕「止於仁」等五個「止」字，與前面幾句中的「止」字義同，按鄭玄、朱熹所解，理解爲「居於仁」、「處於仁」皆可。朱熹注：「止者，所當止之地，即至善之所在也。」

〔六〕「淇澳」，也作「淇奥」，指淇水彎曲處。孔穎達疏：「此詩衛風淇澳之篇，衛人美武公之德也。奥，隈也。菉，王芻也。竹，扁竹也。視彼淇水之隈曲之内，生此菉之與竹，猗猗然而茂盛，以淇水浸潤故也。言視彼衛朝之内，上有武公之身，道德茂盛，亦本康叔之餘烈故也。引之者，證誠意之道。」

〔七〕「瑟」，莊嚴貌；「僩」，寬大貌，即莊敬寬厚。「赫」，顯赫貌；「咺」，顯著貌。詩毛傳：「赫，有明德赫赫然。咺，威儀容止宣著也。」

〔八〕「斐」，有文彩貌。「諠」，忘記。

〔九〕「道」，言也。「道學」，言治學。王文錦譯解：「『如切如磋』的意思，喻指君子的努力治學。」

〔一〇〕「恂慄」，恐懼戰慄。此偏重指謙恭謹慎。

〔一一〕朱熹注：「詩周頌烈文篇。於戲，歎辭。前王，謂文、武也。」「於戲」，音「嗚呼」。

〔一二〕鄭玄注：「聖人既有親賢之德，其政又有樂利於民。君子小人，各有以思之。」朱熹注：「君子，謂其後賢後王。小人，謂後民也。此言前王所以新民者止於至善，能使天下後世無一物不得其所，所以既没世而人思慕之，愈久而不忘也。」王文錦譯解：「嗣位的君子之所以不忘前王，是尊重前王的賢德，熱愛前代的親人；百姓們之所以不忘前王，是樂於享受前王所創造的安樂局面，利於享有前王所帶來的利益：因此人人終生念念不忘前王。」

子曰：「聽訟，吾猶人也，必也使無訟乎〔一〕？」無情者不得盡其辭，大畏民志〔二〕。此謂知本。此謂知之至也〔三〕。（此爲明明德第五、六章）

【校注】

〔一〕語見論語顏淵篇。朱熹論語集注：「范氏曰：『聽訟者，治其末，塞其流也。正其本，清其源，則無訟矣。』楊氏曰：『子路片言可以折獄，而不知以禮遜爲國，則未能使民無訟者也。故又記孔子之言，以見聖人不以聽訟爲難，而以使民無訟爲貴。』」孫欽善論語本解：「聽訟：聽訴訟以判案。本章表現了孔子的禮治理想。孔子提倡禮治，但又不排斥刑罰，他主張禮治爲主，刑罰爲輔。孔子說：『聽訟判案，我跟别人的本事差不多，能不能一定讓人們没有訴訟呢？』」孔子主張教化爲本，儘量減少人與人之間的矛盾衝突，以實現「無訟」的和諧局面。

〔二〕鄭玄注：「情，猶實也。無實者多虚誕之辭。聖人之聽訟，與人同耳。必使民無實者不敢盡其辭，大畏其心志，使誠其意不敢訟。」朱熹注：「情，實也。引夫子之言，而言聖人能使無實之人不敢盡其虚誕之辭。蓋我之明德既明，自然有以畏服民之心志，故訟不待聽而自無也。觀於此言，可以知本末之先後矣。」楊天宇禮記譯注：「要使没有實情的人不能盡情編造謊言，要使民心大爲畏服，這就叫做知道根本。」

〔三〕此二句，朱熹大學章句在「此謂知本」後注曰：「程子曰：『衍文也。』」在「此謂知之至也」後注曰：「此句之上别有闕文，此特其結語耳。」十三經注疏本禮記此二句排在大學首章「未之有也」句後。朱熹大學章句將「此謂知本。此謂知之至也」單獨列爲一章，而四庫全書本曾子全書將其與前者合排在一起。

所謂誠其意者，毋自欺也，如惡惡臭，如好好色，此之謂自慊〔一〕。故君子必慎其獨〔二〕也。小人閒居爲不善，無所不至，見君子而后厭然，揜其不善，而著其善〔三〕。人之視己，如見其肺肝然，則何益矣？此謂誠於中，形於外，故君子必慎其獨也。曾子曰：「十目所視，十手所指，其嚴〔四〕乎！」富潤屋，德潤身，心廣體胖〔五〕，故君子必誠其意。（此爲明明德第七章）

【校注】

〔一〕「慊」，音「妾」，滿足，快意。朱熹注本作「謙」，注曰：「謙，快也，足也。」辭源：「謙，滿足。通『慊』。」

〔二〕「慎其獨」，謹慎自己獨處的時候，即一個人在獨處時，應謹慎不苟。

〔三〕朱熹注：「閒居，獨處也。厭然，消沮閉藏之貌。此言小人陰爲不善，而陽欲揜之，則是非不知善之當爲與惡之當去也，但不能實用其力以至此耳。然欲揜其惡而卒不可揜，欲詐爲善而卒不可詐，則亦何益之有哉！此君子所以重以爲戒而必謹其獨也。」

〔四〕「嚴」，嚴厲可怕。

〔五〕「胖」，音「盤」，安泰舒適。「心廣體胖」，心中坦然，身體舒泰。朱熹注：「胖，安舒也。言富則能潤屋矣，德則能潤身矣，故心無愧怍，則廣大寬平，而體常舒泰，德之潤身者然也。」

所謂修身在正其心者，身有所忿懥〔一〕，則不得其正；有所恐懼，則不得其正；有所好樂，則不得其正；有所憂患，則不得其正。心不在焉，視而不見，聽而不聞，食而不知其味〔二〕。此謂修身在正其心。（此爲明明德第八章）

【校注】

〔一〕「懥」，音「至」。鄭玄注：「懥，怒貌也。」忿懥，憤怒，憤恨。

〔二〕孔穎達疏：「此言脩身之本，必在正心。若心之不正，身亦不脩。若心之不在，視聽與食不覺知也。是心爲身本，脩身必在於正心也。」

所謂齊其家在修其身者，人之其所親愛而辟焉〔一〕，之其所賤惡而辟焉，之其所畏敬而辟焉，之其所哀矜而辟焉，之其所傲惰〔二〕而辟焉。故好而知其惡，惡而知其美者，天下鮮矣〔三〕。故諺有之曰：「人莫知其子之惡，莫知其苗之碩〔四〕。」此謂身不修不可以齊其家。（此爲明明德第九章）

【校注】

〔一〕「之」，相當於「於」。朱熹注：「之，猶於也。辟，猶偏也。」楊天宇禮記譯注譯曰：「所謂整頓自己的家族在於修養自身，是因爲人們對於所親愛的人難免偏愛。」

〔二〕「傲惰」，傲視輕慢。「之其」五句，是説人們在愛、惡、敬、同情、傲慢等情感把握上往往有偏頗。朱熹注：「五者，在人本有當然之則，然常人之情惟其所向而不加審焉，則必陷於一偏而身不修矣。」

〔三〕孔穎達疏：「知，識也。鮮，少也。人心多偏，若心愛好之，而多不知其惡；若嫌惡之，而多不知其美。今雖愛好，知彼有惡事；雖憎惡，知彼有美善。天下之内，如此者少矣。」

〔四〕孔穎達疏：「碩，猶大也。言人之愛子其意至甚，子雖有惡，不自覺知，猶好而不知其惡也。農夫種田，恒欲其盛，苗雖碩大，猶嫌其惡，以貪心過甚，故不知其苗之碩。若能以己子而方他子，己苗而匹他苗，則好惡可知，皆以己而待他物也。」朱熹注：「溺愛者不明，貪得者無厭，是則偏之爲害，而家之所以不齊也。」

所謂治國必先齊其家者，其家不可教而能教人者無之，故君子不出家而成教於國。孝者，所以事君也；弟者，所以事長也；慈者，所以使衆也。康誥曰：「如保赤子〔一〕。」心誠求之，雖不中不遠矣。未有學養子而后嫁者也。一家仁，一國興仁；一家讓，一國興讓；一人貪戾〔二〕，一國作亂。其機〔三〕如此。此謂一言僨事〔四〕，一人定國。堯舜帥天下以仁，而民從之。桀紂帥天下以暴，而民從之。其所令反其所好〔五〕，而民不從。是故君子有諸己而后求諸人，無諸己而后非諸人〔六〕。所藏乎身不恕而能喻諸人者〔七〕，未之有也。故治國在齊其家。詩云：「桃之夭夭，其葉蓁蓁。之子于歸，宜其家人〔八〕。」「宜其家人」，而后可以教國人。詩云：「宜兄宜弟〔九〕。」「宜兄宜弟」，而后可以教國人。詩云：「其儀不忒，正是四國〔一〇〕。」其爲父子兄弟足法，而后民法之也。此謂治國在齊其家。（此爲明明德第十章）

【校注】

〔一〕「赤子」，嬰兒。孔穎達疏：「此成王命康叔之辭。赤子，謂心所愛之子。言治民之時，如保愛赤子，愛之甚也。」

〔二〕「貪戾」，鄭玄注：「戾之言利也。」「戾」無「利」義，鄭注非。戾，暴虐，乖戾。玉篇犬部：「戾，虐也。」莊子天道：「䪠萬物而不爲戾。」成玄英疏：「戾，暴也。」廣韻霽韻：「戾，乖也。」荀子榮辱：「爲事利，争貨財，無辭讓，果敢而振，猛貪而戾。」楊倞注：「戾，乖背也。」據此，貪戾應解作貪婪暴戾。

〔三〕機，關鍵。鄭玄注：「機，發動所由也。」

〔四〕「僨事」，敗事。僨，音「憤」，覆敗，敗壞。

〔五〕「其所令反其所好」，意思是：你所頒佈的政令與你本人的愛好相反。賈慶超曾子校釋：「句意謂桀紂命令民衆爲善，而這與他們喜好暴虐的行爲卻是相反的，於是民衆不服從他們的政令。」

〔六〕朱熹注：「有善於己，然後可以責人之善；無惡於己，然後可以正人之惡。」此語是説，自己有了好的德行，然後才去要求别人；自己没有了惡行，然後才去批評别人。皆推己以及人，所謂恕也。不如是，則所令反其所好而民不從矣。

〔七〕「喻」，曉也。「恕」，用自己的心推想别人的心，即推己及人，將心比心。此語是説，自身没有恕道，而能曉喻别人的，那是未曾有過的事。

〔八〕鄭玄注：「夭夭、蓁蓁，美盛貌。之子者，是子也。」孔穎達疏：「此周南桃夭之篇，論昏姻及時之事。言桃之夭夭少壯，其葉蓁蓁茂盛，喻婦人形體少壯、顔色茂盛之時，似桃之夭夭也。之子者，是子也。歸，嫁也。宜，可以爲夫家之人。」「之子」，這個人。「之子于歸，宜其家人」，即這個女人嫁來了，適宜一家人。

〔九〕孔穎達疏：「此小雅蓼蕭之篇，美成王之詩。詩之本文，言成王有德，宜爲人兄，宜爲人弟。此記之意，宜兄宜弟謂自與兄弟相善相宜也。」

〔一〇〕孔穎達疏：「此曹風鳲鳩之篇。忒，差也。正，長也。言在位之君子，威儀不有差忒，可以正長是四方之國，言可法則也。」語意爲，他的威儀没有差錯，能够教正四方各國。

所謂平天下在治其國者，上老老而民興孝，上長長而民興弟，上恤孤而民不倍，是以君子有絜矩之道也〔一〕。所惡於上，毋以使下；所惡於下，毋以事上；所惡於前，毋以先後；所惡於後，毋以從前；所惡於右，毋以交於左；所惡於左，毋以交於右。此之謂絜矩之道〔二〕。詩云：「樂只君子，民之父母〔三〕。」民之所好好之，民之所惡惡之，此之謂民之父母。詩云：「節彼南山，維石巖巖。赫赫師尹，民具爾瞻〔四〕。」有國者不可以不慎，辟則爲天下僇〔五〕矣。詩云：「殷之未喪師，克配上帝。

儀監於殷，峻命不易〔六〕。」道得衆則得國，失衆則失國。是故君子先慎乎德。有德此有人，有人此有土，有土此有財，有財此有用。德者本也，財者末也。外本内末，争民施奪〔七〕。是故財聚則民散，財散則民聚〔八〕。是故言悖而出者，亦悖而入；貨悖而入者，亦悖而出〔九〕。康誥曰：「惟命不于常〔一〇〕。」道善則得之，不善則失之矣。楚書曰：「楚國無以爲寶，惟善以爲寶〔一一〕。」舅犯曰：「亡人無以爲寶，仁親以爲寶〔一二〕。」秦誓曰：「若有一個臣，斷斷兮無他技，其心休休焉，其如有容焉〔一三〕。人之有技，若己有之。人之彦聖，其心好之，不啻若自其口出，寔能容之，以能保我子孫黎民，尚亦有利哉〔一四〕！人之有技，媢嫉以惡之。人之彦聖，而違之，俾不通，寔不能容，以不能保我子孫黎民，亦曰殆哉〔一五〕！」唯仁人放流之，迸諸四夷，不與同中國〔一六〕。此謂唯仁人爲能愛人，能惡人。見賢而不能舉，舉而不能先，命也〔一七〕。見不善而不能退，退而不能遠，過也。好人之所惡，惡人之所好，是謂拂人之性，菑必逮夫身〔一八〕。是故君子有大道，必忠信以得之，驕泰以失之。生財有大道，生之者衆，食之者寡，爲之者疾，用之者舒，則財恒足矣。仁者以財發身，不仁者以身發財〔一九〕。未有上好仁而下不好義者也，未有好義其事不終者也，未有府庫財非其財者也〔二〇〕。孟獻子曰：「畜馬乘，不察於雞豚。伐冰之家，不畜牛羊。百乘之家，不畜聚斂之臣。與其有聚斂之臣，寧有盜臣〔二一〕。」此謂國不以利爲利，以義爲利也。長國家而務財用者，必自小人矣〔二二〕。彼爲善之，小人之使爲國家，菑害並至，雖有善者，亦無如之何矣〔二三〕？此謂國不以利爲利，以義爲利也。（此爲明明德第十一章）

【校注】

〔一〕鄭玄注：「老老、長長，謂尊老敬長也。恤，憂也。民不倍，不相倍棄也。絜，猶結也，挈也。矩，法也。君子有挈法之道，謂當執而行之，動作不失之。倍，或作偝。矩，或作巨。」朱熹注：「老老，所謂老吾老也。興，謂有所感發而興起也。孤者，幼而無父之稱。絜，度也。矩，所以爲方也。言此三者，上行下效，捷於影響，所謂家齊而國治也。亦可以見人心之所同，而不可使有一夫之不獲矣。是以君子必當因其所同，推以度物，使彼我之間各得分願，則上下四旁均齊方正，而天下平矣。」絜，度量；矩，畫方形的用具，引申爲法度。儒家以絜矩象徵道德規範。

〔二〕王文錦譯解：「凡是上面的人待我的態度爲我所厭惡的，我就不用這種態度任使下面的人；凡是下面的人對我的態度爲我所厭惡的，我就不用這種態度侍奉上面的人；凡是前面的人待我的態度爲我所厭惡的，我就不用這種態度對待後面的人；凡是後面的人待我的態度爲我所厭惡的，我就不用這種態度對待前面的人；右面的人待我的態度爲我所厭惡的，我就不用這種態度對待左面的人；左面的人待我的態度爲我所厭惡的，我就不用這種態度對待右面的人。這就叫做『絜矩』之道。」

〔三〕孔穎達疏：「此小雅南山有臺之篇，美成王之詩也。只，辭也。言能以己化民，從民所欲，則可爲民父母矣。」「只」，語氣詞，表示感歎。

〔四〕鄭玄注：「巖巖，喻師尹之高嚴也。師尹，天子之大臣，爲政者也。言民皆視其所行而則之，可不慎其德乎？邪辟失道，則有大刑。」孔穎達疏：「此小雅節南山之篇，刺幽王之詩。言幽王所任大臣，非其賢人也。節然高峻者，是彼南山，維積累其石，巖巖然高大，喻幽王大臣師尹之尊嚴。赫赫，顯盛貌。是太師與人爲則者。具，俱也。爾，汝也。在下之民，俱於汝而瞻視之，言皆視師尹而爲法。此記之意，以喻人君在上，民皆則之，不可不慎。」

〔五〕「僇」，通「戮」，殺戮。邪僻失道，則遭刑戮。

〔六〕此詩爲大雅文王篇。儀，詩原作「宜」，「儀」通「宜」；監，視也；峻，大也。鄭玄注：「監視殷時之事，天之大命，得之誠不易也。」王文錦譯解：「詩經大雅文王篇說：『殷商没有失去民心的時候，能够德配上帝。應該藉鑒殷商的興亡，獲得天命實在不易。』」

〔七〕孔穎達疏：「君若親財而疏德，則爭利之人皆施劫奪之情也。」

〔八〕孔穎達疏：「君若重財而輕民，則民散也。若散財而賙恤於民，則民咸歸聚也。」

〔九〕鄭玄注：「言君有逆命，則民有逆辭也。上貪於利，則下人侵畔。老子曰：『多藏必厚亡。』」王文錦譯解：「話悖逆情理地説出，也就有悖逆情理的話來回報。」也就是説，你用悖謬的話責備别人，别人也就會用悖謬的話來回敬你。

〔一〇〕鄭玄注：「天命不于常，言不專祐一家也。」孔穎達疏：「謂天之命不於是常住在一家也。『道善則得之，不善則失之矣。』書之本意，言道爲善則得之，不善則失之，是不常在一家也。」

〔一一〕朱熹注：「言不寶金玉而寶善人也。」王文錦譯解：「楚書上記載楚大夫王孫圉出使晉國，在宴會上回答晉國執政大臣趙簡子時説：『楚國没有物件可以當作寶貝的，只有把善人當作寶貝。』」

〔一二〕鄭玄注：「舅犯，晉文公之舅狐偃也。亡人，謂文公也，時辟驪姬之讒，亡在翟。而獻公薨，秦穆公使子顯弔，因勸之復國，舅犯爲之對此辭也。仁親，猶言親愛仁道也。明不因喪規利也。」

〔一三〕「斷斷」，誠實貌。「休休」，寬容貌。「有容」，有容人之量。

〔一四〕「彦聖」，美善明達。「不啻」，不僅僅。「寔」，實。「尚」，庶幾。

〔一五〕「媢嫉」，嫉妒。「俾不通」，使彦聖者的功績不通於君也。「殆」，危險。楊天宇禮記譯注：「秦誓說：如果有個耿介的大臣誠實專一而没有其他技藝，心胸寬廣，就像能够包容一切。别人有技藝，就如同自己有技藝；别人有美才聰慧，他就從内心裏喜好，無異於從他口中所說的。這種人確實能容人，因此能保護我的子孫和百姓，還是很有利於國家的呢。如果别人有技藝，就嫉妒而厭惡他；别人美才聰慧，就從中作梗，使他不能上通於國君，這種人實在不能容人，因此不能保護我的子孫和百姓，這就危險了。」

〔一六〕鄭玄注：「放去惡人媢疾之類者，獨仁人能之，如舜放四罪，而天下咸服。」朱熹注：「迸，猶逐也。言有此媢疾之人，妨賢而病國，則仁人必深惡而痛絶之。以其至公無私，故能得好惡之正如此也。」

〔一七〕鄭玄注：「命，讀爲『慢』，聲之誤也。舉賢而不能使君以先己，是輕慢於舉人也。」孔穎達疏：「此謂凡庸小人見此賢人而不能舉進於君，假設舉之，又不能使在其己之先，是爲慢也，謂輕慢於舉人也。」

〔一八〕「拂」，逆，違背。「菑」，同「灾」。

〔一九〕朱熹注：「仁者散財以得民，不仁者亡身以殖貨。」王文錦譯解：「仁德的人利用財富來發揚自身的理想，不仁的人卻濫用自身的條件去拼命地發財。」

〔二〇〕鄭玄注：「言君行仁道，則其臣必義。以義舉事無不成者。其爲誠然，如己府庫之財爲己有也。」王文錦譯解：「没有上面的君長愛好仁德而下面的臣民不愛好道義的，没有臣民愛好道義而國事半途而廢的，也没有臣民愛好道義而府庫的財貨竟不屬於國家所有的。」

〔二一〕「伐冰之家不畜牛羊」，北京大學版十三經注疏整理本的横排本有「不」字，豎排本無「不」字，脱。鄭玄注：「孟獻子，魯大夫仲孫蔑也。畜馬乘，謂以士初試爲大夫也。伐冰之家，卿大夫以上，喪祭用冰。百乘之家，有采地者也。雞豚、牛羊，民之所畜養以爲財利者也。國家利義不利財，盗臣損財耳，聚斂之臣乃損義。論語曰：『季氏富於周公，而求也爲之聚斂，非吾徒也，小子鳴鼓而攻之可也。』」「察」，苛察，苛求。吕氏春秋貴公：「處大官者不欲小察。」高誘注：「察，苛也。」

〔二二〕鄭玄注：「言務聚財爲己用者必忘義，是小人所爲也。」孔穎達疏：「言爲人君長於國家而務積聚財以爲己財者，必自爲小人之行也。」朱熹注：「長，上聲。自，由也，言由小人導之也。」長，統帥，掌管。國語周語：「晉聞古之長民者，不墮山，不崇藪，不防川，不竇澤。」墨子尚賢：「故可使治國者治國，長官者長官。」

〔二三〕鄭玄注：「彼，君也。君將欲以仁義善其政，而使小人治其國家之事，患難猥至，雖云有善，不能救之，以其惡之已著也。」孔穎達疏：「言君欲爲善，反令小人使爲治國家之事，毒害於下，故菑害患難則並皆來至。」

外篇　養老第三　凡十六章

此篇大都録自大戴禮記和禮記。凡録自大戴禮記的篇章，以曾子十篇所用底本四部叢刊本大戴禮記校之；凡録自禮記的篇章，以十三經注疏本禮記校之；凡大戴禮記、禮記同收的篇章，則校出大戴禮記、禮記之間的異同。

曾子曰：「孝子之養老也，樂其心，不違其志，樂其耳目，安其寢處，以其飲食終〔一〕養之。孝子之身終，終身也者，非終父母之身，終其身也。是故父母之所愛亦愛之，父母之所敬亦敬之。至於犬馬〔二〕盡然，而況於人乎！」（見於禮記内則。此爲養老第一章）

【校注】

〔一〕「終」，指人死。言孝子用飲食奉養父母，直到孝子身終。

〔二〕「至於犬馬」，借用論語爲政篇子曰「今之孝者是謂能養，至於犬馬，皆能有養，不敬，何以別乎」句。

曾子曰：「孝有三：大孝尊親，其次弗〔一〕辱，其下能養。」公明儀問於曾子曰：「夫子可以爲孝乎〔二〕？」曾子曰：「是何言與！是何言與！君子之所謂〔三〕孝者，先意承志，諭父母於道。參直養者也，安能爲孝乎？」曾子曰〔四〕：「身也者，父母之遺體也。行父母之遺體，敢不敬乎〔五〕？居處不莊〔六〕，非孝也。事君不忠，非孝也。莅官不敬，非孝也。朋友不信，非孝也。戰陳〔七〕無勇，非孝也。五者不遂，烖及於親〔八〕，敢不敬乎？烹熟羶薌，嘗而進之〔九〕，非孝也，養也。君子之所謂孝也者，國人稱願焉〔一〇〕，曰：『幸哉，有子如此！』所謂孝也已〔一一〕。民之本教曰孝，其行曰養〔一二〕。養可能也，敬爲難。敬可能也，安爲難。安可能也，久爲難。久可能也，卒爲難〔一三〕。父母既歿，慎行其身，不遺父母惡名，可謂能終矣。仁者仁此者也，義者宜此者也，忠者忠此者也，信者信此者也，禮者體此者也，行者行此者也，彊者彊此者也〔一四〕。樂自順此生，刑自反此作。」（見於禮記祭義，亦見大戴禮記曾子大孝。注釋請

參見前書曾子十篇曾子大孝第四。此爲養老第二章）

【校注】

〔一〕「弗」，禮記祭義同，大戴禮記曾子大孝作「不」。

〔二〕「夫子可以爲孝乎」，禮記祭義同，大戴禮記曾子大孝作「夫子可謂孝乎」。

〔三〕「謂」，大戴禮記曾子大孝同，禮記祭義作「爲」。

〔四〕「曾子曰」，禮記祭義同，大戴禮記曾子大孝無此三字。

〔五〕此二句，禮記祭義同，大戴禮記曾子大孝作「身者，親之遺體也。行親之遺體，敢不敬乎」。

〔六〕「居處不莊」，禮記祭義同，大戴禮記曾子大孝此語前有「故」字。

〔七〕「陳」，禮記祭義同，大戴禮記曾子大孝作「陣」。「陳」同「陣」。

〔八〕「烖及於親」，禮記祭義同，大戴禮記曾子大孝作「災及乎身」。

〔九〕此句，禮記祭義作「亨孰膻薌，嘗而薦之」，大戴禮記曾子大孝作「烹熟鮮薌，嘗而進之」。「亨」，烹的古字，烹飪。「孰」，熟的古字。阮元曾子十篇注釋：「烹，烹肉。熟，熟穀。鮮，讀爲羶，肉氣也。香，穀氣也。」王聘珍大戴禮記解詁：「鳥獸新殺曰鮮。香，謂黍稷馨香也。」

〔一〇〕此二句，禮記祭義「焉」作「然」，大戴禮記曾子大孝作「君子之所謂孝者，國人皆稱願焉」。

〔一一〕「已」，禮記祭義同，大戴禮記曾子大孝無此字。

〔一二〕此二句，禮記祭義作「衆之本教曰孝，其行曰養」，大戴禮記曾子大孝作「民之本教曰孝，其行之曰養」。

〔一三〕此幾句，大戴禮記曾子大孝同，禮記祭義作「養可能也，敬爲難。敬可能也，安爲難。安可能也，卒爲難」，無「久可能也，卒爲難」二句。

〔一四〕「仁者仁此」至此，禮記祭義作「仁者仁此者也，禮者履此者也，義者宜此者也，信者信此者也，彊者彊此者也」，而無「忠者忠此者也，行者行此者也」二句，大戴禮記曾子大孝作「夫仁者仁此者也，義者宜此者也，忠者中此者也，信者信此者也，禮者體此者也，行者行此者也，彊者彊此者也」，文字、語序皆有差異。

曾子曰〔一〕：「夫孝，置之而塞乎天地，溥之而衡〔二〕乎四海，施諸後世而無朝夕。推而放諸東海而準，推而放諸西海而準，推而放諸南海而準，推而放諸北海而準。詩云：『自西自東，自南自北，無思不服。』此之謂也。」（見於禮記祭義，亦見大戴禮記曾子大孝。注釋請參見前書曾子十篇曾子大孝第四。此爲養老第三章）

【校注】

〔一〕「曾子曰」，禮記祭義同，大戴禮記曾子大孝無此三字。

〔二〕「衡」，禮記祭義作「横」，衡猶横。

曾子曰〔一〕：「孝有三：大孝不匱，中孝用勞，小孝用力〔二〕。博施備物，可謂不匱矣。尊仁安義，可謂用勞矣。慈愛忘勞，可謂用力矣〔三〕。父母愛之，喜而弗忘〔四〕。父母惡之，勞〔五〕而無怨。父母有過，諫而不逆。父母既殁，必求仁者之粟以祀之。此之謂禮終〔六〕。」（見於大戴禮記曾子大孝，亦見禮記祭義。注釋請參見前書曾子十篇曾子大孝第四。此爲養老第四章）

【校注】

〔一〕「曾子曰」，大戴禮記曾子大孝無此三字，禮記祭義「曾子曰」後有「樹木以時伐焉，禽獸以時殺焉。夫子曰：『斷一樹，殺一獸，不以其時，非孝也』」二十八字。汪氏將這二十八字置後，獨立爲該篇第六章。

〔二〕此三句，大戴禮記曾子大孝同，禮記祭義語序爲：「小孝用力，中孝用勞，大孝不匱。」

〔三〕此六句，大戴禮記曾子大孝同，禮記祭義語序爲：「思慈愛忘勞，可謂用力矣。尊仁安義，可謂用勞矣。博施備物，可謂不匱矣。」

〔四〕「喜而弗忘」，大戴禮記曾子大孝作「喜而不忘」，禮記祭義作「嘉而弗忘」。

〔五〕「勞」，大戴禮記曾子大孝、禮記祭義皆作「懼」。

〔六〕此二句，禮記祭義同，大戴禮記曾子大孝作「父母既歿，以哀祀之。加之如此，謂禮終矣」。

樂正子春下堂而傷其足，傷瘳〔一〕，數月不出，猶有憂色。門弟子曰〔二〕：「夫子之足瘳矣〔三〕，數月不出，猶有憂色，何也？」樂正子春曰：「善如爾之問也！善如爾之問也〔四〕！吾聞諸曾子，曾子聞諸夫子曰：『天之所生，地之所養，人爲大〔五〕。父母全而生之，子全而歸之，可謂孝矣。不虧其體，不辱其親〔六〕，可謂全矣。故君子跬步而不敢忘孝也〔七〕。』今予忘夫孝之道矣〔八〕，予是以有憂色。故君子〔九〕一舉足不敢忘父母，一出言不敢忘父母。一舉足而〔一〇〕不敢忘父母，是〔一一〕故道而不徑，舟而不游，不敢以先父母之遺體行殆。一出言而〔一二〕不敢忘父母，是故惡言不出於口，忿言不反於己〔一三〕。然後不辱其身，不羞其親，可謂孝矣〔一四〕。」（見於大戴禮記曾子大孝，亦見禮記祭義。注釋請參見前書曾子十篇曾子大孝第四。此爲養老第五章）

【校注】

〔一〕「傷瘳」，大戴禮記曾子大孝同，禮記祭義無此二字。

〔二〕此句，禮記祭義同，大戴禮記曾子大孝「曰」前有「問」字。

〔三〕此句，禮記祭義同，大戴禮記曾子大孝作「夫子傷足瘳矣」。

〔四〕此句，禮記祭義同，大戴禮記曾子大孝不重。

〔五〕「人爲大」，大戴禮記曾子大孝作「人爲大矣」，禮記祭義作「無人爲大」。

〔六〕「不辱其親」，大戴禮記曾子大孝無此句，禮記祭義作「不辱其身」。

〔七〕此句，大戴禮記曾子大孝作「故君子頃步之不敢忘也」，禮記祭義作「故君子頃步而弗敢忘孝也」。「頃」通「跬」，謂一舉足，半步。

〔八〕此句，大戴禮記曾子大孝同，禮記祭義作「今予忘孝之道」。

〔九〕「故君子」，大戴禮記曾子大孝同，禮記祭義無此三字。

〔一〇〕「而」，禮記祭義同，大戴禮記曾子大孝無此字。

〔一一〕「是」，禮記祭義同，大戴禮記曾子大孝無此字。

〔一二〕「而」，禮記祭義同，大戴禮記曾子大孝無此字。

〔一三〕此句，大戴禮記曾子大孝作「忿言不及於己」，禮記祭義作「忿言不反於身」。

〔一四〕此三句，大戴禮記曾子大孝作「然後不辱其身，不憂其親，則可謂孝矣」，禮記祭義作「不辱其身，不羞其親，可謂孝矣」。

曾子曰：「樹木以時伐焉，禽獸以時殺焉。夫子曰：『伐一木，殺一獸，不以其時，非孝也〔一〕。』」（見於大戴禮記曾子大孝，亦見禮記祭義。此爲養老第六章）

【校注】

〔一〕大戴禮記曾子大孝雖無「曾子曰」三字，但這段話的排列位置與汪氏同。禮記祭義此語在「詩云：自西自東，自南自北，無思不服，此之謂也」之後。

曾子曰：「君子立孝，其忠之用，禮之貴。故爲人子而不能孝其父者，不敢言人父不能畜其子者；爲人弟而不能承其兄者，不敢言人兄不能訓〔一〕其弟者；爲人臣而不能事其君者，不敢言人君不能使其臣者也。故與父言，言畜子；與子言，言孝父；與兄言，言訓弟；與弟言，言承兄；與君言，言使臣；與臣言，言事君。君子之孝也，忠愛以敬，反是亂也。盡力而有禮，莊敬而安之，微諫不倦，聽從而不怠，懽欣忠信，咎故不生，可謂孝矣。盡力無禮，則小人也；致敬而不忠，則不入也。是故禮以將其力，敬以入其忠，飲食移味，居處温愉，著心於此，濟其志也。仲尼曰〔二〕：「可人〔三〕也，吾任其過；不可人也，吾辭其罪。」詩云：「有子七人，莫慰母心。」子之辭也；「夙興夜寐，無忝爾所生」，言不自舍也。不恥其親，君子之孝也。是故未有君而忠臣可知者，孝子之謂也。未有長而順下可知者，悌弟〔四〕之謂也；未有治而能仕可知者，先修之謂也。故曰孝子善事君，悌弟善事長，君子一孝一悌，可謂知終矣。（見於大戴禮記曾子立孝。注釋請參見前書曾子十篇曾子立孝第三。此爲養老第七章）

【校注】

〔一〕「訓」，雅雨堂藏書本同，漢魏叢書本、盧辯注本、四部叢刊本、四庫全書本、叢書集成本大戴禮記作「順」。下「訓弟」同。

〔二〕「仲尼曰」，漢魏叢書本、盧辯注本、雅雨堂藏書本、四部叢刊本、四庫全書本、叢書集成本大戴禮記皆作「子曰」。

〔三〕「可人」及下句「不可人」，漢魏叢書本、盧辯注本、雅雨堂藏書本、四部叢刊本大戴禮記同，四庫全書本、叢書集成本大戴禮記作「可入」、「不可入」。阮元注：「此曾子述孔子之言，以證入忠之義，『人』當爲『入』，字之誤也。入，納也，謂納忠諫於親也。」王聘珍解詁：「『人』當爲『入』，謂入諫也。」

〔四〕「悌弟」，漢魏叢書本、盧辯注本、雅雨堂藏書本、四部叢刊本、四庫全書本、叢書集成本大戴禮記皆作「弟弟」。

單居離問於曾子曰：「事父母有道乎？」曾子曰：「有。愛而敬。父母之行，若中道則〔一〕從，若不中道則諫，諫而不用，行之如由己。從而不諫，非孝也；諫而不從，亦非孝也。孝子之諫，達善而不敢争辨。争辨者，作亂之所由興也。由己爲無咎則寧，由己爲賢人則亂。孝子無私樂，父母所憂憂之，父母所樂樂之。孝子唯巧變，故父母安之。若夫坐如尸，立如齊，弗訊不言，言必齊色，此成人之善者也，未得爲人子之道也。」單居離問曰：「事兄有道乎？」曾子曰：「有。尊事之以爲己望也，兄事之不遺其言。兄之行若中道，則兄事之；兄之行若不中道，則養之。養之内不養於外，則是越之也；養之外不養於内，則是疏之也，是故君子内外養之也。」單居離問曰：「使弟有道乎？」曾子曰：「有。嘉事不失時也。弟之行若中道，則正以使之；弟之行若不中道，則兄事之。詘事兄之道，若不可，然後舍之矣。」（見於大戴禮記曾子事父母。注釋請參見前書曾子十篇曾子事父母第五。此爲養老第八章）

【校注】

〔一〕「則」後，汪文川本衍「道」字。

曾子曰：「夫禮，大之由也，不與小之自也。飲食以齒，力事不讓；辱事不齒，執觴觚杯豆而不醉，和歌而不哀。夫悌者，不衡坐，不苟〔一〕越，不干逆色，趨翔周旋，俛仰從命，不見於顏色，未成於悌也。」（見於大戴禮記曾子事父母。注釋請參見前書曾子十篇曾子事父母第五。此爲養老第九章）

【校注】

〔一〕「苟」，汪文川本作「久」，誤。

曾子曰：忠者，其孝之本與！孝子不登高，不履危，庳〔一〕亦弗憑，不苟笑，不苟訾，隱不命，臨不指，故不在尤之中也。孝子惡言死焉，流言止焉，美言興焉，故惡言不出於口，煩言不及於己。故孝子之事親也，居易以俟命，不興險〔二〕行以徼倖。孝子游之，暴人違之。出門而使，不以或爲父母憂也。險塗隘巷，不求先焉，以愛其身，以不敢忘其親也。孝子之使人也，不敢肆行，不敢自專也。父死三年，不敢改父之道。又能事父之朋友，又能率朋友以助敬也。君子之孝也，以正致諫；士之孝也，以德從命；庶人之孝也，以力惡食。任善，不敢臣三德。故孝子之於親也〔三〕，生則有義以輔之，死則哀以莅焉，祭祀則莅之以敬。如此，而成於孝子也。（見於大戴禮記曾子本孝。注釋請參見前書曾子十篇曾子本孝第二。此爲養老第十章）

【校注】

〔一〕「庳」，四庫全書本、叢書集成本大戴禮記同，盧辯注本、漢魏叢書本、雅雨堂藏書本、四部叢刊本大戴禮記及汪文川本曾子全書作「痺」。「庳」通「痺」，意爲低下。

〔二〕「險」，盧辯注本、雅雨堂藏書本、四部叢刊本、四庫全書本、叢書集成本同，漢魏叢書本作「儉」，誤。

〔三〕「故孝子之於親也」，盧辯注本、漢魏叢書本、雅雨堂藏書本、四部叢刊本大戴禮記作「故孝子之於親也」，四庫全書本、叢書集成本大戴禮記據高安本改作「故孝子於親也」。

曾子曰：「孝子言爲可聞，行爲可見〔一〕。言爲可聞，所以説遠也；行爲可見，所以説近也。近者説則親，遠者説則附。親近而附遠，孝子之道也〔二〕。」（見於荀子大略。此爲養老第十一章）

【校注】

〔一〕王先謙荀子集解：「發言使人可聞，不詐妄也；立行使人可見，不苟爲，斯爲孝子也。」

〔二〕王先謙荀子集解：「『説』皆讀爲『悦』。近親遠附，則毁辱無由及親也。」

曾子志存孝道，齊國嘗聘，欲與爲卿，而不就〔一〕。曰：「吾不就〔二〕，吾父母老，食人之禄則憂人之事，故吾不忍遠親而爲之役〔三〕。」（見於孔子家語七十二弟子解。此爲養老第十二章）

【校注】

〔一〕此語有删略。四部叢刊本孔子家語作「曾參，南武城人，字子輿，少孔子四十六歲。志存孝道，故孔子因之以作孝經。齊嘗聘，欲與爲卿，而不就」。四庫全書本孔子家語文字與四部叢刊本基本相同，僅「欲以爲卿」之語有一字之差。

〔二〕「吾不就」，四部叢刊本、四庫全書本皆無此三字。

〔三〕「爲之役」，四部叢刊本、四庫全書本皆作「爲人役」，汪文川本作「爲之後」，誤。

曾子耘瓜，誤斬其根。曾晳〔一〕怒，建大杖以擊其背。曾子仆地，而不知人久之。有頃乃甦〔二〕，欣然而起，進於曾晳曰：「嚮也參得罪於大人，大人用力教參，得無疾乎？」退而就房，援琴而歌，欲令曾晳聞之而知其體也〔三〕。仲尼〔四〕聞之而怒，告門弟子曰：「參來，勿納也〔五〕！」曾子〔六〕自以爲無罪，使人請於仲尼。仲尼曰〔七〕：「女不聞乎？瞽瞍〔八〕有子曰舜，舜之事瞽瞍，欲使之，未嘗不在於側；索而殺之，未嘗可得。小杖〔九〕則待過，大杖則逃走，故瞽瞍不犯不父之罪，而舜不失烝烝〔一〇〕之孝。今參事父，委身而〔一一〕待暴怒，殪〔一二〕而不避，既身死而陷父於不義，其不孝孰大焉？女非天子之民也？殺天子之民，其罪奚若？」曾子〔一三〕聞之曰：「參罪大矣！」遂造仲尼而謝過。（見於孔子家語六本。此爲養老第十三章）

【校注】

〔一〕曾晳，名點，字子晳，曾參父，亦爲孔子弟子。

〔二〕「甦」，四部叢刊本、四庫全書本孔子家語皆作「蘇」。「甦」「蘇」同，蘇醒。

〔三〕此句，四部叢刊本、四庫全書本孔子家語及汪文川本曾子全書皆作「欲令曾晳而聞之，知其體康也」。

〔四〕「仲尼」，四部叢刊本、四庫全書本孔子家語皆作「孔子」，下文「仲尼」亦作「孔子」。

〔五〕「勿納也」，四部叢刊本、四庫全書本孔子家語皆作「勿内」。「納」「内」同。「勿納」，即不要放他進來。

〔六〕「曾子」，四部叢刊本、四庫全書本孔子家語皆作「曾參」。

〔七〕「仲尼曰」，四部叢刊本、四庫全書本孔子家語皆作「子曰」。

〔八〕「瞍」，汪文川本作「叟」。「瞽瞍」前，四部叢刊本、四庫全書本孔子家語皆有「昔」字。瞽瞍，舜父的别名，因其溺愛舜的弟弟，曾多次想害死舜，時人認爲他有目不能分辨好壞，故稱他爲瞽瞍。

〔九〕「小杖」，四部叢刊本、四庫全書本孔子家語皆作「小棰」。

〔一〇〕「烝烝」，淳厚貌。書堯典：「父頑，母嚚，象傲，克諧，以孝烝烝，乂不格姦。」王引之經義述聞尚書：「謂之烝烝者，言孝德之厚美也。」

〔一一〕「而」，四部叢刊本、四庫全書本孔子家語皆作「以」。

〔二〕「殪」，死。

〔三〕「曾子」，四部叢刊本、四庫全書本孔子家語皆作「曾參」。

曾皙嗜羊棗，而曾子不忍食羊棗〔一〕。公孫丑問於孟軻曰〔二〕：「膾炙〔三〕與羊棗孰美？」孟軻〔四〕曰：「膾炙哉。」公孫丑曰：「然則曾子何爲食膾炙而不食羊棗？」曰：「膾炙所同也，羊棗所獨也。諱名不諱姓，姓所同也，名所獨也〔五〕。」（見於孟子盡心下。此爲養老第十四章）

【校注】

〔一〕趙岐孟子注：「羊棗，棗名也。曾子以父嗜羊棗，父没之後，惟念其親，不復食羊棗，故身不忍食也。公孫丑怪之，故問羊棗與膾炙孰美也。」「羊棗」，楊伯峻孟子譯注：「何焯義門讀書記云：『羊棗非棗也，乃柿之小者。初生色黄，孰則黑，似羊矢，其樹再接則成柿。今俗呼牛奶柿，一名㮕棗。』何焯説是。

〔二〕「問於孟軻曰」，十三經注疏本孟子作「問曰」。

〔三〕「膾炙」，細切而烤熟的肉。

〔四〕「孟軻」，十三經注疏本孟子作「孟子」。

〔五〕趙岐孟子注：「孟子言膾炙雖美，人所同嗜，獨曾子父嗜羊棗耳，故曾子不忍食也。譬如諱君父之名，不諱其姓，姓與族同之，名所獨也，故諱之也。」

曾子養曾晳，必有酒肉。將徹，必請所與〔一〕。問：「有餘？」必曰：「有。」曾晳死，曾元〔二〕養曾子，必有酒肉。將徹，不請所與。問：「有餘？」曰：「亡矣。」將以復進也〔三〕。孟軻曰〔四〕：「此所謂養口體者也。若曾子，則可謂養志也〔五〕。事親若曾子者可也。」（見於孟子離婁上。此爲養老第十五章）

【校注】

〔一〕「徹」，同「撤」。此語謂，將撤除的時候，必請問剩下的飯菜給誰。

〔二〕「曾元」，曾參之子。

〔三〕趙岐孟子注：「欲以復進曾子也。」楊伯峻孟子譯注：「意思是留下預備以後進用。」

〔四〕「孟軻曰」，十三經注疏本孟子、汪文川本曾子全書無此三字。

〔五〕趙岐孟子注：「將徹，請所與，問曾晳所欲與子孫所愛者也。必曰有，恐違親意也，故曰養志。」孫奭疏：「蓋曾子知父欲有餘者與之所愛之子孫，故徇而請其所與，問有餘，故復應之曰有，是其遂其親之志意而不違者也，故曰養志也。」

曾子曰：「往而不可還者，親也；至而不可加者，年也〔一〕。是故孝子欲養，而親不逮〔二〕也；木欲直，而時不待也。是故椎牛而祭墓，不如雞豚逮親存也〔三〕。故吾嘗仕齊爲吏〔四〕，禄不過鍾釜〔五〕，尚猶欣欣而喜者，非以爲〔六〕多也，樂〔七〕逮親也。既殁之後，吾嘗南遊於楚，得尊官焉，堂高九仞，榱題三圍〔八〕，轉轂百乘〔九〕，猶北鄉〔一〇〕而泣涕者，非爲賤也，悲不逮吾親也。故家貧親老，不擇官而仕。若夫〔一一〕信其志、約其親者，非孝也〔一二〕。」（見於韓詩外傳卷七。此爲養老第十六章）

【校注】

〔一〕此謂父母親的年壽是不可能返回的，年紀到了一定的限度，是不可能再增加的。

〔二〕「孝子」，汪文川本作「君子」。「逮」，及也。漢魏叢書本韓詩外傳作「待」。

〔三〕「椎牛」，擊殺牛。此謂與其在父母死後殺牛祭墓，不如讓父母存世時吃到雞豚。此句，汪文川本誤作「是故推牛而祭暮，不如雞豚待存親也」。

〔四〕「齊」，許維遹韓詩外傳集釋無此字。其校曰：「『嘗』下舊有『仕齊』二字。許瀚云：『藝文類聚二十、初學記十七引皆作「初吾爲吏，禄不過釜」。歐引「過」作「及」，無「仕齊」字。案無「仕齊」字是也。本書首章云：「曾子仕於莒，得粟三秉。方是之時，曾子重其禄而輕其身，親没之後，齊迎以相，楚迎以令尹，晉迎以上卿。方是之時，曾子重其身而輕其禄。」禮記檀弓「曾元稱曾子爲夫子」，鄭注云：「曾子親没之後，齊嘗聘以爲卿，而不爲也。」孔氏正義即引韓詩外傳爲證。然則曾子親没之前，未嘗仕齊。此「仕齊」字蓋後人所加，當依歐、徐二書所引删正。』維遹案：許校是也。史記仲尼弟子列傳正義、御覽四百十四引並作『故吾嘗仕爲吏，禄不過鐘釜』，亦無『齊』字，今據删。」

〔五〕「鍾釜」，容量單位。六斛四斗爲鍾，六斗四升曰釜。

〔六〕「爲」字，汪文川本無。

〔七〕「樂」後，漢魏叢書本韓詩外傳有「其」字。

〔八〕「榱題三圍」，榱，屋椽。榱題，屋椽的端頭，通常伸出屋簷。圍，許維遹韓詩外傳集釋案曰：「史記仲尼弟子列傳正義、御覽四百十四引『圍』作『尺』。」

〔九〕「轉轂」，載運貨物的車子。

〔一〇〕「鄉」，通「向」。

〔一一〕「夫」，汪文川本作「士人」。

〔三〕「信」，通「伸」。「約」，簡約。此謂，若只顧伸張自己的意志而簡單對待父母的人，不是孝。

外篇　周禮第四　凡十五章

此篇所收，因皆是有關曾子談禮問禮的材料，其禮又特指周天子家族祭祖禮儀，故名曰「周禮」。十五章中，除録自孟子、孔子家語各一章之外，其餘十三章皆録自禮記。對於所録孟子、禮記的篇章，主要據十三經注疏本孟子、禮記進行校勘；孔子家語，則以四庫全書本孔子家語校之。

曾子曰：「周禮其猶醵與〔一〕？」（見於禮記禮器。此爲周禮第一章）

【校注】

〔一〕「醵」，音「具」。鄭玄注：「合錢飲酒爲醵，旅酬相酌似之也。王居明堂之禮：『仲秋，乃命國醵。』」孔穎達疏：「曾子引世事證周禮旅酬之儀象也。醵，斂錢共飲酒也。凡相敵斂錢飲酒，必非忘懷之酌，得而遽飲，必令平徧不偏頗，與周禮次序旅酬相似也。」王文錦禮記譯解：「曾子説過：『周代合祭中的旅酬禮，好像現在的湊錢會飲吧！』」旅酬，謂祭禮完畢後衆親賓一起宴飲，相互敬酒。

曾子曰：「生事之以禮，死葬之以禮，祭之以禮，可謂孝矣〔一〕。」（見於孟子滕文公上。此爲周禮第二章）

【校注】

〔一〕趙岐注：「曾子傳孔子之言。孟子欲令世子如曾子之從禮也。時諸侯皆不行禮，故使獨行之也。」此語見論語爲政：「孟懿子問孝，子曰：『無違。』樊遲御，子告之曰：『孟孫問孝於我，我對曰無違。』樊遲曰：『何謂也？』子曰：『生事之以禮，死葬之以禮，祭之以禮。』」孔子言之，曾子傳述之。

曾子曰：「狎甚則相簡〔一〕，莊甚則不親，是故其狎足以交懽，其莊足以成禮〔二〕。」仲尼聞斯言也，曰：「二三子志〔三〕之，孰謂參也不知禮乎？」（見於孔子家語好生。又見説苑談叢。此爲周禮第三章）

【校注】

〔一〕「狎」，親近而不莊重。「簡」，簡慢。

〔二〕曾子是説：和人交往，太親近了，人家就會怠慢你；太嚴肅了，人家就不敢親近你。所以，親近足以使人歡心，莊重足以讓人保持禮貌，掌握到這種分寸是最適宜的。

〔三〕「志」，記。

曾子問於仲尼曰〔一〕：「古者師行，無遷主，則何主〔二〕？」仲尼〔三〕曰：「主命〔四〕。」問曰：「何謂也？」仲尼曰：「天子諸侯將出，必以幣帛皮圭告於祖禰，遂奉以出，載於齊車以行。每舍，奠焉而後就舍。反必告，設奠卒，斂幣玉藏諸兩階之間，乃出。蓋貴命也〔五〕。」（見於禮記曾子問。此爲周禮第四章）

【校注】

〔一〕此語，十三經注疏本禮記作「曾子問曰」。以下諸章同。

〔二〕「師行」，指天子諸侯出師。「遷主」，遷廟神主。

〔三〕「仲尼」，十三經注疏本禮記作「孔子」。以下諸章同。

〔四〕孔穎達疏：「『孔子曰主命』者，孔子言天子諸侯將出，既無遷主，乃以幣帛及皮圭告於祖禰之廟，遂奉以出行，載於齊車，以象受命，故云『主命』。」

〔五〕孔穎達疏：「以曾子不解主命之意，故孔子答以主命之義。云天子諸侯將出，必以幣帛皮圭告於祖禰之廟，告訖，遂奉此幣帛皮圭以出於廟，載於齊車金路以行，每至停舍之處，先以脯醢奠此幣帛皮圭，而後始就停舍之處。行還反後，必陳此幣帛皮圭於祖禰主前以告神，又設奠祭，既卒，斂此幣帛皮圭埋諸兩階之間，乃後而出。蓋貴此主命故也。」

曾子問於仲尼曰：「諸侯旅〔一〕見天子，入門，不得終禮，廢者幾〔二〕？」仲尼曰：「四。」「請問之？」曰：「大廟火，日食，后之喪，雨霑服失容，則廢〔三〕。如諸侯皆在而日食，則從天子救日，各以其方色與其兵〔四〕。大廟火，則從天子救火，不以方色與兵。」（見於禮記曾子問。此爲周禮第五章）

【校注】

〔一〕「旅」，共同。

〔二〕孔穎達疏：「此一節論行禮有故不得終之事。」王文錦禮記譯解：「諸侯們一起朝見天子，進入宮門之後，有哪幾種情況出現致使朝見禮暫時取消而不能繼續進行？」

〔三〕王文錦禮記譯解：「太廟發生火災，日蝕，王后去世，大雨淋濕了禮服從而失去了正常的儀容，遇到其中一種情況，朝見禮就停止舉行。」

〔四〕孔穎達疏：「故諸侯皆在京師者，則從天子救日，爲陰侵陽，是君弱臣强之象。『方色』者，東方衣青，南方衣赤，西方衣白，北方衣黑。『兵未聞』者，隱義云：『東方用戟，南方用矛，西方用弩，北方用楯，中央用鼓，所以有所討者，以日食陰侵陽，示欲助天子討陰也，亦備非常。』」楊天宇禮記譯注：「如果諸侯都在朝而發生日食，就隨從天子救日，各自穿上象徵自己封國所在方位的顏色的衣服，並拿起相應的兵器。太廟失火，就隨從天子救火，救火不考慮方色和所用兵器。」

曾子問於仲尼曰：「諸侯相見，揖讓入〔一〕門，不得終禮，廢者幾？」仲尼曰：「六。」「請問之？」曰：「天子崩，大廟火，日食，后、夫人之喪〔二〕，雨霑服失容〔三〕，則廢。」（見於禮記曾子問。此爲周禮第六章）

【校注】

〔一〕「入」，汪文川本作「於」。

〔二〕鄭玄注：「夫人，君之夫人。」孔穎達疏：「此經曰『后夫人之喪』，恐是天子之三夫人，故云『君之夫人』。此大廟火者，亦謂君之大廟，非天子大廟也。知非者，既云『揖讓入門』，無容天子大廟之火赴告即至，故知非王之大廟。假令在後堂朝，方聞火時，過已久，又不可廢朝，故知非王之大廟也。」王文錦禮記譯解：「王后去世，諸侯夫人去世。」

〔三〕「失容」二字，汪文川本無。

曾子問於仲尼曰：「天子嘗、禘、郊、社、五祀之祭〔一〕，簠簋〔二〕既陳，天子崩，后〔三〕之喪如之何？」仲尼曰：「廢。」（見於禮記曾子問。此爲周禮第七章）

【校注】

〔一〕宗廟秋祭曰「嘗」，宗廟夏祭曰「禘」，南郊祭天曰「郊」，社廟祭地曰「社」，祭門、户、井、竈、中霤曰「五祀」。

〔二〕「簠」，音「府」。「簋」，音「鬼」。二者皆爲盛稻粱黍稷的祭器。

〔三〕「后」，王后。

曾子問於仲尼曰：「當祭而日食，大廟火，其〔一〕祭也如之何？」仲尼曰：「接祭而已矣〔二〕。如牲至未殺，則廢。天子崩，未殯，五祀之祭不行。既殯而祭，其祭也，尸〔三〕入，三飯不侑，酳不酢而已矣〔四〕。自啓至於反哭，五祀之祭不行〔五〕。已葬而祭，祝畢獻而已〔六〕。」（見於禮記曾子問。此爲周禮第八章）

【校注】

〔一〕「其」字，汪文川本無。

〔二〕鄭玄注：「接祭而已，不迎尸也。」孔穎達疏：「接，捷也。捷，速也。速而祭之。」王夢鷗禮記今注今譯：「那只好簡捷的祭。」

〔三〕「尸」，代死者受祭之人。

〔四〕「侑」，勸人吃喝。「酳」，食畢飲酒漱口。「酢」，酳酒回敬主人。孔穎達疏：「今喪既殯，不得純如吉禮，理須宜降殺。侑，勸也。故迎尸入奥之後，尸三飯告飽則止，祝更不勸侑其食，使滿常數也。」王文錦禮記譯解：「充作被祭對象的尸來到室内，享祭時只抓三次飯吃，祝不再勸尸接着吃，尸接過酒杯喝口酒漱一漱，嚥下安食，不再酳酒回敬主人。」

〔五〕「啓」，出殯。「反哭」，安葬後，喪主捧神主歸而哭。孔穎達疏：「謂欲葬之時，從啓殯之後，葬畢反哭以前，靈柩既見，哀摧更甚，故云五祀之祭不行。」王夢鷗禮記今注今譯：「啓請出殯至於葬畢返哭於廟，這期間亦不得舉行五祀之祭。」

〔六〕「祝」，司祭禮之人。王文錦禮記譯解：「葬事完全結束，可以舉行五祀的祭禮，不過儀節也要簡化，酳酒獻尸，獻攝代主人，獻到祝，就算禮畢了。」

曾子問曰：「諸侯之祭社稷〔一〕，俎豆既陳〔二〕，聞天子崩，后之喪君薨，夫人之喪，如之何？」孔子曰：「廢。自薨比至於殯，自啓至於反哭，奉帥天子〔三〕。」（見於禮

記曾子問。此爲周禮第九章)

【校注】

〔一〕「社稷」,社指土神,稷指穀神。古代君主皆祭社稷,後因以社稷代表國家。

〔二〕「俎豆」,俎和豆,古代祭祀、宴饗時盛食物用的兩種禮器,亦泛指各種禮器。

〔三〕鄭玄注:「帥,循也。所奉循如天子者,謂五祀之祭也。社稷亦然。」孔穎達疏:「案上天子有祭五祀之文,今云奉循如天子,謂諸侯五祀亦如天子,故云『謂五祀之祭』。是諸侯五祀,如天子五祀也。今此諸侯祭社稷,其遭喪節制與五祀同,故云『社稷亦然』。案天子崩,后喪,諸侯當奔赴,得奉循天子之禮者,諸侯或不自親奔而身在國者,或唯據君薨及夫人之喪,其嗣子所祭,得奉循天子者也。」

曾子問於仲尼曰:「大夫之祭,鼎俎既陳,籩豆既設〔一〕,不得成禮,廢者幾?」

仲尼曰:「九。」「請問之?」曰:「天子崩,后之喪,君薨,夫人之喪,君之大廟火,日食,三年之喪,齊衰,大功〔二〕,皆廢。外喪〔三〕自齊衰以下,行也。其齊衰之祭也,尸入,三飯不侑,酳不酢而已矣〔四〕。大功,酢而已矣〔五〕。小功、緦〔六〕,室中之事而已

矣〔七〕。士之所以異者，緦不祭，所祭於死者，無服則祭〔八〕。」（見於禮記曾子問。此爲周禮第十章）

【校注】

〔一〕「鼎俎」，鼎，烹調用的器物，三足兩耳。俎，祭祀時盛牛羊等祭品的器具。「籩豆」，祭祀、宴饗時盛食物用的兩種禮器，竹製爲籩，木製爲豆。

〔二〕「三年之喪」，指父母之喪。「齊衰」，音「資崔」，喪服名，五服之一，次於斬衰，以粗麻布做成，因其緝邊縫齊，故稱。爲繼母、慈母（撫育自己成長的庶母）、庶母、祖父母、曾祖父母服用。服期，繼母、慈母三年，祖父母、庶母、妻一年，曾祖父母五個月，高祖父母三個月。「大功」，五服之一，次於齊衰，以熟麻布做成，爲伯父、叔父、兄弟、堂兄弟、未婚堂姊妹、已婚姑、姊妹等服用，服期九個月。

〔三〕「外喪」，指不同門的喪事。此謂遇到不同門的齊衰關係及其以下的外喪，祭祀繼續舉行。

〔四〕此謂雖遇齊衰以下外喪，祭祀可以繼續進行，但要裁減儀節，祭祀時自尸入坐，抓三次飯即止，祝不再勸食，獻酒漱口，尸不再回敬主人，如此而已。

〔五〕王文錦禮記譯解：「遇上不同門的大功關係的外喪，繼續舉行祭祀，比前者加上尸酌酒回敬主人一節，如此而已。」

〔六〕「小功」，喪服名，五服之一，次於大功，熟麻布製成，爲祖父的兄弟、父親的從父兄弟、自己的再從兄弟、外祖父母、舅、姨等服用，服期五個月。「緦」，指緦麻，五服之一，次於小功，細麻布製成，爲本宗的高祖父母、曾伯叔祖父母、族伯叔父母、族兄弟、表兄弟、岳父母等服用，服期三個月。

〔七〕鄭玄注：「室中之事，謂賓長獻。」孔穎達疏：「若平常之祭，尸得賓長獻爵，則止不舉，待致爵之後，尸乃舉爵。今既喪殺，賓長獻尸，尸飲以酢賓，賓又獻祝及佐食而祭畢止。凡尸在室之奧，祝在室中北廂南面，佐食在室中户西北面，但主人主婦及賓獻尸及祝、佐食等三人，畢則止，故云『室中之事而已矣』。」王夢鷗禮記今注今譯：「自齊衰，大功，小功至於緦麻之親，親情相去愈遠者，則其祭儀愈完備。室中之事，按少牢饋食禮，主人主婦賓長，獻尸皆在室中，既祭，則在堂中行賓尸之禮。今此不行賓尸，故云『室中之事而已』。」王文錦禮記譯解：「遇上親情較遠的小功之親、緦麻之親的喪亡，即使在同門之内的，祭祀時，可將室中的禮節，如主人獻祝、主婦獻尸、尸酢主婦、主婦獻祝、賓長獻尸、尸酢賓長、賓長獻祝等禮一一做完，而堂中儐尸的禮節就不進行了。」

〔八〕王文錦禮記譯解：「士和大夫不同的是：家中即使有五服中最輕的緦麻三月之親亡故，祭祀也該停止舉行；只有所祭的對象和死者没有服屬關係，即平常所謂出了五服，祭祀才可照常舉行，不受影響。」

曾子問曰：「三年之喪，弔乎〔一〕？」仲尼曰：「三年之喪，練不羣立，不旅行〔二〕。君子禮以飾情〔三〕，三年之喪而弔哭，不亦虚乎〔四〕？」（見於禮記曾子問。此爲周禮第十一章）

【校注】

〔一〕此謂身爲父母服三年之喪，可以爲人弔祭嗎？

〔二〕「練」，喪服，小祥主人練冠，故稱小祥之祭（父母死後周年之祭曰小祥，改冠白練）曰練。「旅」，俱，共同。此言身服父母三年之喪，直到周年祭改服練冠時，也不能跟衆人一起站立，不能跟衆人一起走路。

〔三〕「飾」，表現。此謂君子通過禮儀來表現情感。孔穎達疏：「『君子禮以飾情』，凡行吉凶之禮，必使内外相副，用外之物以飾内情，故云衰以飾在内之情，冠冕文采以飾至敬之情，麤衰以飾哀痛之情，所以三年問云：『衰服爲至痛飾也。』故云『君子禮以飾情』也。」

〔四〕鄭玄注：「爲彼哀，則不專於親也。爲親哀，則是妄弔。」孔穎達疏：「『三年之喪而弔哭，不亦虛乎』者，若身有重服而弔他人，則非飾情，所以爲虛也。言虛者，弔與服並虛也。何者？若己有喪，弔彼而哭哀彼，則忘己本哀，是己服爲虛也。若心存於己哀，忘彼而哭彼，則是於弔爲虛也。」

曾子問曰：「宗子爲士，庶子爲大夫〔一〕，其祭也如之何？」仲尼曰：「以上牲祭於宗子之家〔二〕，祝曰：『孝子某爲介子某薦其常事〔三〕。』若宗子有罪，居於他國，庶子爲大夫，其祭也，祝曰：『孝子某使介子某執其常事。』攝主不厭祭，不旅，不假，不綏祭，不配〔四〕。布奠於賓，賓奠而不舉〔五〕，不歸肉〔六〕。其辭於賓曰：『宗兄、宗弟、宗子在他國，使某辭〔七〕。』」（見於禮記曾子問。此爲周禮第十二章）

【校注】

〔一〕「宗子」，嫡長子。宗法制度，嫡長子承繼大宗，爲族人兄弟所共尊，故稱宗子。「庶子」，妾所生之子。

〔二〕「上牲」，即少牢，一羊一豬。大夫用少牢，因其庶子是大夫，故用上牲。此謂庶子用一羊一豬祭於宗子之家。

〔三〕「介子」，庶子。宗法制度，長子爲宗子，庶子稱介子。介，副，示不敢僭宗子。「薦」，獻，進獻祭品。「常事」，通常的祭祀。

〔四〕「攝主」，代爲主祭之人。「厭祭」，祭名。古祭用人爲「尸」，代死者受祭；不用尸的祭祀稱厭祭。「旅」，旅酬，即祭畢而宴，舉杯酬賓，賓交錯互答，謂之旅酬。「不假」，不用嘏辭。嘏辭，祝（執事人）爲尸（受祭者）向主人致福之辭。「綏祭」，祭名。鄭玄注：「『綏』，周禮作『墮』。」孔穎達疏：「謂欲食之時，先減黍稷牢肉，而祭之於豆間，故曰綏祭。尸與主人俱有綏祭，今攝主則不綏也。所以然者，凡將受福，先爲綏祭。今辟正主，不敢受福，故不綏也。綏是減毁之名，故從周禮『墮』爲正。」「不配」，鄭玄注：「『不配』者，祝辭不言『以某妃配某氏』。」

〔五〕鄭玄注：「布奠，謂主人酬賓，奠觶於薦北。賓奠，謂取觶奠於薦南也。此酬之始也。奠之不舉，止旅。」孔穎達疏：「謂主人酬賓之時，賓在西廂東面，主人布此奠爵於賓之北。賓坐取薦北之爵，奠於薦南而不舉，用以酬兄弟，此即不旅酬之事。」

〔六〕鄭玄注：「肉，俎也。謂與祭者留之共燕。」孔穎達疏：「歸，饋也，謂不歸俎肉於賓也。」

〔七〕鄭玄注：「辭，猶告也。宿賓之辭，與宗子爲列，則曰宗兄、宗弟；昭穆異者，曰宗子而已。其辭若云：『宗兄某在他國，使某執其常事，使某告。』」

曾子問曰：「宗子去在他國，庶子無爵而居者，可以祭乎？」孔子曰：「祭哉〔一〕！」「請問其祭如之何？」孔子曰：「望墓而爲壇，以時祭〔二〕。若宗子死，告於墓而后祭於家〔三〕。宗子死，稱名不言孝，身没而已〔四〕。」子游之徒，有庶子祭者以此，若義也〔五〕。今之祭者，不首其義，故誣於祭也〔六〕。（見於禮記曾子問。此爲周禮第十三章）

【校注】

〔一〕鄭玄注：「有子孫存，不可以乏先祖之祀。」王夢鷗禮記今注今譯：「居，指其居住國内。祭，爲攝主而代宗子祭。」

〔二〕鄭玄注：「不祭於廟，無爵者賤，遠辟正主。」王文錦禮記譯解：「遥望着父祖的墓地，修築土壇，按四時來祭祀。」

〔三〕鄭玄注：「言祭於家，容無廟也。」王文錦禮記譯解：「如果宗子已死於國外，當祭祀的時候，先告于父祖墳墓，而後在家中祭祀。」

〔四〕鄭玄注：「孝，宗子之稱。不敢與之同其辭，但言子某薦其常事。」孔穎達疏：「宗子既死，庶子其祭之時告神，但稱其名，不得稱孝，辟宗子也。『身没而已』者，其不稱孝者，惟己身終没而已，至其子則稱孝也。」

〔五〕鄭玄注：「以，用也。用此禮祭也。若，順。」孔穎達疏：「以其禮無正文，故孔子引子游之徒黨有庶子祭者，而用此禮而祭。若，順也，謂順於古義，故云『若義也』。」王文錦禮記譯解：「子游一夥的人，有身爲庶子而進行祭祀的，就依照這個禮節，這是遵循義理的。」

〔六〕鄭玄注：「首，本也。誣，猶妄也。」孔穎達疏：「謂今日世俗庶子祭者，不尋本義之道理爲此祭，故云誣於祭，謂妄爲祭之法，不依典禮。」

曾子問曰：「祭必有尸乎？若厭祭亦可乎？」孔子曰：「祭成喪〔一〕者必有尸，尸必以孫，孫幼則使人抱之。無孫，則取於同姓可也〔二〕。祭殤必厭〔三〕，蓋弗成也。祭成喪而無尸，是殤之也〔四〕。」仲尼曰：「有陰厭，有陽厭〔五〕。」曾子問曰：「殤不祔祭〔六〕，何謂陰厭陽厭？」仲尼曰：「宗子爲殤而死，庶子弗爲後也〔七〕。其吉祭特牲〔八〕，祭殤不舉肺〔九〕，無肵俎，無玄酒，不告利成〔一〇〕，是謂陰厭。凡殤與無後者，祭於宗子之家，當室之白〔一一〕，尊於東房，是謂陽厭。」（見於禮記曾子問）

【校注】

〔一〕「成喪」，成年人之喪。

〔二〕孔穎達疏：「若無孫，則取同姓昭穆孫行適者可也。」

〔三〕「祭殤必厭」，祭未成年而死者，一定厭祭（不用尸的祭祀稱厭祭）。

〔四〕如果祭成年人而無尸，就等於將其當作「殤」了。

〔五〕「陰厭」、「陽厭」，辭源釋曰：「古代成人死後祭奠的一種儀式。禮曾子問：『殤不祔祭，何謂陰厭陽厭？』注：『祭成人，始設奠於奧，迎尸之前，謂之陰厭；尸謖之後，改饌於西北隅，謂之陽厭。』」漢語大詞典釋曰：「嫡長子未成年而死，祭之于宗廟幽陰之處，稱爲陰厭。」「庶子未成年而死及無後嗣者，配享于宗子家祖廟，祭之於西北隅透光處，其尊則設于東房，稱爲陽厭。」

〔六〕「祔祭」，新死者與祖先合享之祭。止哭之次日，奉死者之神主祭于祖廟，謂之祔祭。祭畢，仍奉神主還家，至大祥（死後兩周年）後，始遷入廟。鄭玄注：「『祔』當爲『備』，聲之誤也。言殤乃不成人，祭之不備禮，而云陰厭陽厭乎？此失孔子指也。祭成人，始設奠於奧，迎尸之前，謂之陰厭。尸謖之後，改饌於西北隅，謂之陽厭。殤則不備。」

〔七〕前句「爲殤」之「爲」字，汪文川本無。此語謂，宗子未成年而死，而庶子又不能作爲他的後嗣。

〔八〕鄭玄注：「尊宗子爲成人也。凡殤則特豚，自卒哭成事之後爲吉祭。」「吉祭」，古代喪禮，在安葬以前叫做奠，在這個時期内，哭泣無時。既葬而祭叫虞，行卒哭禮，叫吉祭。

〔九〕「肺」字，汪文川本無。阮元校：「監、毛本『舉』下衍『肺』字。石經考文提要云：『宋大字本、宋本九經、南宋巾箱本、余仁仲本、劉叔剛本、至善堂九經本皆無肺字。』」楊天宇禮記譯解：「祭殤不舉——案若成人祭禮則當有尸，有尸則當有佐食者助尸行食前祭禮，即由佐食舉起盛於俎上的牲體的肺和脊骨等授給尸，尸祭而後食之。祭殤無尸，故無須設佐食以舉肺脊，故曰『祭殤不舉』。」

〔一〇〕鄭玄注：「此其無尸，及所降也。其他如成人，舉肺脊、肵俎。利成，禮之施於尸者。」孔穎達疏：「謂祭此殤時不舉肺，以其無尸，故不舉肺。肵是尸之所食歸餘之俎，以其無尸，故無肵俎。」「肵」，音「其」。「肵俎」，辭源釋曰：「古代祭祀時盛放牲體心舌的器物。尸每食，歸其餘於肵俎，爲主人敬尸之俎。」「玄酒」，上古祭祀用水，後稱玄酒。

〔一一〕「當室之白」，孔穎達疏：「謂西北隅得户明者也。明者曰陽。」

子羔之襲也〔一〕，繭衣與稅衣纁袡爲一〔二〕，素端一〔三〕，皮弁一，爵弁一，玄冕一〔四〕。曾子曰：「不襲婦服〔五〕。」（見於禮記雜記上。此爲周禮第十四章）

【校注】

〔一〕「子羔」，孔子弟子，姓高名柴，字子羔。春秋衛國人，亦説齊國人。有從政才能，論語先進記其「爲費宰」，家語致思記其「爲衛之士師」，家語弟子解又記其「仕爲武城宰」。「襲」，爲尸體穿衣服。釋名釋喪制：「衣尸曰襲。」

〔二〕「裳」字，十三經注疏本禮記在「繭衣」後，作「繭衣裳與税衣纁袡」，無「裳」字，「袡」誤爲「紬」。汪文川本此語作「繭衣與税衣纁紬」，無「裳」字，「袡」誤爲「紬」。「繭衣」，繭絲所製之衣。鄭玄注：「繭衣裳者，若今大襽也。纊爲繭，緼爲袍，表之以税衣，乃爲一稱爾。」「税」，音「彖」，通「褖」。「税衣」，鑲有赤色邊緣的黑衣。鄭玄注：「税衣，若玄端而連衣裳者也。」孔穎達疏：「税，謂黑衣也。」「纁袡」，纁，淺絳色；袡，衣服的邊緣。孔穎達疏：「纁，絳也。袡，裳下緣襈也。以絳爲緣，故云税衣纁袡也。」

〔三〕「素端」，辭源釋曰：「古代的一種祭服。周禮春官司服：『其齊服，有玄端、素端。』疏：『素端者，即上素服，爲札荒祈請之服也。』札，疫病；荒，饑饉。」

〔四〕鄭玄注：「禮以冠名服，此襲其服，非襲其冠。」「皮弁」，指皮弁服。孔穎達疏：「『皮弁一』者，第三稱也，十五升白布爲衣，積素爲裳也。『爵弁一』者，第四稱也，玄衣、纁裳也。『玄冕一』者，第五稱也，大夫之上服也。」

〔五〕孔穎達疏：「『不襲婦服』者，曾子非之。纁袡是婦人之服，而子羔襲用之，故曾子譏之。依禮不合襲婦人之服。」

或問於曾子曰：「夫既遣而包其餘，猶既食而裹其餘與？君子既食，則裹其餘乎〔一〕？」曾子曰：「吾子不見大饗乎？夫大饗，既饗，卷三牲之俎歸於賓館〔二〕。父母而賓客之，所以爲哀也〔三〕！子不見大饗乎！」（見於禮記雜記下。此爲周禮第十五章）

【校注】

〔一〕鄭玄注：「言遣既奠而又包之，是與食於人、已而裹其餘將去何異與？君子寧爲是乎？言傷廉也。」孔穎達疏：「此一節明或人問曾子喪之遣奠之事。或人問曾子云：喪禮既設遣奠，事畢，而包裹遣奠之餘，載之而去，猶如生人於他家既食訖而裹其餘相似乎？故云與。或人云：君子於他家既食之後，則更裹其餘食去乎？既設遣奠，亦不應包餘而去。」「遣」，發靈之日所設的祭奠。禮記檀弓下：「始死，脯醢之奠；將行，遣而行之；既葬而食之。」

〔二〕孔穎達疏：「吾，我也。子，男子美稱。儀禮注云：『言我子，相親之辭也。』謂或人爲吾子，豈不見大饗賓客之禮乎？大饗賓客既畢，主人卷斂三牲俎上之肉，歸於賓館。」「賓館」，賓客所居的館舍。儀禮公食大夫禮：「有司卷三牲之俎，歸於賓館。」

〔三〕鄭玄注：「既饗歸賓俎，所以厚之也。言父母家之主，今賓客之，是孝子哀親之去也。」孔穎達疏：「己家父母今日既去，遂同賓客之疏，是孝子所以悲哀也。爲此之故，包遣奠而去。」楊天宇禮記譯注：「自己的父母而現在只能像賓客一樣對待，這正是孝子所悲哀的。」

外篇　有子問第五　凡二十一章

此篇多録自禮記檀弓，少部分録自禮記雜記和孔子家語，主要言喪葬禮儀問題。

有子〔一〕問於曾子曰：「聞喪〔二〕於夫子乎？」曰：「聞之矣，喪欲速貧，死欲速朽〔三〕。」有子曰：「是非君子之言也。」曾子曰：「參也聞諸夫子也。」有子又曰：「是非君子之言也。」曾子曰：「參也與子游聞之。」有子曰：「然，然則夫子有爲〔四〕言之也。」曾子以斯言告於子游。子游曰：「甚哉！有子之言似夫子也。昔者夫子居於宋，見桓司馬自爲石槨〔五〕，三年而不成。夫子曰：『若是其靡也，死不如速朽之愈也〔六〕。』死之欲速朽，爲桓司馬言之也。南宮敬叔反，必載寶而朝〔七〕。夫子曰：『若是其貨也，喪不如速貧之愈也〔八〕。』喪之欲速貧，爲敬叔言之也。」曾子以子游之言告於有子，有子曰：「然，吾固曰非夫子之言也。」曾子曰：「子何以知之？」有子曰：「夫子制於中都〔九〕，四寸之棺，五寸之槨，以斯知不欲速朽也。昔者夫子失魯司寇，將之荆〔一〇〕，蓋先之以子夏，又申之以冉有，以斯知不欲速貧也〔一一〕。」（見於禮記檀弓上。此爲有子問第一章）

【校注】

〔一〕「有子」，孔子弟子，姓有名若，字子有。魯國人，少孔子四十三歲。孔子死後，由於他的相貌、思想和爲人很接近孔子，被推舉爲「師」，率領孔門弟子繼續活動。

〔二〕「喪」，鄭玄注：「謂仕失位也。」

〔三〕「喪欲速貧，死欲速朽」，謂喪失了官位最好趕快貧窮，死了最好趕快腐朽。

〔四〕「有爲」，有緣故。

〔五〕「桓司馬」，宋國大夫向魋。「槨」，套在棺材外面的大棺材。

〔六〕「靡」，奢靡，奢侈浪費。「愈」，勝過。

〔七〕「南宮敬叔」，鄭玄注：「敬叔，魯孟僖子之子仲孫閱，蓋嘗失位去魯，得反，載其寶來朝於君。」

〔八〕此謂像這樣使用財貨賄求禄位，丢了官還不如速貧窮的好呢。

〔九〕「中都」，魯邑，在今山東汶上縣。孔穎達疏：「孔子世家定公九年，孔子年五十，定公以孔子爲中都宰。一年，四方皆則之。由中都宰爲司空，由司空爲司寇，定公十年會于夾谷，攝相事。」

〔一〇〕孔穎達疏：「案世家定十四年，齊人歸女樂，孔子去魯適衛。從衛之陳，過匡邑，匡人圍之。又復去，過蒲，又反於衛。又去衛，過曹，適宋。時定公卒，宋桓魋欲殺孔子，伐夫子所過之樹，削夫子所過之跡。去宋，適鄭。去鄭，適陳，居三歲，又適衛。既不見用，將西見趙簡子，至河而聞殺竇鳴犢與舜華也。又反於衛，復行如陳。時哀公三年，孔子年六十。明年，孔子自陳遷于蔡。三歲，孔子在陳、蔡之間，楚使人聘孔子，陳、蔡乃圍孔子，絶糧乏食七日。於是使子貢至楚，楚昭王興師迎孔子，將書社七百里封孔子，楚令尹子西諫而止之。是歲楚昭王卒，孔子自楚反於衛，孔子年六十三，是魯哀公六年。以此言之，失司寇在定十四年，之楚在哀公六年，其間年月甚遠。且失司寇之後，嚮宋不嚮楚，而云『失魯司寇將之荆』者，謂失魯司寇之後，將往之荆，則哀公六年之荆，亦是失司寇之後，非謂失司寇之年即之荆也。」

〔二〕王文錦禮記譯解：「從前夫子失去魯國司寇官位，後來要到楚國去，先派子夏去聯繫，接着又派去冉有。根據這點我知道他並没有喪失官位就該快點貧窮的意思。」

曾子曰：「朋友之墓，有宿草〔一〕而不哭焉。」（見於禮記檀弓上。此爲有子問第二章）

【校注】

〔一〕「宿草」，隔年的草。

曾子曰：「始死之奠，其餘閣也與〔一〕。」（見於禮記檀弓上。此爲有子問第三章）

【校注】

〔一〕「奠」，置祭品祭祀鬼神或亡靈。「閣」，擱置食物等的橱櫃。禮記内則：「大夫七十而有閣。」鄭玄注：「閣，以板爲之，庋食物也。」孔穎達疏：「始死之奠者，鬼神所依于飲食，故必有祭酹，但始死未容改異，故以生時庋閣上所餘脯醢以爲奠也。」王夢鷗禮記今注今譯：

「奠，喪祭叫奠。餘閣，閣是庋架，餘閣是病中放在庋架上用剩的食品，如脯醢醴酒之屬。由於孝子不忍死者饑餒，而倉促間又來不及別具新饌，所以用餘閣。」

曾子曰：「小功不爲位也者，是委巷之禮也〔一〕。」（見於禮記檀弓上。此爲有子問第四章）

【校注】

〔一〕鄭玄注：「譏之也。位謂以親疏叙列哭也。委巷，猶街里委曲所爲也。」孔穎達疏：「曾子以爲哭小功之喪，當須爲位。時有哭小功不爲位者，故曾子非之，以爲委巷之禮。言禮之末略，非典儀正法。既言其失，乃引得禮之人子思之哭嫂爲親疏之位。於時子思婦與子思之嫂有小功之服，故子思之婦先踴，子思乃隨之而哭。」王夢鷗禮記今注今譯：「小功，喪服名，五服之一，以熟布爲之，比大功細，比緦麻粗，期爲五月。爲位是序列親疏之位而哭。」「曾子說：『小功之服，不序列親疏號哭，是曲巷里不備禮的人所行的。』」

曾子謂子思〔一〕曰：「伋，吾執親之喪也，水漿不入於口者七日。」子思曰：「先王之制禮也，過之者俯而就之，不至焉者跂而及之〔二〕。故君子之執親之喪也，水漿

不入於〔三〕**口者三日，杖而后能起。」**（見於禮記檀弓上。此爲有子問第五章）

【校注】

〔一〕「子思」，孔子之孫，孔鯉之子，名伋，從學於曾子。

〔二〕鄭玄注：「爲曾子言難繼，以禮抑之。」孔穎達疏：「曾子謂子思伋，誇己居親之喪能行於禮，故云『吾水漿不入於口七日』，意疾時人行禮不如己也。故子思以正禮抑之，云『古昔先代聖王制其禮法，使後人依而行之，故賢者俯而就之，不肖者跂而及之。以水漿不入於口三日，尚以杖扶病』。若曾子之言，即後人難爲繼也。」王文錦禮記譯解：「先王制定禮節，就是讓感情過重的俯下身來遷就禮的規定，感情淡漠的人能踮起腳來努力達到禮的標準。」

〔三〕「於」字，汪文川本無。

曾子曰：「小功不稅〔一〕**，則是遠兄弟終無服也，而可乎**〔二〕**？」**（見於禮記檀弓上。此爲有子問第六章）

【校注】

〔一〕「稅」，音「退」，補行服喪之禮。鄭玄注：「據禮而言也。日月已過，乃聞喪而服曰稅。大功以上然，小功輕，不服。」王夢鷗禮記今注今譯：「喪期已過才聞喪而追服曰『税』。」

〔二〕對於住在遠處的小功親屬始終不服喪服，曾子懷疑「小功不税」規定的合理性，故曰「可乎」。

曾子曰：「喪有疾，食肉飲酒，必有草木之滋焉〔一〕。」以爲薑、桂之謂也〔二〕。

（見於禮記檀弓上。此爲有子問第七章）

【校注】

〔一〕「滋」，滋味。鄭玄注：「增以香味，爲其疾不嗜食。」

〔二〕鄭玄注：「爲記者正曾子所云。草木滋者，謂薑、桂。」王夢鷗禮記今注今譯：「『以爲薑桂之謂也』一句，歷來都以爲是記者之言，而非曾子的話。但王夫之以爲前面幾句是曾子引用的禮文，最後這一句才是曾子解釋的話。用薑桂調味，鄭玄是説由於病人食欲不振，所以加上香料；王夫之則以爲薑桂對病體有點好處，具備藥物的功能，摻在肉裏給病人當藥吃。」

曾子曰：「晏子〔一〕可謂知禮也已，恭敬之有焉。」有若曰：「晏子一狐裘三十年，遣車〔二〕一乘，及墓而返〔三〕。國君七个，遣車七乘，大夫五个，遣車五乘〔四〕，晏子焉知禮〔五〕？」曾子曰：「國無道，君子恥盈禮〔六〕焉。國奢則示之以儉，國儉則示之以禮〔七〕。」（見於禮記檀弓下。此爲有子問第八章）

【校注】

〔一〕「晏子」，晏嬰，齊國大夫，曾任齊相。

〔二〕「遣車」，送葬時裝載牲體的車。

〔三〕鄭玄注：「及墓而反，言其既窆則歸，不留賓客有事也。」

〔四〕鄭玄注：「遣車之差，大夫五，諸侯七，則天子九。諸侯不以命數，喪禮畧也。个，謂所包遣奠牲體之數也。」王夢鷗禮記今注今譯：「个，葬前祖奠，國君奠大牢，大夫少牢，士特牲，每牲取臂臑胳三段爲一个，每乘遣車各載一个。」「七个」「五个」，汪文川本作「七介」「五介」。

〔五〕孔穎達疏：「此一節論晏子故爲非禮以矯齊之事。有子者，孔子弟子有若也。聞曾子説晏子知禮，故舉晏子不知禮之事以拒曾子也。狐裘貴在輕新，而晏子一狐裘三十年，是儉不知禮也。『遣車一乘』者，其父晏桓子是大夫，大夫遣車五乘，其葬父唯用一乘，又是儉失禮也。『及墓而反』者，『及墓』謂葬時也。禮，窆後孝子贈幣辭親，辭親畢，而親情賓客應是送別，別竟乃反。于時晏子窆竟則反，賓客並去，又是儉失禮也。『國君七个，遣車七乘，大夫五个，遣車五乘』者，此更舉正禮以證晏子失禮也。『个』謂所包遣奠牲體臂臑也。折爲七段五段，以七乘五乘遣車載之。今晏子略不從禮數，是不知也。『晏子焉知禮』者，條失事已竟，故此並結。」王文錦禮記譯解：「有若說：『作爲齊國大夫的晏子，一件狐皮袍穿了三十年，辦喪事時，隨葬裝載牲肉的小車只有一輛，匆忙地下完葬就回來了。按照禮的規定，隨國君下葬的牲肉，每苞七段牲肉，每苞一車，共有七輛遣車；隨大夫下葬的牲肉，每苞五段牲肉，每苞一車，共有五輛遣車。據此而言，晏子怎麽能算做懂得禮呢？』」

〔六〕「恥盈禮」，謂羞愧於將禮做得圓滿。

〔七〕王文錦禮記譯解：「國家風氣奢侈，就要向人們顯示必要的節儉；國家風氣太儉樸，就要向人們教示正規的禮儀。」

讀賵〔一〕，**曾子曰：「非古也，是再告也**〔二〕。」（見於禮記檀弓上。此爲有子問第九章）

【校注】

〔一〕「賵」，音「奉」，助葬用的車馬束帛等財物。「讀賵」，宣讀送葬之物的單子。

〔二〕王文錦禮記譯解：「喪禮規定，靈車將出發，喪主命人向死者宣讀賓友們贈送助喪財物的記録。曾子說：『這恐怕不是古代的規矩，財物剛送來時，已經在殯堂上告過了，這時又宣讀，豈不是再告了。』」

曾子襲裘而弔〔一〕。曾子指子游而示人曰：「夫夫也，爲習於禮者，如之何其裼裘而弔也〔二〕？」主人既小斂，袒、括髮〔三〕。子游趨而出，襲裘帶絰而入〔四〕。曾子曰：「我過矣，我過矣，夫夫是也。」（見於禮記檀弓上。此爲有子問第十章）

【校注】

〔一〕「襲裘」，盛禮時，掩上裼衣而不使羔裘見於外，謂之襲裘。「裼裘」（「裼」音「昔」），行禮時，袒外衣而露裼衣且不盡覆其裘，謂之裼裘。非盛禮時，以此爲敬。裼衣，行禮時加在裘外之衣。

〔二〕鄭玄注：「曾子蓋知臨喪無飾。夫夫，猶言此丈夫也。子游於時名爲習禮。」王文錦禮記譯解：「曾子指着子游讓人看，説：『這位還是熟習禮節的呢，怎麽敞開外衣露着皮裘的罩衫而來弔喪呢？』」

〔三〕「小斂」，給死者穿衣爲小斂，入棺爲大斂。「袒」，坦露左臂。「括髮」，束髮，此指用麻束髮。

〔四〕「絰」，音「蝶」，喪期結在冠上或腰間的帶子。鄭玄注：「於主人變乃變也，所弔者朋友。」孔穎達疏：「凡弔喪之禮，主人未變之前，弔者吉服而弔。吉服謂羔裘、玄冠、緇衣、素裳。

又袒去上服，以露裼衣，則此『裼裘而弔』是也。主人既變之後，雖著朝服而加武以絰，又掩其上服，若是朋友又加帶，則此『襲裘帶絰而入』是也。案喪大記云：『弔者襲裘，加武，帶絰。』注云：『始死，弔者朝服裼裘，如吉時也。小斂，則改襲裘而加武與帶、絰矣。武，吉冠之卷也。加武者，明不改冠，但加絰於武。』」

曾子與客立於門側，其徒趨而出。曾子曰：「爾將何之？」曰：「吾父死，將出哭於巷〔一〕。」曰：「反哭於爾次〔二〕。」曾子北面而弔焉〔三〕。（見於禮記檀弓上。此爲有子問第十一章）

【校注】

〔一〕「出哭於巷」，鄭玄注：「以爲不可發凶於人之館。」此弟子遠居師家，以爲在老師家哭喪不吉利，故要到巷子裏去哭。

〔二〕「次」，舍。曾子是説：返回到你住的房間去哭吧。

〔三〕孔穎達疏：「依禮，喪主西面。曾子所以北面弔者，案士喪禮主人西面，其賓亦在門東，北面，此謂同國之賓。曾子既許其哭於次，故以同國賓禮北面弔焉。」王文錦禮記譯解：「曾子處在賓位，面朝北，向門徒弔慰。」

曾子曰：「尸未設飾，故帷堂，小斂而徹帷〔一〕。」仲梁子〔二〕曰：「夫婦方亂〔三〕，故帷堂，小斂而徹帷。」（見於禮記檀弓上。此爲有子問第十二章）

【校注】

〔一〕此謂尸體未修飾（沐浴、整容、穿衣等），所以堂上要設帷帳。小斂完畢才撤去帷帳。

〔二〕「仲梁子」，魯國人。

〔三〕「夫婦方亂」，謂主人主婦正在忙亂。

小斂之奠，子游曰：「於東方。」曾子曰：「於西方，斂斯席矣〔一〕。」小斂之奠在西方，魯禮之末失也〔二〕。（見於禮記檀弓上。此爲有子問第十三章）

【校注】

〔一〕鄭玄注：「曾子以俗説非。又大斂奠於堂，乃有席。」

〔二〕鄭玄注：「末世失禮之爲。」孔穎達疏：「依禮，小斂之奠設於東方，奠又無席，魯之衰末，奠於西方，而又有席，曾子見時如是，謂將爲禮，故云小斂於西方。『斯』，此也。其斂之時，於此席上而設奠矣。曾子之言失禮，故記者正之云，小斂奠所以在西方，是魯人行禮，末世失其法也。」「末」，汪文川本作「未」。

宋襄公〔一〕葬其夫人，醯醢〔二〕百甕。曾子曰：「既曰明器矣，而又實之〔三〕。」

（見於禮記檀弓上。此爲有子問第十四章）

【校注】

〔一〕「宋襄公」，桓公子，名兹父。春秋時宋國國君，公元前六五〇至前六三七年在位。

〔二〕「醯醢」，音「西海」，用魚肉等製成的醬。

〔三〕「明器」，即冥器，專爲隨葬而製作的器物，一般用竹、木或陶土製成。鄭玄注：「言名之爲明器，而與祭器皆實之，是亂鬼器與人器。」孔穎達疏：「曾子不譏器之多，但譏其實爲非也。言既曰神明之器，當虚也，故譏云『而又實之』也。」

子夏喪其子而喪其明〔一〕。曾子弔〔二〕之，曰：「吾聞之也，朋友喪明則哭之。」曾子哭，子夏亦哭，曰：「天乎，予之無罪也〔三〕！」曾子怒曰：「商！女何無罪也？吾與女事夫子於洙、泗〔四〕之間，退而老於西河〔五〕之上，使西河之民疑女於夫子〔六〕，爾罪一也。喪爾親，使民未有聞焉〔七〕，爾罪二也。喪爾子，喪爾明〔八〕，爾罪三也。而曰女何無罪與？」子夏投其杖而拜曰：「吾過矣！吾過矣！吾離羣而索居〔九〕，亦已久矣。」（見於禮記檀弓上。此爲有子問第十五章）

【校注】

〔一〕「子夏」，孔子弟子，姓卜名商，字子夏。衛國人。生於公元前五〇七年，卒年不詳。據論語子路篇記載，他曾爲莒父宰。據史記仲尼弟子列傳記載，他曾爲魏文侯師。老年喪子，因悲傷過度，以致雙目失明。

〔二〕「弔」，對受到災禍的人表示慰問。

〔三〕鄭玄注：「怨天罰無罪。」

〔四〕「洙泗」，魯國的兩條河。古時二水自今山東泗水縣北合流西下，至曲阜北，又分爲二水，洙水在北，泗水在南。孔子居於曲阜，故弟子説「事夫子於洙、泗之間」。

〔五〕「西河」，戰國魏地。史記仲尼弟子列傳：「子夏居西河教授，爲魏文侯師。」在今河南安陽，其時黄河流經安陽之東，西河意即河西。「老於西河」，謂養老於西河。

〔六〕鄭玄注：「言其不稱師也。」孔穎達疏：「『云『疑女於夫子』者，既不稱其師，自爲談説，辨慧聰睿，絶異於人，使西河之民疑女道德與夫子相似。皇氏言：疑子夏是夫子之身。然子夏魏人，居在西河之上，姓卜名商，西河之民無容不識，而言是魯國孔丘，不近人情，皇氏非也。」「疑」，通「擬」，比擬。王文錦禮記譯解：「使西河的民衆認爲你比得上夫子。」

〔七〕此謂你死了父母親時，未使當地百姓看到或聽到可稱道的孝行。

〔八〕此謂你死了兒子，卻哭瞎了眼睛。

〔九〕鄭玄注：「羣，謂同門朋友也。索，猶散也。」

曾子弔於負夏〔一〕，主人既祖，填池〔二〕，推柩而反之〔三〕，降婦人而後行禮〔四〕。從者曰：「禮與？」曾子曰：「夫祖者，且也，且胡爲其不可以反宿也〔五〕？」從者又問諸子游曰：「禮與？」子游曰：「飯於牖下〔六〕，小斂於户内，大斂於阼，殯於客位，祖於庭〔七〕，葬於墓，所以即遠也〔八〕。故喪事有進而無退。」曾子聞之曰：「多矣乎，予出祖者〔九〕！」（見於禮記檀弓上。此爲有子問第十六章）

【校注】

〔一〕「負夏」，衛國地名。

〔二〕鄭玄注：「祖謂移柩車去載處，爲行始也。填池，當爲奠徹，聲之誤也。奠徹謂徹遣奠，設祖奠。」孔穎達疏：「案既夕禮啓殯之後，柩遷于祖，重先，奠從，柩從，升自西階，正柩于兩楹間，用夷床。鄭注云：『是時柩北首。』設奠于柩西，此奠謂啓殯之奠也。質明徹去啓奠，乃設遷祖之奠于柩西。至日側乃卻下柩，載於階間。乘蜃車，載訖，降下，遷祖之奠，設於柩車西，當前束。時柩猶北首，前束近北。前束者，謂棺於車束有前後，故云前束。乃飾柩設披屬引，徹去遷祖之奠，遷柩鄉外，而爲行始，謂之祖也。」楊天宇禮記譯注：「祖，始也，這裏指設祖奠，即將葬爲柩車始出行而設奠。」

〔三〕鄭玄注：「反於載處，榮曾子弔，欲更始。」

〔四〕鄭玄注：「禮，既祖而婦人降，今反柩，婦人辟之，復升堂矣。」孔穎達疏：「婦人降，即位于階間，乃設祖奠于柩西。至厥明，徹祖奠，又設遣奠於柩車之西，然後徹之，苞牲取下體以載之，遂行。此是啓殯之後至柩車出之節也。曾子弔於負夏氏，正當主人祖祭之明旦，既徹祖奠之後、設遣奠之時而來弔，主人榮曾子之來，乃徹去遣奠，更設祖奠。又推柩少退而返之鄉北，又遣婦人升堂。至明旦婦人從堂更降，而後乃行遣車禮。」王文錦禮記譯解：「曾子到負夏地區去弔喪，去晚了，喪家已經『祖』了，即已經在廟庭中調轉柩車，使車頭向外，設置奠品，作爲出行的開始了。一看曾子來了，又調轉車頭向裏，推回原位，撤去奠品，讓夫人降立在東階西階之間，然後行弔喪禮。」

〔五〕鄭玄注：「且，未定之辭。」「且」，暫且。「宿」，處於，謂日月運行在空中所處的位置。此謂祖奠是一種暫且而不固定的禮儀，可以更改，此指柩車可以返回到原位。

〔六〕「飯」，唅。以珠、玉、貝之類放在死者口中。「牖」，窗户。

〔七〕此謂在室内向門處小斂（給死者穿衣），在堂東阼主位上大斂（尸體入棺），在西阼客位上停放靈柩，在祖廟中庭進行祖奠。

〔八〕此謂這一步接一步的喪事進程，都表示隨着時間的推移，死者漸漸遠去。由此强調辦喪事只能進而不能退。

〔九〕孔穎達疏：「多，猶勝也。曾子自知己説之非，聞子游之答是，故善服子游也。故言子游所説出祖之事，勝於我所説出祖也。」

子張〔一〕死，曾子有母之喪，齊衰而往哭之。或曰：「齊衰不以弔〔二〕。」曾子曰：「吾弔也與哉〔三〕？」（見於禮記檀弓下。此爲有子問第十七章）

【校注】

〔一〕「子張」，孔子弟子，姓顓孫，名師，字子張。生於公元前五〇三年，卒年不詳。陳國人。

〔二〕此句謂曾子重孝在身，不應去弔別人。

〔三〕鄭玄注：「于朋友哀痛甚而哭之，非若凡弔。」「與哉」，語氣詞，表示疑問或反詰，意思是我弔的不應該嗎。

哀公使人弔蕢尚〔一〕，遇諸道，辟於路，畫宮而受弔焉〔二〕。曾子曰：「蕢尚不如杞梁之妻之知禮也〔三〕。齊莊公襲莒於奪，杞梁死焉〔四〕。其妻迎其柩於路而哭之哀，莊公使人弔之，對曰：『君之臣不免於罪，則將肆諸市朝，而妻妾執〔五〕。君之臣免於罪，則有先人之敝廬在，君無所〔六〕辱命。』」（見於禮記檀弓下。此爲有子問第十八章）

【校注】

〔一〕「哀公」，魯國國君。「蕢尚」，魯國人。「蕢」，音「塊」。

〔二〕「辟」，通「避」。「畫宮」，鄭玄注：「畫地爲宮象。」王夢鷗禮記今注今譯：「蕢尚辦喪事，哀公派人去慰問他，使者和柩車在路上相遇，蕢尚就讓出道路，就地畫了殯宮的平面圖，然後就位受弔。」

〔三〕鄭玄注：「行弔禮於野，非。」楊天宇禮記譯注：「杞梁——名殖，齊大夫。」

〔四〕鄭玄注：「魯襄二十二年齊侯襲莒是也。春秋傳曰：『杞殖、華還載甲夜入且于之隧。』隧、奪聲相近。或爲兑。梁即殖也。」楊天宇禮記譯注注曰：「案左傳襄公二十三載『杞殖、華還載甲夜入且于之隧』，即其事，彼杜注曰：『且于隧，狹路。』」譯曰：「齊莊公從狹路襲擊莒國，杞梁戰死，杞梁的妻子在路上迎接杞梁的棺柩而哭他，哭得很哀痛。」王文錦禮記譯解：「齊莊公派兵從小路偷襲莒國，齊人杞梁戰死了，他的妻子在路上迎接丈大靈柩，哭得很悲哀。」

〔五〕鄭玄注：「肆，陳尸也。大夫以上于朝，士以下於市。執，拘也。」王文錦禮記譯解：「齊莊公派人弔問她。她回答説：『國君的臣子杞梁如果死得有罪，就該在集市、官府前陳屍示衆，拘捕他的妻妾。如果國君的臣子無罪而犧牲，那麽，我們還有先人留下的破宅子可以接待使者，不能在這裏屈辱國君的使命。』」

〔六〕「所」字，汪文川本無。

齊晏桓子〔一〕卒，平仲麤衰斬〔二〕，苴絰帶，杖〔三〕，以菅屨〔四〕，食粥，居倚廬〔五〕，寢苫，枕草。其老曰：「非大夫喪父之禮也〔六〕。」晏子〔七〕曰：「唯卿爲大夫〔八〕。」曾子以問仲尼，仲尼曰：「晏平仲可謂能遠害矣。不以己之〔九〕是駁人之非，遜辭以避咎，義也夫。」（見於左傳襄公十七年，亦見孔子家語曲禮子夏問。此爲有子問第十九章）

【校注】

〔一〕「晏桓子」，即晏弱，晏嬰父，齊國大夫。「桓」字，汪文川本誤爲「栢」。

〔二〕「平仲」，晏嬰字。「麤衰斬」，麤布做的斬衰喪服。

〔三〕「苴」，大麻。「苴絰帶」，麻布帶子。紮在頭上的稱首絰，纏在腰間的稱腰絰。「杖」，喪棒。

〔四〕「以」字，十三經注疏本左傳無，孔子家語曲禮子夏問有。「菅屨」，草鞋。「菅」字，汪文川本誤爲「管」。

〔五〕「倚廬」，十三經注疏本左傳同，孔子家語曲禮子夏問作「旁廬」。倚廬，爲父母守喪時居住的簡陋棚屋。

〔六〕「喪父」二字，十三經注疏本左傳無，孔子家語曲禮子夏問有。「老」，指晏子家臣。杜預注：「時之所行，士及大夫縗服各有不同。晏子爲大夫而行士禮，其家臣不解，故譏之。」

〔七〕「晏子」二字，十三經注疏本左傳無，孔子家語曲禮子夏問有。

〔八〕「爲」字，十三經注疏本左傳有，孔子家語曲禮子夏問、汪文川曾子全書無。此句是説：只有卿認爲我是大夫。暗含之意：在喪父之禮上，不應有地位等級之分。杜預注：「晏子惡直己以斥時失禮，故孫辭略答家老。」

〔九〕「之」字，汪文川本誤爲「知」。

曾申〔一〕問於曾子曰：「哭父母有常聲〔二〕乎？」曰：「中路〔三〕嬰兒失其母焉，何常聲之有！」卒哭而諱〔四〕。王父母、兄弟、世父、叔父、姑、姊妹，子與父同諱〔五〕。母之諱，宮中諱〔六〕。妻之諱，不舉諸其側〔七〕。與從祖昆弟同名，則諱〔八〕。以喪冠者，雖三年之喪可也〔九〕。既冠於次〔一〇〕，入哭踊三者三，乃出〔一一〕。大功之末，可以冠子，可以嫁子〔一二〕。父小功之末，可以冠子，可以嫁子，可以娶婦。己雖小功，既卒哭，可以冠，取妻，下殤之小功則不可〔一三〕。凡弁絰，其衰侈袂〔一四〕。父有服，宮中子〔一五〕不與於樂。母有服，聲聞焉，不舉樂。妻有服，不舉樂於其側。大功將至，辟琴瑟〔一六〕。小功至，不絕樂。（見於禮記雜記下。此爲有子問第二十章）

【校注】

〔一〕「曾申」，曾子的兒子。

〔二〕「常聲」，固定的正常聲調。

〔三〕「中路」，半路。

〔四〕「卒哭」，古代喪禮，百日祭後，止無時之哭，變爲朝夕一哭，名爲卒哭。自此始，避稱死者名諱。

〔五〕鄭玄注：「父爲其親諱，則子不敢不從諱也。謂王父母以下之親諱，是謂士也。天子諸侯諱羣祖。」孔穎達疏：「『王父母』者，謂父之王父母，于己爲曾祖父母，正服小功，不合諱也。以父爲之諱，故子亦同于父而諱之。『兄弟』者，是父之兄弟，於己爲伯叔，正服期，父亦爲之期，是子與父同是有諱也。『世父、叔父』者，父之世父、叔父，於己是從祖也，正服小功，不合諱。以父爲之諱，故己從父而諱。『姑』者，謂父之姑也，於己爲從祖姑，在家正服小功，出嫁緦麻，不合諱。以父爲之諱，故己從父而諱。『姊妹』者，謂父之姊妹，於己爲姑，在家正服期，出嫁大功九月，是己與父同爲之諱也。『子與父同諱』者，言此等之親，子之與父同爲之諱。」

〔六〕鄭玄注：「母之所爲其親諱，子孫於宫中不言。」孔穎達疏：「『母之諱宫中諱』者，謂母所爲其親諱，其子於一宫之中爲諱而不言也。」王文錦譯解：「母親爲其娘家已故親屬所避的名諱，兒女們在家里也跟着避諱。」

〔七〕鄭玄注：「妻之所爲其親諱，夫於其側亦不言也。」孔穎達疏：「『妻之諱不舉諸其側』者，謂妻諸親之諱，其夫不得稱舉其辭於其妻之側，但不得在側言之，則於宫中、遠處得言之也。」王文錦譯解：「妻子爲其娘家已故親屬所避的名諱，作丈夫的就不要在她身邊提。」

〔八〕孔穎達疏：「『與從祖昆弟同名則諱』者，謂母與妻二者之諱與己從祖昆弟名同，則爲之諱。

不但宮中、旁側，其在餘處皆諱之。」

〔九〕鄭玄注：「言雖者，明齊衰以下，皆可以喪冠也。」孔穎達疏：「『以喪冠者，雖三年之喪可也』者，謂將欲加冠而值其喪，則當成服之時，因喪服加冠。非但輕服得冠，雖有三年重喪亦可爲。因喪服而冠，故云『可也』。」

〔一〇〕鄭玄注：「次，廬也。」孔穎達疏：「『既冠於次』者，此謂加冠於廬次之中。若齊衰以下，加冠於次舍之處。」

〔一一〕孔穎達疏：「『入哭踊三者三乃出』者，謂既冠之後，入於喪所，哭而跳踊。謂每哭一節而三踊，如此者三，凡爲九踊，乃出就次所。」

〔一二〕孔穎達疏：「『末』，謂卒哭之後。謂己有大功之喪，既卒哭，可以冠子、嫁子也。」

〔一三〕「下殤」，八歲至十一歲死稱爲下殤。「不可」，不可冠、嫁也。

〔一四〕鄭玄注：「侈，猶大也。弁絰，服者弔服也，其衰錫也，緦也，疑也。袂之小者二尺二寸，大者半而益之，則侈袂三尺三寸。」孔穎達疏：「弁絰者，謂弔服也。其首著弁絰，身著錫衰、緦衰、疑衰。侈，大也。其此等三衰，大作其袂。凡常之袂二尺二寸，此等三衰，其袂半而益一，袂大三尺三寸也。」王文錦譯解：「凡穿戴弁絰服，其服都是寬大衣袖。」

〔一五〕「宮中子」，與父親同住在家中的兒子。

〔一六〕此語謂：身居大功之喪的人將要來訪，主人要收起琴瑟之類的樂器。

仲憲〔一〕言於曾子曰：「夏后氏用明器〔二〕，示民無知也〔三〕。殷人用祭器，示民有知也〔四〕。周人兼用之，示民疑也〔五〕。」曾子曰：「其不然乎！其不然乎！夫明器，鬼器也。祭器，人器也〔六〕。夫古之人，胡爲而死其親乎〔七〕？」（見於禮記檀弓上。此爲有子問第二十一章）

【校注】

〔一〕「仲憲」，孔子弟子原憲，字子思。

〔二〕「明器」，即冥器，專爲隨葬而製作的器物，一般用竹木或陶土製成。

〔三〕「示民無知也」，讓民衆知道死者是没有知覺的。

〔四〕孔穎達疏：「『殷人用祭器示民有知也』者，憲又言殷家不别作明器，而即用祭祀之器送亡人者，祭器堪爲人用，以言亡者有知，與人同，故以有用之器送之，表示其有知也。」

〔五〕「兼用之」，汪文川本作「兼而用之」。王文錦譯解：「周朝人明器祭器兼用，這是向人民表示死者有知無知是疑惑難定的。」

〔六〕「人器」，人們平時所用之器。孔穎達疏：「『曾子曰：其不然乎，其不然乎』者，曾子聞憲所說不是，故重稱不然，深鄙之也。『夫明器，鬼器也。祭器，人器也』者，曾子鄙憲言畢而自更說其義也。言二代用此器送亡者，非是爲有知與無知也，正是質文異耳。夏代文，言鬼與人異，故純用鬼器送之，非言爲無知也。殷世質，言雖復鬼與人有異，亦應恭敬是同，故用恭敬之器，仍貯食送之，非言爲有知也。說二代既了，則周兼用之，非爲疑可知，故不重說。周家極文，言亡者亦宜鬼事，亦宜敬事，故並用鬼敬二器，非爲示民言疑惑也。然周唯大夫以上兼用耳，士唯用鬼器，不用人器。崔靈恩云：『此王者質文相變耳。』」

〔七〕王文錦譯解：「古代的人怎麽就忍心認定去世的親人毫無知覺呢？」

季桓子〔一〕死，魯大夫朝服而弔。曾子問於仲尼曰〔二〕：「禮乎？」夫子不答。他日又問。夫子曰：「始死則羔裘玄冠者，易之而已〔三〕。女何疑焉？」（見於孔子家語曲禮子夏問。此爲有子問第二十二章）

【校注】

〔一〕「季桓子」，名斯，魯國正卿，執政大臣。

〔二〕「曾子問於仲尼」，四部叢刊影印明翻宋本孔子家語作「子游問於孔子」。

〔三〕此句，四庫全書本孔子家語作「夫子曰：『始死則已，羔裘玄冠者，易之而已』」。禮記檀弓上也有此語，作「夫子曰：『始死，羔裘玄冠者，易之而已』」。孔穎達疏：「羔裘玄冠，即朝服也。始死則易去朝服，著深衣，故云『易之而已』。」

子罕問於仲尼〔一〕曰：「始死之殷重〔二〕也，何爲？」仲尼曰：「重，主道也。殷主綴重〔三〕焉，周人重徹〔四〕焉。」「請問喪朝〔五〕？」仲尼曰：「喪之朝也，順死者之孝心，故至於祖考之廟〔六〕而後行。殷朝而後殯於祖，周朝而〔七〕遂葬。」（見於孔子家語曲禮子夏問。此爲有子問第二十三章）

【校注】

〔一〕「子罕」，孔子弟子。「仲尼」，四部叢刊影印明翻宋本孔子家語作「孔子」。

〔二〕「殷重」，四部叢刊影印明翻宋本孔子家語作「設重」，是。「重」，音「蟲」，古喪禮指木主未及雕製之前代以受祭的木。儀禮士喪禮：「重，木刊鑿之。」鄭玄注：「木也縣物焉曰重。」禮記檀弓下：「重，主道也。」鄭玄注：「始死未作主，以重主其神也。」

〔三〕「殷主綴重」，鄭玄注：「綴猶聯也。殷人作主，而聯其重，懸諸廟也。」孔穎達疏：「『殷主綴重焉』者，謂殷人始殯，置重於廟庭，作虞主訖，則綴重縣於新死者所殯之廟也。」

〔四〕「周人重徹」，鄭玄注：「周人作主，徹重埋之。」孔穎達疏：「『周主重徹焉』者，謂周人虞而作主，而重則徹去而埋之，故云周主重徹焉。但殷人綴而不即埋，周人即埋、不縣於廟爲異也。」

〔五〕「喪朝」，王肅注：「喪將葬，朝於廟而後行焉。」朝，祭拜。

〔六〕「祖考之廟」，四部叢刊影印明翻宋本孔子家語作「祖者廟」。

〔七〕「而」，四部叢刊影印明翻宋本孔子家語作「而後」。

外篇　喪服第六　凡十八章

喪服十八章，全部録自禮記曾子問，集中談論服喪過程中遇到一些特殊情況應如何處理的問題。

曾子問於仲尼曰〔一〕：「君薨而世子〔二〕生，如之何？」仲尼〔三〕曰：「卿、大夫、士從攝主〔四〕，北面於西階南。大祝裨冕〔五〕，執束帛，升自西階，盡等，不升堂，命毋哭。祝聲三，告曰：『某之子生，敢告。』升，奠幣於殯東几上，哭降〔六〕。衆主人、卿、大夫、士、房中〔七〕皆哭，不踊。盡一哀，反位，遂朝奠〔八〕。小宰升，舉幣〔九〕。三日，衆主人、卿、大夫、士如初位，北面。大宰、大宗〔一〇〕、大祝皆裨冕，少師奉子以衰〔一一〕，祝先，子從，宰、宗人從，入門，哭者止。子升自西階〔一二〕，殯前北面，祝立於殯東南隅。祝聲三，曰：『某之子某，從執事敢見。』子拜稽顙〔一三〕，哭。祝、宰、宗人、衆主人、卿、大夫、士，哭踊三者三〔一四〕，降東反位，皆袒〔一五〕。子踊，房中亦踊，三者三，襲，衰，杖〔一六〕。奠〔一七〕出。大宰命祝史，以名徧告於五祀〔一八〕山川。」（此爲喪服第一章）

【校注】

〔一〕「曾子問於仲尼曰」，十三經注疏本禮記曾子問作「曾子問曰」，無「於仲尼」三字。以下各章同。

〔二〕「世子」，太子，帝王和諸侯的嫡長子。

〔三〕「仲尼」，十三經注疏本禮記曾子問作「孔子」。以下各章同。

〔四〕「攝主」，鄭玄注：「攝主，上卿代國君聽國政。」孫希旦禮記集解：「攝主，謂攝爲喪主者。蓋世子雖未生，而喪不可以無主，故以庶子或兄弟之子暫主喪事。」

〔五〕「大祝」，也作「太祝」、「泰祝」。周禮春官有太祝，掌祝辭祈禱之事。「裨冕」，鄭玄注：「裨冕者，接神則祭服也。諸侯之卿大夫所服裨冕，絺冕也，玄冕也。士服爵弁服。大祝裨冕，則大夫。」孔穎達疏：「大祝，以大夫爲之，祝主接神，故服禆冕。禆冕，祭服也。」漢語大詞典釋「禆冕」曰：「著禆衣，戴冕。古代諸侯大夫朝覲或祭祀時所穿冕服的通稱，與袞冕或上一等冕服相對而言。」

〔六〕「大祝禆冕」至「哭降」，王文錦禮記譯解：「神職官員太祝頭戴麻冕，手執一束即五疋幣帛，從西階升到臺階的盡頭，不邁進堂上，讓大家停止哭聲。然後向靈柩招呼三聲，禀告說：『夫人某氏生了兒子，謹向您報告。』升到堂上，奠放幣帛於靈柩東邊几案之上，哭着降堂下階。」

〔七〕鄭玄注：「衆主人，君之親也。房中，婦人。」

〔八〕「遂朝奠」，孔穎達疏：「按士喪禮每日之旦，於朝夕哭位先哭，而後行朝奠，朝奠了又哭。今因西階前哭畢，反此朝夕哭位，於位不更哭，即行朝奠禮，謂一時兼哭兩事，故云遂朝奠。」王文錦禮記譯解：「哭了一陣之後，各自返回到每天早晚哭喪的位置上。於是舉行朝典——日出時供奉飲食在靈柩東側。」

〔九〕王文錦禮記譯解：「小宰升堂，抱起几上的幣帛下堂，埋在東西兩階之間。」

〔一〇〕「大宰」，殷代天官六大之一。周稱冢宰，爲天官之長，掌建邦之六典，以佐王治邦國。春秋列國亦多置太宰之職，職權不盡相同。「大宗」，殷代主管祭祀天神地祇人鬼的官，爲天官六大之一。周代改爲「宗伯」。禮記曲禮下：「天子建天官，先六大，曰大宰、大宗、大史、大祝、大士、大卜，典司六典。」「大」，皆音「太」。

〔一二〕「少師奉子以衰」，孔穎達疏：「少師主養子之官，又奉子，故與子皆著衰也。」孫希旦禮記集解：「初生未能服衰，故用衰奉之。」

〔一三〕「子拜稽顙」，孔穎達疏：「告訖，奉子之人拜而稽顙，乃哭。」稽顙，音「起嗓」，一種跪拜禮，屈膝下拜，以額觸地，表示極度的虔誠。

〔一四〕「哭踊」，邊哭邊頓足。「哭踊三者三」，孔穎達疏：「『祝宰宗人卿大夫士，哭踊三者三』，此等以子稽顙哭，故亦祝宰宗人在堂上皆曰哭，衆主人、卿、大夫、士俱在西階下北面哭爲踊。每踊三度爲一節，如此者三，故云三者三。」

〔一五〕「袒」，袒露左臂。古代凡禮事皆左袒。「皆袒」「子踊」，汪文川本誤爲「皆祖」「于踊」。

〔一六〕鄭玄注：「踊、襲、衰、杖，成子禮也。」

〔一七〕「奠」，十三經注疏本禮記作「亦」，四部備要本禮記作「奠」。孫希旦禮記集解：「奠，謂朝奠。出者，出反於喪次也。」王文錦禮記譯解：「然後穿好喪服，少師代替世子拄起喪杖，舉行朝奠禮完畢才出殯宫。」

〔一八〕「五祀」，住宅内外的五種神，即門、户、中霤，竈、行也。另説，指門、户、井、竈、中霤。

曾子問於仲尼曰：「如已葬〔一〕而世子生，則如之何？」仲尼曰：「大宰、大宗從大祝而告於禰〔二〕。三月，乃名於禰〔三〕，以名徧告及社稷、宗廟、山川。」（此爲喪服第二章）

【校注】

〔一〕「已葬」，指國君已葬。

〔二〕「禰」，父死，在宗廟中立主曰禰。鄭玄注：「禰，父殯宫之主也。既葬訖，殯無尸柩，唯有主在，故告於主，漸神事之故也。同廟主之名，故曰禰也。」

〔三〕孔穎達疏：「『三月乃名于禰』者，葬後神事之，故依平常之禮，三日不見也。三月乃見，因見乃名，故云『乃名於禰』也。」王文錦禮記譯解：「過三個月，就在先君神主之前給世子命名。」

曾子問於仲尼曰：「並有喪〔一〕，如之何？何先何後？」仲尼曰：「葬，先輕而後重；其奠也，先重而後輕〔二〕，禮也。自啓及葬不奠〔三〕，行葬不哀次〔四〕，反葬奠〔五〕，而後辭於殯〔六〕，遂修葬事。其虞〔七〕也，先重而後輕，禮也。」（此爲喪服第三章）

【校注】

〔一〕「並有喪」，鄭玄注：「並，謂父母，若親同者同月死。」孔穎達疏：「親同者，祖父母及世叔兄弟。」王文錦禮記譯解：「同一時期，連續遭到兩起近親的喪事。」

〔二〕孫希旦禮記集解：「葬是奪情，故從輕者爲首；奠是供養，故令重者居先。」王文錦禮記譯解：「恩義較輕的先葬，恩義較重的後葬。」

〔三〕孔穎達疏：「既父喪在殯，先葬母之時。自，從也。從啓母殯之後，及至葬柩欲出之前，唯設母之啓殯之奠、朝廟之奠，及祖奠、遣奠而已，不於殯宫爲父設奠，故云『自啓及葬不奠』，謂不奠父也。『不奠』者，不朝夕更改新奠，仍有舊奠存也。」

〔四〕孔穎達疏：「『行葬不哀次』者，次謂大門外之右平生待賓之處，葬柩車出門，至此，孝子悲哀，柩車暫停。今以父喪在殯，故行葬母之時，出門外，孝子不得爲母伸哀於所次之處，遂行而去。所以不敢若此悲哀，恐輕於在殯也。」孫希旦禮記集解：「孔疏以次爲大門外接賓客之處，非也。此云『行葬不哀次』，則非並有喪者，其葬母固當哀次矣。婦人迎送不出門，可謂次爲大門外接賓客之處乎？」王文錦禮記譯解：「靈車出門時，逕自牽引而前，也不在孝子守喪的處所停留等待哭踊致哀。」

〔五〕孔穎達疏：「『反葬奠』者，謂葬母還，反於父殯然後設奠也。」

〔六〕鄭玄校：「『殯』，當爲『賓』，聲之誤也。『辭於賓』，謂告將葬啓期也。」孔穎達疏：「辭猶告也。謂奠父之後，孝子告語於賓以明日啓父殯期節，既告賓，賓出之後，遂修營葬父之事。」

〔七〕「虞」，祭祀名。既葬而祭曰虞，有安神之意。

曾子問於仲尼曰：「將冠子〔一〕，冠者〔二〕至，揖讓而入，聞齊衰、大功之喪〔三〕，如之何？」仲尼曰：「内喪則廢〔四〕。外喪則冠而不醴，徹饌而埽，即位而哭〔五〕。如冠者未至，則廢。如將冠子，而未及期日，而有齊衰、大功、小功之喪，則因喪服而冠〔六〕。」「除喪不改冠乎〔七〕？」仲尼曰：「天子賜諸侯、大夫冕弁，服於大廟，歸設奠，服賜服，於斯乎有冠醮，無冠醴〔八〕。父没而冠，則已冠，埽地而祭於禰，已祭而見伯父叔父，而後饗冠者〔九〕。」（此爲喪服第四章）

【校注】

〔一〕「冠子」，爲兒子舉行加冠禮。

〔二〕「冠者」，負責舉行冠禮的賓贊。

〔三〕「齊衰」，音「資崔」，喪服名，五服之一，次於斬衰，以粗麻布做成，因其緝邊縫齊，故稱。爲繼母、慈母（撫育自己成長的庶母）、庶母、祖父母、曾祖父母服用。服期，繼母、慈母三年，祖父母、庶母、妻一年，曾祖父母五個月，高祖父母三個月。「大功」，五服之一，次於齊衰，以熟麻布做成，爲伯父、叔父、兄弟、堂兄弟、未婚堂姊妹、已婚姑、姊妹等服用，服期九個月。

〔四〕「内喪則廢」，孔穎達疏：「若是大門内之喪則廢，以加冠在廟，廟則在大門之内，吉凶不可同處，故云『内喪則廢』。」則廢除冠禮。

〔五〕孔穎達疏：「外喪謂大門外之喪，喪在他處，猶可以加冠也。但平常吉時，三加之後，設醴以禮冠者之身。今既有喪，故直三加而已，不醴之。『徹饌而埽』者，以初欲迎賓之時，未知有喪，醴及饌具既已陳設，今忽聞喪，故徹去醴與饌具，又埽除冠之舊位，令使清潔更新，乃即位而哭。」王文錦禮記譯解：「孔子説：『如果是生活在一個大院裏的近親，那就停止加冠禮。如果是分居他處的近親，冠禮可以進行，而較常禮簡略：加冠後，省去正賓酌醴祝賀被加冠者和主人酌醴酬謝正賓的那兩段禮節，撤去爲冠禮而陳設的各種器物，重新打掃，各就各位，而哭所死近親。』」

〔六〕孫希旦禮記集解：「愚謂『未及期日』，謂既筮日而未及所筮之日也。『因喪服而冠』者，於成服之日，就喪次以喪冠而冠也。」王文錦禮記譯解：「如果將爲兒子舉行冠禮，還没有到期就發生了齊衰一年或大功九月、小功五月的喪事，那麽這位青年人就根據自己所該穿的某種成人喪服而加冠。」

〔七〕孔穎達疏：「『除喪不改冠乎』者，曾子既得夫子引類以答之，仍疑而發問云，此人因喪服而冠，除喪之後，不更改易而行吉冠之禮乎？」

〔八〕鄭玄注：「酒爲醮，冠禮醴重而醮輕。此服賜服，酌用酒，尊賜也。不醴，明不爲改冠，改冠當醴之。」孔穎達疏：「此一經孔子引類答曾子除喪不合改冠之事。所以然者，謂諸侯幼弱未冠，總角從事，至當冠之年，因朝天子，天子而賜諸侯大夫或弁或冕之服，於天子大廟之中，榮君之賜，歸設奠祭於己宗廟，此時身服所賜之服，更不改冠也。」冠醮、冠醴，冠禮儀節。行冠禮時，首加冠，再加皮弁，每一加而向賓位酌一次酒，謂之「冠醮」；每三加而總向賓位敬一次醴（甜酒），謂之「冠醴」。

〔九〕孔穎達疏：「孔子既答其問，又釋父没加冠之禮，故云『父没而冠』，則加冠，已冠之後，埽地而祭於禰廟，已祭之，而見伯父叔父，見伯叔之後，乃饗冠者。」楊天宇禮記譯注：「埽地而祭於禰——孫希旦曰：『冠於禰廟，既冠而行告祭。埽地，亦爲新其事也。』見伯父叔父——這是以成人之禮與他們相見，表示自己已成人。據士冠禮，子冠後還要見母、兄弟、姑、姊及鄉大夫、鄉先生等，皆與之行成人禮。饗冠者——這是爲酬勞爲子加冠者而饗之，據士冠禮説，要向冠者獻醴，還要酬之以『束帛、儷皮』。」

曾子問曰：「大功之喪，可以與於饋奠之事乎〔一〕？」仲尼曰：「豈大功爾〔二〕，自斬衰〔三〕以下皆可禮也。」曾子曰：「不以輕服而重相爲乎〔四〕？」仲尼曰：「非此之謂也〔五〕，天子諸侯之喪，斬衰者奠。大夫齊衰者奠，士則朋友奠。不足則取於大功以下者，不足則反之〔六〕。」（此爲喪服第五章）

【校注】

〔一〕鄭玄注：「饋奠，在殯時也。」孔穎達疏：「曾子之意，云己有大功之喪，可以與於他人饋奠之事乎？孔子不解曾子問旨，謂言曾子所問己有大功之喪，得爲大功者饋奠與否，故答云豈大功乎。言己有大功，豈但爲大功者饋奠，自斬衰以下，皆可禮也。言身有斬衰，所爲者斬衰；身有齊衰，所爲者齊衰，皆可與於饋奠，故云『禮也』。」王文錦禮記譯解：「本身有大功九月的喪服，可以參加别人靈柩右側奠放酒食的事嗎？」饋奠，辭源釋曰：「奠於殯，謂之饋奠。」

〔二〕「爾」，十三經注疏本禮記作「耳」。

〔三〕「斬衰」，五種喪服（斬衰、齊衰、大功、小功、緦麻）中最重的一種，用粗麻布製成，不縫邊。子女對父母、媳對公婆、孫對祖父母、妻對夫，皆服斬衰。

〔四〕鄭玄注：「怪以重服而爲人執事。」孔穎達疏：「孔子所論，據所服者言之。曾子又不解孔子之旨，謂言爲他人，故更問云：若爲他人，不以輕己喪服而重他人相爲饋奠乎？」

〔五〕鄭玄注：「非謂爲人，謂於其所爲服也。」孔穎達疏：「孔子乃答云，我之所言，據所爲服者饋奠，非此爲他人之謂也。故注云『非謂爲人，謂於其所爲服也』。」

〔六〕孫希旦禮記集解：「『不足則反之』者，謂殷奠時需人多，取于大功以下猶不足，則使執事者往而復反也。公食大夫禮『士羞庶羞』，『先者反之』。凡喪禮，主人皆不親奠。吴氏澄曰：曾子初問自『大功之喪』始者，蓋以斬衰服重，必不可執事于人；大功稍輕，或可與人殯奠。而孔子答之如此，則知有服之人但爲所服者奠，而不可爲他人奠矣。」王文錦禮記譯解：「孔子説：『我説的不是那個意思。天子或諸侯死了，做臣的都爲他穿斬衰喪服，停殯期間，服斬衰的臣們爲之奠放酒食。大夫死了，他的臣們爲他穿齊衰喪服，停殯期間，服齊衰的臣們爲之奠放酒食。士死了，士没有臣，停殯期間，由朋友爲他奠放酒食，人手不够，就找大功以下的本族兄弟來幫忙；人手再不够，可以一人往返兩次幫助莫放酒食。』」

曾子問於仲尼曰：「小功可以與於祭乎〔一〕？」仲尼曰：「何必小功爾？自斬衰以下與祭，禮也。」曾子曰：「不以輕喪而重祭乎〔二〕？」仲尼曰：「天子諸侯之喪祭也，不斬衰者不與祭，大夫齊衰者與祭，士祭不足，則取於兄弟大功以下者〔三〕。」

（此爲喪服第六章）

【校注】

〔一〕此謂本身有小功之喪，可以參與他人喪中的祭禮嗎？

〔二〕王文錦禮記譯解：「曾子說：『那豈不是看輕自己的喪服而看重別人的祭祀了嗎？』」

〔三〕王文錦禮記譯解：「孔子說：『天子或諸侯的喪中祭祀，不是身穿斬衰的臣下是不能參加的；大夫的喪祭，身穿齊衰的臣下參與祭祀；士的喪祭，士沒有臣，參與祭祀活動的人手不够，就找大功以下的本族兄弟來幫忙。』」

曾子問於仲尼曰：「相識，有喪服可以與於祭乎〔一〕？」仲尼曰：「緦〔二〕不祭，

又何助於人〔三〕？」（此爲喪服第七章）

【校注】

〔一〕鄭玄注：「問己有喪服，可以助所識者祭否。」

〔二〕「緦」，指喪服五服（斬衰、齊衰、大功、小功、緦麻）最輕者。此服用疏織細麻布製成，服期三月。凡疏遠親屬、親戚如高祖父母、曾伯叔祖父母、族伯叔父母、外祖父母、岳父母、中表兄弟、婿、外孫等，皆服緦麻。

〔三〕孔穎達疏：「『緦不祭，又何助于人』者，言身有緦服，尚不得自祭己家宗廟，何得助於他人祭乎？而熊氏云『謂身有緦服，則不得自爲父母虞祔卒哭祭』。此謂同宫緦，則士爲妾有子及大夫爲貴妾，是同宫緦者。若大夫士有齊衰、大功、小功、緦麻同宫，則亦不祭。若異宫，則殯後得祭，故雜記云『父母之喪將祭，而兄弟死，既殯而祭。若同宫，則雖臣妾，葬而后祭』，『虞祔亦然』。天子諸侯臣妾死於宫中，雖無服，亦不得爲父母虞祔卒哭祭也。天子諸侯適子死，斬衰既練乃祭。天子諸侯爲適孫適婦，則既殯乃祭，以異宫故也。」王夢鷗禮記今注今譯：「相識，指泛泛之交。有喪服，指自己在喪期中。此言：身有緦麻之服，尚不得自祭於家廟，更何論助他人之祭？」

曾子問於仲尼曰：「廢喪服，可以與於饋奠之事乎〔一〕？」仲尼曰：「説衰與奠，非禮也；以擯相可也〔二〕。」（此爲喪服第八章）

【校注】

〔一〕「廢喪服」，指三年喪畢，除去喪服。此語謂，爲父母服喪期滿，脱除喪服，可以參與別家殯宮中的饋奠之事嗎？「之」字，汪文川本無。

〔二〕「説」，通「脱」。孔子説：「剛剛脱去衰麻喪服就去參加別家的饋奠，是失禮的；勉强作爲儐相則可。」

曾子問於仲尼曰：「昏禮既納幣〔一〕，有吉日〔二〕，女之父母死，則如之何？」仲尼曰：「壻使人弔〔三〕。如壻之父母死，則女之家亦使人弔。父喪稱父，母喪稱母〔四〕。父母不在，則稱伯父世母〔五〕。壻已葬〔六〕，壻之伯父致命女氏〔七〕曰：『某之子有父母之喪，不得嗣爲兄弟〔八〕，使某致命。』女氏許諾而弗敢嫁〔九〕，禮也。壻免喪，女之父母使人請〔一〇〕，壻弗取，而後嫁之，禮也。女之父母死，壻亦如之〔一一〕。」（此爲喪服第九章）

【校注】

〔一〕「納幣」，也稱納徵，古婚禮六禮（納采、問名、納吉、納幣、請期、親迎）之一。納吉之後，擇日具書，遣人送聘禮於女家，女家受物復書，婚姻乃定。亦稱文定，俗稱過定。

〔二〕「吉日」，鄭玄注：「取女之吉日。」謂男女雙方已擇定迎娶吉日。

〔三〕「壻」，通「婿」。謂婿家應派人去弔喪。

〔四〕「父喪稱父，母喪稱母」，鄭玄注：「禮宜各以其敵者也。」通俗點講，就是對方的父親死了，就以己方父親的名義去弔喪；對方的母親死了，就以己方母親的名義去弔喪。

〔五〕此謂，如果父母不在了，就用伯父或伯母的名義。

〔六〕「壻已葬」，指婿家已葬其死者。

〔七〕「致命女氏」，謂向女方家長致意。

〔八〕「不得嗣爲兄弟」，因有父或母之喪，眼下不能和您家結爲親戚。

〔九〕此謂，女家雖然同意，但仍不敢把女兒改配他人。

〔一〇〕「請」，鄭玄注：「請成昏。」

〔一一〕此謂，婿家不願娶，女家改嫁，是合乎禮的。女方的父母死了，男方也這麼做。孔穎達疏：「壻免喪之後則應迎婦，必須女之父母請者，以壻家既葬，致命於己，壻既免喪，所以須請也。『女之父母死，壻亦如之』，女之父母死，已葬之後，女之伯父致命於男氏，曰『某之子有父母之喪，不得嗣爲兄弟，使某致命』，男氏許諾，而不敢娶。女免喪，壻之父母使人請，女家不許壻而後别娶，禮也。」

曾子問於仲尼曰：「親迎女在塗，而壻之父母死，如之何？」仲尼曰：「女改服，布深衣，縞總以趨喪〔一〕。女在塗，而女之父母死，則女反。」「如壻親迎，女未至，而有齊衰大功之喪〔二〕，則如之何？」仲尼曰：「男不入，改服於外次。女入，改服於内次，然後即位而哭〔三〕。」曾子問〔四〕曰：「除喪則不復昏禮乎〔五〕？」仲尼曰：「祭過時不祭，禮也〔六〕。又何反於初？」（此爲喪服第十章）

【校注】

〔一〕鄭玄注：「布深衣、縞總，婦人始喪未成服之服。」孔穎達疏：「『女改服』者，謂女在塗聞舅姑喪，即改嫁時之衣服。深衣謂衣裳相連，前後深邃，故曰深衣。縞，白絹也。總，束髮也，長八寸。女在塗，以其聞喪，即改嫁服，故云未成服之服也。」「縞總」，用白布條紮束髮髻。

〔二〕此指男方突然有了齊衰大功類的近親之喪。

〔三〕孔穎達疏：「男謂壻也，不入大門，改其親迎之服，服深衣於門外之次。女謂婦也，入大門，改其嫁服，亦服深衣於門内之次。男女俱改服畢，然後就喪位而哭。」王夢鷗禮記今注今譯：「次，是臨時止息處，或則搭蓋帷幕爲之。」

〔四〕「問」字，汪文川本無。

〔五〕鄭玄注：「復猶償也。」孔穎達疏：「復是反覆之義，故爲償也。」曾子以初昏遭喪，不得成禮，除喪之後，豈不酬償，更爲昏禮乎？」此謂是否需要補行婚禮。

〔六〕孔穎達疏：「祭重而昏輕，重者過時尚廢，輕者不復可知。」

仲尼曰：「嫁女之家，三夜不息燭〔一〕，思相離也。娶婦之家，三日不舉樂，思嗣親也〔二〕。三月而廟見，稱來婦也，擇日而祭於禰，成婦之義也〔三〕。」（此爲喪服第十一章）

【校注】

〔一〕王夢鷗禮記今注今譯：「不息燭，則通宵不成寐。」

〔二〕孔穎達疏：「不舉樂者，思己之娶妻嗣續其親，則是親之代謝，所以悲哀感傷，重世之改變也。」王夢鷗禮記今注今譯：「嗣親，接續宗禋。因父母及己身皆有死亡之日，故須娶婦生兒以接續宗禋。念及人世代謝，則娶婦本爲可悲之事。」

〔三〕鄭玄注：「謂舅姑没者也。必祭，成婦義者，婦有供養之禮，猶舅姑存時，盥饋特豚於室。」孔穎達疏：「此謂舅姑亡者，婦入三月之後，而於廟中以禮見於舅姑，其祝辭告神，稱來婦也。謂選擇吉日，婦親自執饌，以祭於禰廟，以成就婦人盥饋之義。」「來婦」，古婚禮，婦到夫家，次日天明始見舅姑（公婆）；若舅姑已故，則於三月後到廟中參拜，祝辭稱新婦爲來婦。

曾子問於仲尼曰：「女未廟見而死〔一〕，則如之何？」仲尼曰：「不遷於祖，不祔於皇姑，壻不杖、不菲、不次，歸葬於女氏之黨，示未成婦也〔二〕。」（此爲喪服第十二章）

【校注】

〔一〕「女未廟見而死」，謂新娘婚後未行廟見公婆神主之禮而死。

〔二〕鄭玄注：「遷，朝廟也。壻雖不備喪禮，猶爲之服齊衰也。」孔穎達疏：「婦既死於己寢，將反葬於女氏之黨，故其柩不遷移朝於壻之祖廟，言祔祭之時，又不得祔於皇姑廟也。皇，大也，君也。稱皇者，尊之也。凡人爲妻，齊衰杖而菲屨。今壻爲之不杖、不菲、不次。菲，草屨也。不次謂不别處止哀次也。壻爲妻合服齊衰杖而菲屨，及止哀次。今未廟見而死，其壻唯服齊衰而已，其柩還歸葬於女氏之黨，以其未廟見，不得舅姑之命，示若未成婦。然其實已成婦，但示之未成婦禮，欲見其不敢自專也。」王文錦禮記譯解：「孔子説：『新娘未行廟見禮就死了，出殯時不能將靈柩遷往新郎的祖廟去朝見辭行，她的神主也不能附在新郎祖母神主的後側，她的丈夫只爲她穿齊衰，但不爲她手執喪杖，不爲她穿草編喪鞋，不爲她居住守喪的陋室，把他的靈柩送歸她的娘家埋葬，表示她還没有正式成爲男方的媳婦。』」「皇姑」，指丈夫的亡母。

曾子問於仲尼曰：「取女有吉日〔一〕，而女死，如之何？」仲尼曰：「壻齊衰而弔，既葬而除之。夫死亦如之〔二〕。」（此爲喪服第十三章）

【校注】

〔一〕「有吉日」，謂已確定了迎娶吉日。

〔二〕鄭玄注：「未有期三年之恩也。女服斬衰。」孔穎達疏：「所以既葬除者，壻於女未有期之恩，女於壻未有三年之恩。以壻服齊衰，故知女服斬衰。」孔子説：未婚夫穿齊衰喪服去弔唁，未婚妻下葬後，即可脱掉齊衰。未婚夫死了的話，未婚妻也這麽做。

曾子問於仲尼曰：「喪有二孤〔一〕，廟有二主〔二〕，禮與？」仲尼曰：「天無二日，土無二王〔三〕。嘗、禘、郊、社，尊無二上〔四〕，未知其爲禮也。昔者齊桓公亟舉兵，作僞主以行〔五〕。及反，藏諸祖廟。廟有二主，自桓公始也。喪之二孤，則昔者衛靈公〔六〕適魯，遭季桓子之喪〔七〕，衛君請弔。哀公辭，不得命〔八〕。公爲主〔九〕，客入弔。康子〔一〇〕立於門右，北面。公揖讓，升自東階，西鄉。客升自西階，弔，公拜興哭，康子拜稽顙於位。有司弗辨也〔一一〕。今之二孤，自季康子之過也〔一二〕。」（此爲喪服第十四章）

【校注】

〔一〕「孤」，無父或無父母之子。「二孤」，指有兩个喪主。

〔二〕「主」，指廟中神主。

〔三〕孔穎達疏：「天有二日，則草木枯萎；土有二王，則征伐不息，老子云『天得一以清，地得一以寧』是也。」

〔四〕嘗、禘，祭宗廟。秋祭稱嘗，夏祭稱禘。郊、社，祭天地。周代冬至祭天稱郊，夏至祭地稱社。王夢鷗禮記今注今譯：「此言所祭雖衆，而所尊者則一而已。嘗與禘，合祭羣主，唯以太祖爲上；郊祭衆神，唯上帝爲上；社祭及四方，唯后土爲上。」

〔五〕孔穎達疏：「此説二主之由。桓公名小白，作霸主。亟，數也。僞，假也。言作假主以行，而反藏于祖廟，故有二主也。舉兵謂南伐楚，北伐山戎，西伐白狄，故云數舉兵也。」王文錦禮記譯解：「從前齊桓公屢次興兵侵伐，做個假廟主隨軍同行。及至收兵回國，就將假廟主藏放在祖廟之中。廟有二主，那是從齊桓公開始的。」「齊桓公」，春秋時齊國國君，姜姓，名小白。公元前六八五年至前六四三年在位，爲春秋時第一個霸主。「亟」，音「氣」，意爲數、屢。

〔六〕「衛靈公」，春秋時衛國國君，名元，獻公孫。生年不詳，卒於公元前四九三年。在位四十二年。

〔七〕「季桓子」，即季孫斯，魯國定公以至哀公初年時的執政上卿，死於哀公三年。王夢鷗禮記今注今譯：「衛靈公卒于魯哀公二年夏，季桓子卒於三年秋，不會遭遇桓子之喪。鄭玄説，當爲衛出公之誤。但出公適魯，春秋經没有記載，此處當是假託之辭。魯桓公的後嗣分爲三家：仲孫、叔孫、季孫。季孫氏自魯文公之後，世世執國政。季桓子名斯，是季康子（名肥）的父親。」

〔八〕謂魯哀公推辭，而未取得衛靈公的同意。

〔九〕謂魯哀公充當喪主。

〔一〇〕季康子，季桓子之子。

〔一一〕「辨」，十三經注疏本禮記作「辯」。鄭玄注：「辯猶正也。」王夢鷗禮記今注今譯：「喪禮拜賓者唯喪主一人。此言哀公既拜，季康子又拜，好像有兩個喪主。有司，指司儀的人。辯，駁正之。」

〔一二〕孔穎達疏：「上云『自桓公始』，此不云自季康子始而云康子之過者，此孔子答曾子之時，上去桓公已遠，二主行來又久，故云『自桓公始也』。康子之過者，正當孔子之時，未知後代行之以否，不得云自季康子始，但見當時失禮，故云『今之二孤，自季康子之過也』。」王文錦禮記譯解：「廟有二主，那是從齊桓公開始的。至於喪有二孤，那是從前衛靈公訪問魯國，恰巧遇到魯國專擅國政的貴族季桓子死了，衛靈公請求弔喪，魯哀公推辭，而没能取得衛靈公的同意，魯哀公只得權充喪主。衛靈公作爲賓客進入弔喪，季桓子的繼承人季康子立在殯宫門内東邊，面朝北站立。魯哀公與衛靈公揖讓後，自己從東邊主階升堂，面朝西站立。客人衛靈公從西邊客階升堂，在靈柩前弔喪。魯哀公拜謝客人，站起哭泣，與此同時，季康子竟也在自己的位置上跪拜叩頭，形成了一喪二主的場面。當時掌管禮儀的官員也未加分辯糾正。今天喪事中存在着兩個主喪人的情況，應該説，這是由季康子的那次錯誤開始的。」

曾子問於仲尼曰：「古者師行，必以遷廟主行乎〔一〕？」仲尼曰：「天子巡狩，以遷廟主行，載於齊車〔二〕，言必有尊也。今也取七廟之主以行，則失之矣。當七廟五廟無虛主〔三〕。虛主者，唯天子崩，諸侯薨，與去其國，與祫祭於祖，爲無主爾〔四〕。吾聞諸老聃〔五〕曰：『天子崩，國君薨，則祝取羣廟之主而藏諸祖廟〔六〕，禮也。卒哭〔七〕成事而後，主各反其廟。君去其國，大宰取羣廟之主以從，禮也。祫祭於祖，則祝迎四廟之主。主出廟入廟，必蹕〔八〕。』老聃云。」（此爲喪服第十五章）

【校注】

〔一〕「遷廟主」，漢語大詞典釋曰：「專指太廟中昭廟穆廟之上、最後遷入遷廟之神主。」王夢鷗禮記今注今譯：「吳澄云：此謂祔禰時所遷昭穆最上之廟之一主。按天子之廟，三昭三穆及太祖之廟爲七廟。當其父的神主祔入于廟時，則原先在廟的祖父神主當依昭穆的次序往上遞遷，其最高之一廟主，遂至於無廟。此一無廟之主遷于太祖之『祧』。故『祧』即遷廟，而祧内之主即遷廟之主，亦即其嫡系祖先之最尊者。」

〔二〕「齊車」，鄭玄注：「齊車，金路。」十三經注疏阮元校曰：「按釋文云：『齊車，祭祀所乘金輅也。』」「齊」，讀「齋」。

〔三〕此謂，無論是七廟，還是五廟，都不能空着無神主。

〔四〕此謂，只有在天子駕崩、諸侯去世、被迫離國、合祭羣祖於太廟的時候，才會出現各廟無主的情況。「祫」，音「霞」，祭名，集合遠近祖先神主于太廟合祭。

〔五〕「老聃」，鄭玄注：「老聃，古壽考者之號也，與孔子同時。」孔穎達疏：「案史記云：『老聃，陳國苦縣賴鄉曲仁里人也，爲周柱下史，或爲守藏史。』」

〔六〕「祝」，指太祝，官名，相傳殷置。周禮春官有太祝，掌祝辭祈禱之事。鄭玄注：「藏諸主于祖廟，象有凶事者聚也。」此謂象徵着祖先們爲國家出現凶事而聚會在一起。

〔七〕「卒哭」，古代喪禮，百日祭後，止無時之哭爲朝夕一哭，名爲卒哭。

〔八〕「蹕」，禁止行人以清道。周禮天官閽人：「大祭祀、喪祭之事，設門燎，蹕宫門廟門。」注：「蹕，止行者。」王文錦禮記譯解：「合祭於太祖廟的時候，那就由太祝迎接高祖廟、曾祖廟、祖廟、父廟四親廟的神主，合食於太祖廟。凡是迎神主出廟或送神主回廟，一定都要戒嚴，禁止閑人通行。」

曾子問於仲尼曰：「大夫士有私喪，可以除之矣，而有君服焉，其除之也如之何〔一〕？」仲尼曰：「有君喪服於身，不敢私服，又何除焉？於是乎有過時而弗除

也〔二〕。君之喪服除，而後殷祭〔三〕，禮也。」（此爲喪服第十六章）

【校注】

〔一〕鄭玄注：「私喪，家之喪也。」王文錦禮記譯解：「曾子問道：『大夫或士爲亡親服喪，到了一周年、兩周年應該逐漸除去重服變换較輕的喪服時，其間又遇到國君去世，臣下自該爲國君服喪，此時應當如何變除本身的喪服呢？』」

〔二〕由於有君喪服於身，不敢改除私服，於是常有過期仍掛着孝服的。

〔三〕「殷祭」，孔穎達疏：「殷祭，謂小、大二祥祭也。以其禮大，故曰殷也。言初乃爲身有君服，不敢爲親私除。若君服除後，乃可爲親行私喪二祥之祭，以伸孝心也。故盧氏云：『殷祭，盛也。君服除，乃行釋私服之禮。』庾蔚云：『今月除君服，明月可小祥，又明月可大祥，猶若久喪不葬者也。若未有君服之前，私服已小者，除君服後，但大祥而可。已有君服之時，己私服或未小祥，是以總謂之殷祭，而不得云再祭。殷，大也。小、大二祥，變除之大祭，故謂之殷祭也。』」此語謂：爲國君服喪期滿，脱去喪服，而後才能爲自家亡親補行小祥、大祥等盛大的祭祀，這是符合禮的。

曾子問於仲尼曰：「父母之喪，弗除可乎〔一〕？」仲尼曰：「先王制禮，過時弗

舉〔二〕，禮也。非弗能勿除也，患其過於制也。故君子過時不祭，禮也〔三〕。」（此爲喪服第十七章）

【校注】

〔一〕鄭玄注：「以其有終身之憂。」

〔二〕此謂先王制定的禮儀，各有時限，過時就不再舉行。

〔三〕鄭玄注：「言制禮以爲民中，過其時則不成禮。」

曾子問於仲尼曰：「君薨，既殯〔一〕，而臣有父母之喪，則如之何？」仲尼曰：「歸居於家，有殷事則之君所，朝夕否〔二〕。」曰：「君既啓〔三〕，而臣有父母之喪，則如之何？」仲尼曰：「歸哭而反送君〔四〕。」曰：「君未殯，而臣有父母之喪，則如之何？」仲尼曰：「歸殯，反於君所。有殷事則歸，朝夕否〔五〕。大夫，室老行事〔六〕；士，則子孫行事。大夫內子〔七〕，有殷事亦之君所，朝夕否。」

【校注】

〔一〕「既殯」，已大斂入棺，停柩在堂。

〔二〕鄭玄注：「居家者，因其哀後隆於父母。殷事，朔月月半薦新之奠也。」孔穎達疏：「殷，大也。孔子答云：君殯既訖，君所無事，父母新喪，故歸於家，以治父母之喪。若君喪有朔月月半薦新大事，則臣之適君所以哭君。若凡常朝夕則不往哭君，唯在家爲父母治喪，故云『朝夕否』。」「殷事」，每月初一和十五爲新死之君舉行的祭祀。

〔三〕「啓」，啓殯，即出殯。

〔四〕鄭玄注：「言送君，則既葬而歸也。歸哭者，服君服而歸，不敢私服也。」孔穎達疏：「曾子上問『既殯』，今問『既啓』，故云『君既啓，而臣有父母之喪，則如之何』。孔子答曰：歸哭父母而反往送君，既葬畢，還來歸家，而治父母之喪。」王文錦禮記譯解：「曾子又問道：『國君將出殯的時候，有個臣忽然得到了父親或母親去世的噩耗，那該怎麽辦呢？』孔子說：『趕快回家去哭見剛剛嚥氣的父親或母親，然後返回宫裏去給國君送葬。』」

〔五〕孔穎達疏：「前問君既殯及既啓，而有父母之喪。今問君未殯，而臣有父母之喪如之何？孔子答曰：歸殯父母訖，反於君所，以殯君恒在君所，家有殷事之時，則暫歸於家。若尋常朝夕，則不得歸也，故云『朝夕否』。」「歸殯」，歸家料理喪事，以至把靈柩停放在殯宫，然後再回到國君的地方守喪。因爲國君五日而殯，大夫士三日而殯，故有歸家料理喪事的時間。

〔六〕「室老」，大夫家的總管，舊稱家相。「行事」，指朝夕祭奠。

〔七〕「内子」，大夫的嫡妻。

外篇　第七　佚

外篇　第八　佚

外篇　晉楚第九　凡十一章

此篇録自孟子、韓詩外傳、大戴禮記、孔子家語、孔子集語、孔叢子、説苑等書，主要擷取曾子的言論事蹟。

曾子曰：「晉、楚〔一〕之富，不可及也。彼以其富，我以吾仁；彼以其爵，我以吾義，吾何慊〔二〕乎哉！」（見於孟子公孫丑下。此爲晉楚第一章）

【校注】

〔一〕「晉、楚」，二國名。晉，周成王封弟叔虞於唐，叔虞子燮父改國號爲晉。春秋時據有今山西省大部與河北省西南地區，地跨黃河兩岸。楚，周成王封熊繹立國於荆山一帶，都丹陽，後又都於郢。春秋戰國時，國家富强，疆域廣大。

〔二〕「慊」，音「欠」，嫌恨，不滿足。

曾子曰：「戒之，戒之，出乎爾者也，反乎爾者也〔一〕。」（見於孟子梁惠王下。此爲晉楚第二章）

【校注】

〔一〕趙岐注：「曾子有言，上所出善惡之命，下終反之，不可不戒也。」孫奭疏：「孟子言曾子有云在戒慎之戒慎之，以其凡有善惡之命，苟善之出乎爾，則終亦以善反歸乎爾也；有出乎爾以惡，則其終反歸爾亦以惡也。」「戒」，警戒。曾子此言告誡統治者，爲政要高度警戒的是，你怎樣對待民衆，民衆就會怎樣對待你。

子夏、子游、子張皆以有若似聖人，欲以所事孔子事之〔一〕。彊〔二〕曾子，曾子曰：「不可，江漢以濯之，秋陽以暴之，皜皜乎不可尚已〔三〕。」（見於孟子滕文公上。此爲晉楚第三章）

【校注】

〔一〕趙岐注：「有若之貌似孔子，此三子者思孔子而不可復見，故欲尊有若以作聖人，朝夕奉事之禮如事孔子，以慰思也。」

〔二〕「彊」，强要，强行。

〔三〕趙岐注：「曾子不肯，以爲聖人之潔白，如濯之江漢，暴之秋陽。秋陽，周之秋，夏之五六月盛陽也。皜皜，白甚也。何可尚而乃欲以有若之質於聖人之坐席乎？尊師道，故不肯也。」「尚」，超過，加。「不可尚」，謂不可超過，無以復加。

曾子仕於莒〔一〕，得粟三秉〔二〕，是時，曾子重其禄而輕其身。親没之後，齊迎以

相，楚迎以令尹，晉迎以上卿。是時，曾子重其身而輕其禄〔三〕。（見於韓詩外傳卷一。此爲晉楚第四章）

【校注】

〔一〕「莒」，國名，西周分封的諸侯國。開國君主是兹輿期，建都計斤（一作介根，今山東膠州市西南）。春秋初年遷於莒（今山東莒縣）。

〔二〕「秉」，容量單位，合十六斛（十斗爲一斛）。

〔三〕原「重其禄而輕其身」，是爲了養雙親；今雙親已去世，則可拒絶高官厚禄，「重其身而輕其禄」，以保持自身的人格。

曾子曰：「入是國也，言信乎羣臣，則留可也；忠行乎羣臣，則仕可也；澤施乎羣臣，則安可也〔一〕。」（見於孔子家語致思，亦見於説苑談叢。此爲晉楚第五章）

【校注】

〔一〕此段，四庫全書本孔子家語作「曾子曰：入是國也，言信於羣臣，而留可也；忠行於卿大夫，則仕可也；澤施於百姓，則富可也」。四部叢刊本説苑作「曾子曰：入是國也，言信乎羣臣，則留可也；忠行乎羣臣，則仕可也；澤施乎百姓，則安可也」。

曾子敝衣而耕於魯〔一〕，魯君聞之而致邑〔二〕焉，曾子固辭不受。或曰：「非子之求，君自致之，奚固辭也〔三〕？」曾子曰：「吾聞受人施者常畏人，與人者常驕人〔四〕。縱君有賜不我驕也，吾豈能勿畏乎？」仲尼聞之曰：「參之言足以全其節〔五〕也。」（見於孔子家語在厄，亦見於説苑立節。此爲晉楚第六章）

【校注】

〔一〕此語，四庫全書本孔子家語同，四部叢刊本説苑作「曾子衣弊衣以耕魯」；以下語句也多有增益，不再出校。「敝衣」，破舊衣服。

〔二〕「致邑」，送給采邑。

〔三〕有人説：「這不是你主動要的，是國君自己要給的，爲何堅決推辭呢？」

〔四〕「驕人」，傲視他人，向他人炫耀、驕矜。

〔五〕「全其節」，保全其名節。

魯人攻鄪〔一〕。曾子辭於鄪君曰：「請出，寇罷而後復來，請姑毋〔二〕使狗豕入吾舍。」鄪君曰：「寡人之於先生也，人無不聞。今魯人攻我，而先生去我，我胡〔三〕守先生之舍？」魯人果攻鄪，而數之罪十，而曾子之所争者九〔四〕。魯師罷，鄪君復修曾子舍，而後迎之〔五〕。（見於説苑尊賢。此爲晉楚第七章）

【校注】

〔一〕「鄪」，音「必」。辭源釋曰：「鄪，地名，春秋魯邑。同費。史記周公世家：『釐公元年，以汶陽、鄪封季友。』索隱：『鄪，今作費。』春秋、論語皆作費。在今山東費縣境。」漢語大詞典所釋與辭源略同，不同的是增補「一説」：「一説爲古國名。漢劉向説苑尊賢：『魯人攻鄪，曾子辭於鄪君曰：請出，寇罷而後復來。』向宗魯校證：『此鄪君或以爲即魯之季氏，或以爲即滑國。』」就「鄪君」「寡人」之稱來看，「鄪」爲「國名」説可從。

〔二〕「姑毋」，姑且不要。

〔三〕「胡」，疑問詞，爲什麽。

〔四〕此謂魯人指責鄪君的十項罪過中，有九項是曾子曾經諫諍過的。

〔五〕「迎之」，汪文川本誤作「近之」。

曾子居武城〔一〕，有越寇〔二〕。或曰：「寇至，盍去諸〔三〕？」曰：「無寓人於我室，毁傷其薪木。」寇退，則曰：「修我牆屋，我將反〔四〕。」寇退，曾子反。左右曰：「待先生如此其忠且敬也。寇至，則先去以爲民望；寇退則反，殆於不可〔五〕。」沈猶行〔六〕曰：「是非女所知也。昔沈猶有負芻之禍，從先生者七十人，未有與焉〔七〕。」子思〔八〕居於衛，有齊寇。或曰：「寇至，盍去諸？」子思曰：「如伋去，君誰與守？」孟軻曰：「曾子、子思同道，曾子，師也，父兄也；子思，臣也，微也。曾子、子思易地則皆然〔九〕。」（見於孟子離婁下。此爲晉楚第八章）

【校注】

〔一〕「武城」，有争議，一説在今山東費縣西南九十里處，即平邑；一説在今山東嘉祥縣。

〔二〕「有越寇」，有越國軍隊來侵犯。楊伯峻孟子譯注：「有越寇——根據漢書地理志，越王勾踐二十五年曾經都於琅琊，築有館臺。春秋時的琅琊，就在今天山東的諸城縣東南一百五十里之地。根據左傳哀公二十一年以後吴魯、越魯關係史的記載，費縣東南一帶之地，是和越滅吴後的疆界犬牙相錯的，因之越寇之來去甚易。」

〔三〕趙岐注：「盍，何不也。曾子居武城，有越寇將來，人曰寇方至，何不去之？」

〔四〕趙岐注：「寓，寄也。曾子欲去，戒其守人曰：『無寄人於我室，恐其傷我薪草樹木也。』寇退，則曰：『治牆屋之壞者，我將來反。』」

〔五〕趙岐注：「左右相與非議曾子者，言武城邑大夫敬曾子，武城人爲曾子忠謀，勸使避寇，君臣忠敬如此，而先生寇至則先去，使百姓瞻望而效之，寇退安寧則復來還，殆不可如是。怪曾子何以行之也。」楊伯峻孟子譯注：「他旁邊的人說：『武城的官員們對待您是這樣地忠誠恭敬，敵人來了，便早早地走開，給百姓做了個壞榜樣；敵人退了，馬上回來，恐怕不可以吧。』」「殆」，大概。

〔六〕趙岐注：「沈猶行，曾子弟子也。」楊伯峻孟子譯注：「姓沈猶，名行。」

〔七〕趙岐注：「行謂左右之人曰：『先生之行，非汝所能知也。先生，曾子也。往者先生嘗從門徒七十人，舍吾沈猶氏，時有作亂者曰負芻，來攻沈猶氏，先生率弟子去之，不與其難。言賓師不與臣同耳。』」楊伯峻孟子譯注：「沈猶行說：『這個不是你們所曉得的。從前先生住在我那裏，有個叫負芻的作亂，跟隨先生的七十個人也都早早走開了。』」「與」，參與。

〔八〕「子思」，名伋，孔子之孫。

〔九〕趙岐注：「孟子以爲二人同道。曾子爲武城人作師，則其父兄，故去留無毁。子思，微小也，又爲臣，委質爲臣當死難，故不去也。子思與曾子，易地皆然。」孫奭疏：「孟子引至於此，乃曰：曾子、子思二人其道則同也。以其曾子居於武城，則師之道也，如人之父兄也，則去留人不可毁，無它，以其無所拘也；子思居於衛，則臣之道也，其勢則微小也，當赴君之難，不可去也，無它，以其有所拘也。雖然，二人如更易其地，則皆能如是也。謂子思居於曾子之所而爲之師，亦未必不能如曾子去留無所拘也；曾子居於子思之所而爲之臣，亦未必不能如子思赴君之難而不去也。故曰『曾子、子思同道』。」

曾子謂子思曰：「昔者吾從夫子遊〔一〕於諸侯，夫子未嘗失人臣之禮，而猶聖道不行。今吾觀子有傲世主之心，無乃不容乎〔二〕？」子思曰：「時移世異，各有宜也。當吾先君，周制雖毁，君臣固位，上下相持，若一體然。夫欲行其道，不執禮以求之，則不能入也。今天下諸侯，方欲力争，競招英雄，以自輔翼。此乃得士則昌、失士則亡之秋也。乃〔三〕於此時，不自高，人將下吾；不自貴，人將賤吾。舜禹揖讓〔四〕，湯武用師，非故相詭〔五〕，乃各時也。」（見於孔叢子居衛。此爲晉楚第九章）

【校注】

〔一〕「遊」，四部叢刊本孔叢子同，四庫全書本孔叢子作「巡守」。

〔二〕「無乃」，相當於「莫非」、「恐怕是」，表示委婉語氣。「容」，適宜。

〔三〕「乃」，汪文川本作「伋」。

〔四〕「揖讓」，禪讓。

〔五〕「詭」，違背。

曾子曰：「脅肩諂笑，病於夏畦〔一〕。」（見於孟子滕文公下。此爲晉楚第十章）

【校注】

〔一〕趙岐注：「脅肩，竦體也。諂笑，强笑也。病，極也。言其意苦勞極，甚於仲夏之月治畦灌園之勤也。」孫奭疏：「曾子又有云脅肩諂笑，竦縮其身，强容而笑者，其勞苦有甚於夏之五六月而灌園也。治畦曰灌園也。」楊伯峻孟子譯注譯曰：「曾子説：『竦起兩肩，做着討好的笑臉，這比夏天在菜地裏工作還要累。』」注曰：「脅肩諂笑——脅肩即竦體，故意爲恭敬之狀；諂笑，强爲媚悦之顔。夏畦——夏，夏天；畦，灌園，澆水。」病，疲倦，勞累。

曾子疾病〔一〕，曾元抑首，曾華抱足〔二〕。曾子曰：「微乎！吾無夫顔氏之言，吾何以語女哉！然而君子之務，盡〔三〕有之矣。夫華繁而實寡者，天也；言多而行寡者，人也。鷹鶽以山爲卑而曾〔四〕巢其上，魚鱉黿鼉以淵爲淺而蹷穴〔五〕其中，卒其所以得之者，餌也。是故君子苟無以利害義，則辱何由至哉！親戚不説，不敢外交；近者不親，不敢求遠；小者不審，不敢言大。故人之生也，百歲之中，有疾病焉，有老幼焉，故君子思其不復者而先施焉。親戚既殁，雖欲孝，誰爲孝？年既耆艾，雖欲悌，誰爲悌？故孝有不及，悌有不時，其此之謂與？言不遠身，言之主也；行不遠身，行之本也。言有主，行有本，謂之有聞矣。君子尊其所聞，則高明矣；行其所聞，則廣大矣。高明廣大，不在於他，在加之意而已矣。與君子游，苾乎如入芝蘭之室，久而不聞，則與之化矣；與小人游，貸乎如入鮑魚之肆，久而不聞，則與之化矣，是故君子慎其所去就。與君子游，如長日加益，而不自知也；與小人游，如履薄冰，每履而下，幾何而不陷乎哉！吾不見好學盛而不衰者矣，吾不見好教如食疾子矣，吾不見日省而月考之其友者矣，吾不見孜孜而與來而改者矣。」官怠於宦成〔六〕，病加於少愈，禍生於懈惰，孝衰於妻子。察此四者，慎終如始。詩曰：「靡不有初，鮮克有終〔七〕。」」（前節同於大戴禮記曾子疾病。後節見於漢劉向説苑敬慎，亦見於宋薛據孔子集語曾子。此爲晉楚第十一章）

【校注】

〔一〕此節文字與大戴禮記曾子疾病同，校注請參看前書曾子十篇曾子疾病第九。

〔二〕此二句，汪文川本作「曾元抱首，曾華持足」。

〔三〕「盡」，汪文川本作「蓋」。

〔四〕「曾」，汪文川本作「增」。「曾」通「增」。

〔五〕「靨穴」，汪文川本作「穿穴」。「靨」音「爵」。「靨穴」，猶「掘穴」。

〔六〕此節文字與漢劉向説苑同，而宋薛據孔子集語無「詩曰靡不有初，鮮克有終」句。「宦成」，謂登上顯貴之位。陳桐生曾子譯曰：「當官的人往往會在官宦有所成就之時懈怠，病情往往會在有所好轉之後加重，災禍往往會在鬆懈怠惰的時候發生，孝心往往會在有了妻子之愛之後衰減。」

〔七〕此句出自詩大雅蕩。意謂：凡事無不有初始，但較少能堅持到最終。

外篇　守業第十　凡十六章

守業原標目十五章，實爲十六章。全部録自大戴禮記曾子立事，内容涉及修身、學習、爲善、慎行、待人接物等方面。此處只保留原文，校注請參看前書曾子十篇曾子立事第一。文字與曾子十篇曾子立事有異者，出校標示。

曾子曰〔一〕：「君子攻其惡，求其過，彊其所不能，去私欲，從事於義，可謂學矣。」（此爲守業第一章）

【校注】

〔一〕「曾子曰」，大戴禮記曾子立事只有首章有此三字，以下各章的「曾子曰」，皆爲曾子全書編輯者汪晫所加。

曾子曰：「君子愛日以學，及時以行，難者弗辟，易者弗從，唯義所在，日旦就業，夕而自省思，以歿其身，亦可謂守業矣。」（此爲守業第二章）

曾子曰：「君子學〔一〕必由其業，問必以其序。問而不決，承間〔二〕觀色而復之，雖不悦，亦不彊争也。君子既學之，患其不博也；既博之，患其不習也；既習之，患其無知也；既知之，患其不能行也；既能行之，貴其能讓也。君子之學，致此五者

而已矣。」(此爲守業第三章)

【校注】

〔一〕「學」字,汪文川本無。

〔二〕「問」字,汪文川本作「問」。

曾子曰:「君子博學而孱守之,微言而篤行之。行必先人,言必後人,君子終身守此悒悒也。」(此爲守業第四章)

曾子曰:「行無求數有名,事無求數有成;身言之,後人揚之;身行之,後人秉之,君子終身守此憚憚也〔一〕。」(此爲守業第五章)

【校注】

〔一〕「也」,大戴禮記曾子立事無此字。

曾子曰:「君子不絶小〔一〕,不殄微也,行自微也不微人,人知之則願也,人不知苟吾自知也,君子終身守此勿勿也。」(此爲守業第六章)

【校注】

〔一〕「小」後，汪文川本衍「人」字。

曾子曰：「君子禍之爲患，辱之爲畏，見善恐不得與焉，見不善恐其及己也，是故君子疑以終身。君子見利思辱，見惡思詬，嗜欲思耻，忿怒思患，君子終身守此戰戰也。」（此爲守業第七章）

曾子曰：「君子慮勝氣，思而後動，論而後行，行之〔一〕必思言之，言之必思復之，思復之必思無悔言，亦可謂慎矣。人信其言，從之以行；人信其行，從之以復；復宜其類，類宜其年，亦可謂内外〔二〕合矣。君子疑則不言，未〔三〕問則不言，兩問則不行其難者。君子患難除之，財色遠之，流言滅之。禍之所由生，自孅孅也，是故君子夙絶之。」（此爲守業第八章）

【校注】

〔一〕「之」，大戴禮記曾子立事無此字。

〔二〕「内外」，大戴禮記曾子立事作「外内」。

〔三〕「未」，汪文川本誤作「夫」。

援人。

曾子曰：「君子己善，亦樂人之善也；己能，亦樂人之能也；己雖不能，亦不以援人。君子好人之爲善，而弗趣也；惡人之爲不善，而弗〔一〕疾也。疾其過而不補也，飾其美而不伐也，伐則不益，補則不改矣。」（此爲守業第九章）

【校注】

〔一〕「弗」字，汪文川本誤作「復」。

曾子曰：「君子不先〔一〕人以惡，不疑人以不信，不說人之過，成人之美，存往者，在來者，朝有過夕改則與之，夕有過朝改則與之〔二〕。君子義則有常，善則有隣〔三〕。見其一，冀其二；見其小，冀其大；苟有德焉，亦不求盈於人也。」（此爲守業第十章）

【校注】

〔一〕「先」字，汪文川本作「逆」。

〔二〕「之」字，汪文川本作「也」。

〔三〕「隣」字，汪文川本誤作「憐」。

曾子曰：「君子不絶人之懽〔一〕，不盡人之禮。來者不豫，往者不慎也；去之不謗，就之不賂，亦可謂忠矣。君子恭而不難，安而不舒，遜而不諂，寬而不縱，惠而不儉，直而不徑，亦可謂無私矣〔二〕。」（此爲守業第十一章）

【校注】

〔一〕「懽」，大戴禮記曾子立事作「歡」。「懽」同「歡」。

〔二〕此句，大戴禮記曾子立事作「亦可謂知矣」。四部叢刊本大戴禮記於句後注曰：「『知』，一作『無私』。」

曾子曰：「君子入人之國，不稱其諱，不犯其禁，不服華色之服，不稱懼惕之言。故曰：與其奢也，寧儉；與其倨〔一〕也，寧句；可言而不信，寧無言也。」（此爲守業第十二章）

【校注】

〔一〕「倨」，汪文川本作「居」。「居」通「倨」，傲慢。

曾子曰：「君子終日言，不在尤之中；小人一言，終身爲罪。君子亂言而弗殖，神言而弗致也，道遠日益云。衆信弗主，靈言弗與，人言不信不和。」（此爲守業第十三章）

曾子曰：「君子不倡〔一〕流言，不折辭，不陳人以其所能。言必有主，行必有法，親人必有方。多知而無親，博學而無方，好多而無定者，君子弗與也。」（此爲守業第十四章）

【校注】

〔一〕「倡」，大戴禮記曾子立事作「唱」。「唱」通「倡」。

曾子曰：「君子多知而擇焉，博學而算焉，多言而慎焉。博學而無行，進給而不讓，好直而儉，徑而好塞者〔一〕，君子不與也。夸〔二〕而無恥，彊而無憚，好勇而忍人者，君子不與也。亟達而無守，好名而無體，忿怒而無惡〔三〕，足恭而口聖，而無常位者，君子弗與也。巧言令色，能小行而篤，難爲〔四〕仁矣。嗜沽酒〔五〕，好謳歌，巷遊而鄉居者乎！吾無望焉耳。出入不時，言語不序，安易而樂暴，懼之而不恐，説之而不聽，雖有聖人，亦無若何矣。臨事而不敬，居喪而不哀，祭祀〔六〕而不畏，朝廷而不恭，則吾無由知之矣。三十、四十之間而無藝，即無藝矣；五十而不以善聞，則不聞矣〔七〕；七十而無德〔八〕，雖有微過，亦可以勉矣。其少不諷誦，其壯不議論，其老不教誨，亦可謂無業之人矣。少稱不悌焉，恥也；壯稱不德〔九〕焉，辱也；老稱無禮焉，罪也。過而不能改，倦也；行而不能遂，恥也；慕善人而不能〔一〇〕與焉，辱也；弗知而不問焉，固也；説而不能，窮也；喜怒異慮，惑也；不能行而言之，誣也；非其事而居之，矯也；道言而飾其辭，虚也；無益而厚受禄，竊也；好道煩言，亂也；殺人而不戚焉，賊也。人言不善而不違，近於説其言；説其言，殆於以身近之也；殆於〔一一〕以身近之，殆於身之矣。人言善而色葸焉，近於不説其言；不説其言，殆於以身近之也；殆於以身近之，殆於身之矣。故目者，心之浮也；言者，行之指也〔一二〕；作於中則播於外也。故曰：以其見者占其隱者。故曰〔一三〕：聽其言也，可以知其所好矣。觀説之流，可以知其術矣。久而復之，可以知其信〔一四〕矣。觀其所愛親，可以知其人〔一五〕矣。臨懼之而觀其不恐也，怒之而觀其不惛也，喜之而觀其不誣〔一六〕也，近諸色而觀其不踰也，飲食之而觀其有常也，利之而觀其能讓也，居哀而觀其〔一七〕貞也，居約而觀其不營也，動勞之而觀其不擾人〔一八〕也。」（此爲守業第十五章）

【校注】

〔一〕此二句，大戴禮記曾子立事作「好直而徑，儉而好塞者」，是。漢魏叢書本、雅雨堂藏書本、四庫全書本、四部叢刊本、叢書集成本大戴禮記皆作「好直而徑，儉而好塞者」，汪文川本作「好直而徑，儉而好侄者」。

〔二〕「夸」，汪文川本作「奢」。

〔三〕「無惡」，四庫全書本、叢書集成本大戴禮記同，漢魏叢書本、雅雨堂藏書本、四部叢刊本大戴禮記作「爲惡」。王聘珍大戴禮記解詁作「爲惡」，解曰：「爲，作也。因忿怒而作惡也。」黄懷信大戴禮記彙校集注曰：「此屬君子所不與，則作『爲惡』爲是，若作『無惡』，則義相反矣。」

〔四〕「難爲」，大戴禮記曾子立事作「難於」。漢魏叢書本、雅雨堂藏書本、四庫全書本、四部叢刊本、叢書集成本皆作「難於」。此句，汪文川本作「巧言而無能，小行而篤，難爲仁矣」。

〔五〕「沽酒」，大戴禮記曾子立事作「酤酒」。「沽酒」與「酤酒」義同。

〔六〕「祭祀」，汪文川本作「祭祝」。

〔七〕「則不聞矣」一句，漢魏叢書本、四部叢刊本大戴禮記無；雅雨堂藏書本、四庫全書本、叢書集成本等據宋本補「則無聞矣」一句。

〔八〕「無德」，汪文川本作「無得」。

〔九〕「不德」，汪文川本同，大戴禮記曾子立事作「無德」，漢魏叢書本、雅雨堂藏書本、四庫全書本、四部叢刊本、叢書集成本亦作「無德」。

〔一〇〕「能」，大戴禮記曾子立事無此字，漢魏叢書本、雅雨堂藏書本、四庫全書本、四部叢刊本、叢書集成本亦無此字。

〔一一〕「於」字，汪文川本無。

〔一二〕此二句，汪文川本作「故身者，心之浮也；言者，行之止也」。

〔一三〕「曰」字，汪文川本無。

〔一四〕「信」，汪文川本作「術」。

〔一五〕「人」，汪文川本誤作「久」。

〔一六〕「不誣」，汪文川本誤作「有誣」。

〔一七〕「其」，漢魏叢書本、四部叢刊本大戴禮記無此字；雅雨堂藏書本、四庫全書本、叢書集成本有此字。

〔一八〕「人」字，汪文川本無。

曾子曰：「君子之於不善也，身勿爲能也，色勿爲不可能也；色〔一〕勿爲可能也，心思勿爲不可能也。太上樂善，其次安之，其下亦能自彊。仁者樂道，知者利道，愚者從，弱者畏。不愚不弱，執誣以彊，亦可謂棄民矣。太上不生惡，其次而能夙絕之也，其下復而能改也。復而不改，殞身覆家，大者傾覆社稷。是故君子出言以鄂鄂，行身以戰戰，亦殆免於罪矣。是故君子爲小猶〔二〕爲大也，居猶仕也，備則未爲備也，而勿慮存焉。事父可以事君，事兄可以事師長；使子猶使臣也，使弟猶使承嗣〔三〕也；能取朋友者，亦能取所予從政者矣。賜與其宮室，亦猶慶賞於國也；忿怒其臣妾，亦猶用刑罰〔四〕於萬民也。是故爲善必自內始也。內人怨之，雖外人亦不能立也。居上位而不淫，臨事而栗者〔五〕，鮮不濟矣。先憂事者後樂事，先樂事者後憂事。昔者天子日旦思其四海之內，戰戰唯恐不能乂；諸侯日旦思其四封之内，戰戰唯恐失損之〔六〕；大夫士日旦思其官，戰戰唯恐不能勝；庶人日旦思其事，戰戰唯恐刑罰之至也。是故臨事而栗者，鮮不濟矣。君子之於子也，愛而勿面也，使而勿貌也，導〔七〕之以道而勿彊也。宫中雍雍，外焉〔八〕肅肅，兄弟憘憘，朋友切切，遠者以貌，近者以情。友以立其所能，而遠其所不能，苟無失其所守，亦可與終身矣。」（此爲守業第十六章）

【校注】

〔一〕「色」後，大戴禮記曾子立事有「也」字。漢魏叢書本、雅雨堂藏書本、四庫全書本、四部叢刊本、叢書集成本皆有「也」字。此句，汪文川本作「色勿爲不可能也，心思勿爲不可能也」。

〔二〕「猶」及下句之「猶」字，大戴禮記曾子立事作「由」。漢魏叢書本、雅雨堂藏書本、四庫全書本、四部叢刊本、叢書集成本皆作「由」。「由」通「猶」。下句之「猶」字，汪文川本誤作「内」。

〔三〕「承嗣」，汪文川本誤作「臣嗣」。

〔四〕「刑罰」，汪文川本誤作「刑伐」。

〔五〕「者」字，汪文川本無。

〔六〕此節文字，汪文川本作「先憂事者後樂，先樂事者後憂。天子日旦思其四海之，戰戰唯恐不能久；諸侯日旦思其四封之内，戰戰唯恐失攢之」，脱文錯字較嚴重。

〔七〕「導」，汪文川本誤作「遵」。

〔八〕「焉」，汪文川本誤作「爲」。

外篇　三省第十一　凡十二章

三省十二章，録自論語、孟子、荀子、韓詩外傳、禮記、説苑、孔子家語等典籍中的曾子言行，内容主要涉及修身、立志、孝敬、重節操等方面。

曾子曰：「吾日三省〔一〕吾身：爲人謀而不忠乎？與朋友交而不信乎？傳不習乎〔二〕？」（見於論語學而。此爲三省第一章）

【校注】

〔一〕「三省」，朱熹論語集注：「曾子以此三者日省其身，有則改之，無則加勉，其自治誠切如此，可謂得爲學之本矣。」楊伯峻論語譯注：「『三』字有讀去聲的，其實不破讀也可以。『省』音醒，自我檢查，反省，内省。『三省』的『三』表示多次的意思。古代在有動作性的動詞上加數字，這數字一般表示動作頻率。而『三』『九』等字，又一般表示次數的多，不要著實地去看待。説詳汪中述學釋三九。這裏所反省的是三件事，和『三省』的『三』只是巧合。如果這『三』字是指以下三件事而言，依論語的句法便應該這樣説：『吾日省者三。』和憲問篇的『君子道者三』一樣。」

〔三〕此謂老師傳授的知識，自己還未曾復習嗎？

曾子有疾，召門弟子曰：「啓予足！啓予手〔一〕！詩云：『戰戰兢兢，如臨深淵，如履薄冰〔二〕。』而今而後，吾知免夫，小子〔三〕！」（見於論語泰伯。此爲三省第二章）

【校注】

〔一〕「啓」，鄭玄解曰：「啓，開也。曾子以爲受其身體于父母，不敢毁傷之，故使弟子開衾而視之也。父母全而生之，亦當全而歸之。」（引自馬國翰輯論語古注論語鄭氏注）清劉寶楠論語正義解曰：「啓手足在既卒之後。曾子既預戒之，又引詩言，自道其平日致謹其身不敢毁傷之意，皆所以守身也。」李炳南論語講要解曰：「曾子病得很重，自料將要去世，便召他的門弟子來，囑咐弟子們啓視他的脚和手，表示他的身體未嘗毁傷，接之便引三句詩，説明他平時是那樣小心的保護身體。」

〔二〕此詩句出自詩經小雅小旻，表示謹慎小心之意。

〔三〕何晏注：「周生烈曰：『乃今日而後，我自知免於患難矣。小子，弟子也。呼者，欲使聽識其言也。』」楊伯峻論語譯注譯曰：「從今以後，我才曉得自己是可以免于禍害刑戮了！學生們！」孫欽善論語本解解曰：「從今以後，我才確知可以避免傷殘之害了！學生們啊！」

曾子曰：「士不可以不弘毅〔一〕，任重而道遠。仁以爲己任，不亦重乎？死而後已，不亦遠乎？」（見於論語泰伯。此爲三省第三章）

【校注】

〔一〕此謂讀書人不可以不志向遠大、意志堅毅。要求士弘毅，是因爲任重道遠。什麽樣的任最重呢？答曰「仁」。實踐仁是最重的，因爲仁者要「愛人」，要「泛愛衆」，要「立人」、「達人」，而「愛人」、「泛愛衆」、「立人」、「達人」不能只停留在口頭上，而是要躬行實踐之。「愛人」「愛衆」要有行動，如救民衆於水火，爲民衆謀幸福，爲社會圖安定、圖發展等，責任重大，若没有弘大的志向則根本談不上踐行「仁」。而且實踐「仁」是終生的事，一輩子的事，十分久遠，缺乏堅强的毅力是堅持不到「死而後已」的。

子夏過曾子，曾子曰：「入，食。」子夏曰：「不爲公費〔一〕乎？」曾子曰：「君子有三費，飲食不在其中。君子有三樂，鐘磬琴瑟不在其中。有親可畏，有婦可歸〔二〕，有子可遺〔三〕，此一樂也；有親可諫，有婦可去，有子可怒，此二樂也；有君可諭，有友可助，此三樂也。少而學，老而忘，此一費也；事君有功而輕負〔四〕之，此二費也；久交而中絶之，此三費也〔五〕。」（見於韓詩外傳卷九第二十五章。此爲三省第四章）

【校注】

〔一〕「費」，耗費，糜費。

〔二〕「歸」，嫁娶。

〔三〕「遺」，遺留，遺續。

〔四〕「負」，依恃。謂自恃有功。

〔五〕陳桐生曾子譯文：「子夏拜訪曾子。曾子說：『請進來吃飯吧！』子夏說：『這不是讓您破費嗎？』曾子說：『君子有三種破費情形，而飲食不在其中。君子有三種歡樂，而鐘磬琴瑟不在其中。有父母可以敬畏，有妻子可以來嫁，有兒子可以留下，這是一樂；有父母可以勸諫，有妻子可以休棄，有兒子可以對其發怒，這是二樂；有君主可以諷喻，有朋友可以幫助，這是三樂。少年學習，到老年忘記，這是一種破費；侍奉君主有功而輕易地背棄，這是第二種破費；與朋友長期交往而一日中絶，這是第三種破費。』」

曾子謂子襄〔一〕曰：「子好勇乎？吾嘗聞大勇於夫子矣：自反而不縮，雖褐寬博，吾不惴焉；自反而縮，雖千萬人，吾往矣〔二〕。」（見於孟子公孫丑上。此爲三省第五章）

【校注】

〔一〕「子襄」，曾子弟子。

〔二〕趙岐注：「夫子，謂孔子也。縮，義也。惴，懼也。詩云：『惴惴其慄。』曾子謂子襄，言孔子告我大勇之道，人加惡於己，己内自省，有不義不直之心，雖敵人被褐寬博一夫，不當輕，驚懼之也。自省有義，雖敵家千萬人，我直往突之，言義之强也。」楊伯峻孟子譯注注曰：「縮——禮記檀弓：『古者冠縮縫，今也横縫。』孔穎達正義云：『縮，直也。』按檀弓以『縮』『横』對言，爲『横直』之『直』；此則爲『曲直』之『直』，義得相通。」譯曰：「反躬自問，正義不在我，對方縱是卑賤的人，我不去恐嚇他；反躬自問，正義確在我，對方縱是千軍萬馬，我也勇往直前。」

仲尼曰：「博而不學，其貌，其德敦，其言於人也無所不信〔一〕，其驕夫人也常以浩浩，是以眉壽〔二〕。是曾參之行也。夫孝，德之始也；悌，德之序也；信，德之厚也；忠，德之正也。參中夫四德者也，以此稱之。」（見於大戴禮記衛將軍文子。此爲三省第六章）

【校注】

〔一〕此句，四部叢刊本大戴禮記作「不學其貌，竟其德，敦其言，於人也無所不信」。王念孫曰：「不學其貌，竟其德，敦其言，於人也無所不信，孔以『不學其貌』爲句，釋曰：不貌爲君子；『竟其德』爲句，『敦其言』爲句，釋曰：竟，盡也。敦，厚也。按不學其貌、竟其德，皆義不可通。孔曲爲之説，非也。『不學』上有『博無』二字，而今本脱之。『博無不學』爲句，言其學之博，無所不學也。曾子立事篇曰：『君子即學之，患其不博也。』又天圓一篇，所言皆博學之事。然則曾子未嘗不博學也。『竟』當爲『恭』字之誤也。『其貌恭』爲句，『其德敦』爲句，『其言』下屬爲義。此依家語訂正。」

〔二〕此句，四部叢刊本大戴禮記作「其橋大人也常以皓皓，是以眉壽」。盧辯注曰：「橋，高也，高大之人也。皓皓，虚曠，無長生久視之意，是長生久視之術。」孔廣森補注：「『橋』字蓋誤。大人，父母之稱也。言曾子能養志，常使皓皓，無所憂怒，不損其性，以壽父母，故下文稱其孝也。」黃懷信大戴禮記彙校集注按曰：「『橋』疑當作『嬌』。嬌即今所謂撒嬌。嬌大人，謂在大人面前撒嬌，即所謂説大人。皓皓，明潔之貌。言曾子常以明潔之貌在父母面前撒嬌，以愉悦父母心態，正所謂孝行也，故父母得以長壽。」「眉壽」，長壽。

曾子曰：「同遊而不見愛者，吾必不仁也；交而不見敬者，吾必不長〔一〕也；臨財而不見信者，吾必不信也。三者在身曷怨人！怨人者窮，怨天者無識〔二〕。失諸己而反諸人，豈不亦迂哉〔三〕！」（見於荀子法行。此爲三省第七章）

【校注】

〔一〕「長」，音「掌」，長厚。不長，即不恭謹寬厚。不恭謹寬厚，故不被人尊敬。

〔二〕「窮」與「無識」義近，皆指窮乏無識見或無識量。

〔三〕此謂，過失在己卻責怨別人，豈不是太迂腐了嗎！

曾子後母遇之無恩〔一〕，而供養不衰。及其妻以蒸梨〔二〕不熟，因出之。人曰：「非七出〔三〕也。」曾子曰：「蒸梨小物爾，吾欲使熟，而不用吾命，況大事乎？」遂出之，終身不再娶〔四〕。其子元請焉，告其子曰：「高宗以後妻殺孝己〔五〕，尹吉甫以後妻放伯奇〔六〕。吾上不及高宗，中不比尹吉甫，庸知其得免於非乎〔七〕？」（見於孔子家語七十二弟子解。此爲三省第八章）

【校注】

〔一〕「遇之無恩」，謂對待自己没有恩養之情。

〔二〕「蒸梨」以及下文「蒸梨」，汪文川本作「梨蒸」。

〔三〕「七出」，古代社會丈夫休妻的七種條款：一、無子；二、淫泆；三、不事公婆；四、口舌；五、盜竊；六、妬忌；七、惡疾。

〔四〕「再娶」，汪文川本作「取妻」。

〔五〕「高宗」，即殷高宗武丁。「孝己」，高宗之子，因遭後母讒言，被高宗放逐，憂苦而死。

〔六〕「尹吉甫」，周宣王時賢臣。「伯奇」，尹吉甫之子，因遭後母讒言，被父放逐於野。

〔七〕「庸」，豈，難道。此句謂，豈知能避免不做錯事呢？

曾子曰：「響不辭聲，鑑不辭形，君子正一而萬物皆成〔一〕。夫行非爲影也，而影隨之；呼非爲響也，而響和之，故君子功先成，而名隨之〔二〕。」（見於説苑雜言。此爲三省第九章）

【校注】

〔一〕「響」，回聲。「鑑」，鏡子。「一」，指萬物之道，即萬物發展所遵循的根本規律。

〔二〕此論功先成而名乃就的道理。强調人嚴於律己的表率作用和默默無聞的實幹精神，做出成就，自然留得美名。

曾子曰：「君子有三言，可貫而佩之〔一〕：一曰無内疎而外親〔二〕，二曰内身不善而怨他人，三曰患至而後呼天。」（見於韓詩外傳卷二第九章。此爲三省第十章）

【校注】

〔一〕「貫」，熟習。「佩」，銘記。「貫而佩之」，意爲「習而記之」。

〔二〕此謂不要疏遠家人而只顧親近外人。

曾子寢疾〔一〕，病〔二〕。樂正子春〔三〕坐於牀下，曾元、曾申〔四〕坐於足，童子隅坐〔五〕而執燭。童子曰：「華而睆，大夫之簀與〔六〕？」子春曰：「止〔七〕！」曾子聞之，瞿然〔八〕曰：「呼！」曰：「華而睆，大夫之簀與？」曾子曰：「然，斯季孫〔九〕之賜也。我未之能易也。元，起易簀。」曾元曰：「夫子之病革〔一〇〕矣，不可以變，幸〔一一〕而至於旦，請敬易之。」曾子曰：「爾之愛我也不如彼〔一二〕，君子之愛人也以德，細人之愛人也以姑息〔一三〕。吾何求哉？吾得正而斃焉，斯已矣〔一四〕！」舉扶而易之，反席未安而歿〔一五〕。（見於禮記檀弓上。此爲三省第十一章）

【校注】

〔一〕「寢疾」，卧病。

〔二〕「病」，輕者爲疾，重者爲病，此指病重。

〔三〕「樂正子春」，曾參弟子。

〔四〕「曾元、曾申」，曾參之子。「曾申」，汪文川本誤作「曾由」。

〔五〕鄭玄注：「隅坐，不與成人並。」

〔六〕「華而睆」，華麗而光亮。「簀」，音「責」，竹席。

〔七〕「止」，急令童子住口，停止説這種容易讓曾子忌諱的話。

〔八〕「瞿然」，驚視貌，即猛地睁大眼睛。

〔九〕「季孫」，即季平子，名季孫意如，魯國大夫，長期執掌國政。

〔一〇〕「革」，音義同「急」，指病情危急。

〔一一〕「幸」，希望。

〔一二〕「彼」，指童子。

〔一三〕「細人」，小人。「姑息」，無原則的寬容。

〔一四〕此謂，我現在還有什麼要求呢？我只求能够合乎正禮地死去，如此而已。

〔一五〕鄭玄注：「言病雖困，猶勤於禮。」

齊大饑，黔敖爲食於路〔一〕，以待餓者而食之。有餓者蒙袂輯屨貿貿然來〔二〕，黔敖左奉食，右執飲，曰：「嗟！來食〔三〕。」揚其目而視之，曰：「予唯不食嗟來之食，以至於斯也。」從而謝焉，終不食而死〔四〕。曾子聞之曰：「微與〔五〕？其嗟也可去，其謝也可食。」（見於禮記檀弓下。此爲三省第十二章）

【校注】

〔一〕「黔敖」，人名。「爲食於路」，在路邊做飯。

〔二〕鄭玄注：「蒙袂，不欲見人也。輯，斂也。斂屨，力憊不能屨也。貿貿，目不明之貌。」王文錦禮記譯解：「有位饑民衣袖遮面，趿拉着鞋，無精打采地走了過來。」

〔三〕「嗟」，音「結」，表示招呼。「來食」，呼對方來食，含有對人不尊重的意思，後以「嗟來之食」指侮辱性的施捨。

〔四〕鄭玄注：「從猶就也。」孔穎達疏：「黔敖從逐其後，辭謝焉，餓者終不食而死。」王夢鷗禮記今注今譯：「黔敖聽了連忙道歉；但他還是不肯吃，因而餓死了。」釋「謝」爲「道歉」爲好。

〔五〕「微與」，鄭玄注：「微猶無也。無與，止其狂狷之辭。」孔穎達疏：「微，無也；與，語助。言餓者無得如是與。初時無禮之嗟也，可怒之而去。其終有禮之謝也，可反回而食。曾子嫌其狂狷，故爲此辭。」

外篇　忠恕第十二　凡十四章

忠恕十四章，録自論語、説苑、荀子、孔叢子、孔子家語等書，内容有曾子對孔子思想的理解，有孔子對曾子等弟子的評價，多爲曾子有關修身、爲人處世、爲政等方面言行的記録。

仲尼曰：「參乎！吾道一以貫之〔一〕。」曾子曰：「唯。」仲尼出，門人問曰：「何謂也？」曾子曰：「夫子之道，忠恕〔二〕而已矣。」（見於論語里仁。此爲忠恕第一章）

【校注】

〔一〕「吾道一以貫之」，即我的處世之道以一種基本思想理念貫穿一切、貫通始終。

〔二〕「忠恕」，忠，盡心爲人；恕，推己及人。孔子所説的「己所不欲，勿施於人」，以及人們常説的「將心比心」，就是「恕」的貼切注脚。

曾子曰：「以能問於不能，以多問於寡，有若無，實若虚，犯而不校〔一〕，昔者吾友嘗從事於斯矣。」（見於論語泰伯。此爲忠恕第二章）

【校注】

〔一〕「犯而不校」，謂別人冒犯而不計較。魏何晏論語集解：「包曰：『校，報也。』」朱熹論語集注：「校，計較也。」楊伯峻論語譯注：「縱被欺侮，也不計較。」

仲尼曰：「柴也愚，參也魯，師也辟，由也喭[一]。」（見於論語先進。此爲忠恕第三章）

【校注】

〔一〕魏何晏論語集解：「愚，愚直之愚。孔曰：『魯，鈍也。曾子性遲鈍。』馬曰：『子張才過人，失在邪辟文過。』鄭曰：『子路之行，失於畔喭。』」魏王弼論語釋疑：「喭，剛猛也。」字彙：「喭，剛猛也，麤俗也。」這是孔子對四位弟子性格特點的評價：高柴（子羔）愚直，曾參（子輿）魯鈍，顓孫師（子張）偏僻，仲由（子路）粗魯剛猛。辟，偏僻，偏執，偏激。顓孫師，孔子認爲他偏僻，曾參也説「堂堂乎張也，難與並爲仁矣」，不好相處。喭，粗魯，魯莽。仲由性耿直好勇，孔子評論他「由也好勇過我」，「由也果（果敢）」，「子路行行（剛强）如也」，「由也兼人（勝過别人）」。這樣的性格，致使其常常言行魯莽，常有頂撞其師的情形，所以孔子評其「喭」。

曾子曰：「君子以文會友，以友輔仁[一]。」（見於論語顔淵。此爲忠恕第四章）

【校注】

〔一〕君子用文章學問來交會朋友，用朋友來輔助仁德的修養。

曾子曰：「君子思不出其位〔一〕。」（見於論語憲問。此爲忠恕第五章）

【校注】

〔一〕魏何晏論語集解：「孔曰：『不越其職。』」此謂，君子所思慮的不超出自己的職位，與孔子所説的「不在其位，不謀其政」意同。

曾子曰：「堂堂乎張也，難與並爲仁矣〔一〕！」（見於論語子張。此爲忠恕第六章）

【校注】

〔一〕子張儀表堂堂，盛氣凌人，難於接近，故言難以和他一同行仁。

曾子曰：「吾聞諸夫子：人未有自致者也，必也親喪乎〔一〕！」（見於論語子張。此爲忠恕第七章）

【校注】

〔一〕魏何晏論語集解：「馬曰：『言人雖未能自致盡於他事，至於親喪，必自致盡。』」宋邢昺論語注疏：「此章論人致誠之事也。諸，之也。曾子言：『我聞之夫子言，人雖未能自盡其誠於他事，至於親喪，必自致盡也。』」朱熹論語集注：「致，盡其極也。蓋人之真情所不能自已者。」楊伯峻論語譯注：「平常時候，人不可能來自動地充分發揮感情，〔如果有，〕一定在父母死亡的時候罷。」

曾子曰：「吾聞孟莊子〔一〕之孝也，其他可能也，其不改父之臣與父之政，是難能也〔二〕。」（見於論語子張。此爲忠恕第八章）

【校注】

〔一〕「孟莊子」，魯國大夫孟獻子仲孫蔑之子仲孫速。孟獻子死於魯襄公十九年，孟莊子死於二十三年，相距四年。

〔二〕魏何晏論語集解：「馬曰：『孟莊子，魯大夫仲孫速也。謂在諒陰之中，父臣及父政雖有不善者，不忍改也。』」宋邢昺論語注疏：「此章論魯大夫仲孫速之孝行也。言其他哭泣之哀，齊斬之情，饘粥之食，他人可能及之也。其在諒陰之中，父臣及父政雖有不善者，不忍改之也，是他人難能也。」

孟氏使陽膚爲士師〔一〕，問於曾子。曾子曰：「上失其道，民散久矣，如得其情，

則哀矜而勿喜〔二〕。」（見於論語子張。此爲忠恕第九章）

【校注】

〔一〕魏何晏論語集解：「包曰：『陽膚，曾子弟子。士師，典獄之官。』」

〔二〕魏何晏論語集解：「馬曰：『民之離散爲輕漂犯法，乃上之所爲，非民之過，當哀矜之，勿自喜能得其情。』」宋邢昺論語注疏：「言上失爲君之道，民人離散，爲輕易漂掠，犯於刑法，亦已久矣，乃上之失政所爲，非民之過。女若求得其情，當哀矜之，勿自喜也。」康有爲論語注：「民散，謂民心涣散，思背其上。情，實也。上未嘗養之教之，則民之犯罪，迫於不得已，或出於無知，非其天性然也。士師審訊，雖得情，宜哀矜其本出無辜，而勿喜也。」

曾子有疾，孟敬子問之〔一〕。曾子曰：「鳥之將死，必有悲聲〔二〕。君子集大辟〔三〕，必有順辭〔四〕。禮有三義，知之乎？」對曰：「不識也。」曾子曰：「坐，吾語女。君子修禮以立志，則貪慾之心不來；君子思禮以修身，則怠惰慢易之節不至；君子修禮以仁義，則忿争暴亂之辭遠〔五〕。君子之〔六〕所貴乎道者三：動容貌，斯遠暴慢矣；正顔色，斯近信矣；出辭氣，斯遠鄙倍矣〔七〕。若夫置罇俎，列籩豆，此有司之事也，君

子雖勿能，可也〔八〕。」（此章文字分别采自論語泰伯和説苑脩文。此爲忠恕第十章）

【校注】

〔一〕「孟敬子問之」，論語泰伯同，説苑脩文作「孟儀往問之」。何晏論語集注：「馬曰：『孟敬子，魯大夫仲孫捷。』」

〔二〕此語，説苑脩文同，論語泰伯作「鳥之將死，其鳴也哀；人之將死，其言也善」。

〔三〕「集」，至，到。「大辟」，死刑。

〔四〕「順辭」，遜順的言辭。

〔五〕自「君子集大辟」至此，説苑脩文同，論語泰伯無。

〔六〕「之」字，論語泰伯無。此至「斯遠鄙倍矣」幾句，論語泰伯有，説苑脩文無。

〔七〕何晏論語集解：「鄭曰：『此道謂禮也。動容貌，能濟濟蹌蹌，則人不敢暴慢之；正顔色，能矜莊嚴栗，則人不敢欺誕之；出辭氣，能順而説之，則無惡戾之言入於耳。』」動容貌，是注重容貌的莊敬嚴肅。容貌莊敬嚴肅，才會遠離别人的粗暴放肆、傲慢不敬。「正顔色」與「動容貌」義近，是説要端正顔色，態度莊重誠懇，不虚僞，這樣才會令人信任。辭氣，言辭聲調。史記魯仲連傳：「顔色不變，辭氣不悖。」出辭氣，意思是出言要有講究，比如説話要講究表達藝術，要注意合乎情理，這樣才能不讓人挑出毛病，指責爲鄙陋背理。

〔八〕「若夫」以下幾句，與説苑脩文同；論語泰伯作：「籩豆之事，則有司存。」邢昺疏：「籩豆，禮器也。言執籩豆行禮之事，則有所主者存焉。此乃事之小者，無用親之。」「罇俎」，酒食器皿，罇以盛酒，俎以置肉。「籩豆」，祭祀或宴會時常用的兩種禮器。竹製爲籩，木製爲豆。「有司」，官吏。古代設官分職，事各有專司，故稱有司。

公明宣〔一〕學於曾子，三年不讀書。曾子曰：「宣而居參之門，三年不學，何也？」公明宣曰：「安敢不學。宣見夫子之居宫庭，親在，叱咤之聲未嘗至於犬馬〔二〕，宣悦之，學而未能；宣見夫子之應賓客，恭儉〔三〕而不懈惰，宣悦之，學而未能；宣見夫子之居朝廷，嚴臨下〔四〕而不毀傷，宣悦之，學而未能。宣悦此三者，學而未能，安敢不學，而居夫子之門乎？」曾子避席謝之，曰：「參不及宣，其學而已。」

（見於説苑反質。此爲忠恕第十一章）

【校注】

〔一〕「公明宣」，曾子弟子，姓公明，名宣。

〔二〕「叱咤」，吆喝，呼唤。此句謂，父母親在時，十分敬順，和顔悦色，柔聲下氣，連吆喝狗馬時都不敢大聲。

〔三〕「恭儉」，恭謹謙遜。

〔四〕「嚴臨下」，嚴格對待下人。

曾子曰：「無内人之疎，無外人之親也〔一〕。無身不善而怨人，無刑已至而呼天。内人之疎而外人之親，不亦遠乎？身不善而怨人，不亦反乎〔二〕？刑已至而呼天，不亦晚乎？詩曰：『涓涓源水，不壅不塞。轂既破碎，乃大其輻。事已敗矣，乃重太息〔三〕。』其亡益乎？」（見於荀子法行。此爲忠恕第十二章）

【校注】

〔一〕此句，諸子集成本王先謙荀子集解作「無内人之疎而外人之親」。王先謙荀子集解曰：「無，禁辭也。内人之疏外人之親，謂以疏爲内，以親爲外。家語曰：『不比於親而比於疏者，不亦遠乎？』韓詩外傳作『無内疏而無外親也』。」

〔二〕王先謙荀子集解曰：「王念孫曰：『遠當爲反，反當爲遠。内人親而外人疏，今疏内而親外，是反也，故曰不亦反乎。身不善而怨人，是舍近而求遠也，故曰不亦遠乎。下文曰失之己而反諸人，豈不亦迂哉！迂即遠也，是其證。今本反與遠互誤，則非其旨矣。韓詩外傳正作「内疏而外親，不亦反乎？身不善而怨他人，不亦遠乎」。』」

〔三〕楊倞荀子注：「源水，水之泉源也。大其輻，謂壯大其輻也。重太息，嗟歎之甚也。三者皆言不慎其初，追悔無及也。」

仲尼晝息於室而鼓瑟焉〔一〕，閔子〔二〕自外聞之，以告曾子，曰：「鄉〔三〕也夫子之音，清澈〔四〕以和，淪入〔五〕至道；今也更爲幽沈〔六〕之聲，幽則利欲之所爲發，沈則貪得之所由〔七〕施，夫子何所感之若是乎？吾從子入而問焉。」曾子曰：「諾。」二子入問仲尼。曰〔八〕：「然，女言是也，吾有之，向見猫方取鼠，欲其得之，故爲之音也。女二人者孰識諸？」曾子曰：「是閔子。」仲尼〔九〕曰：「可與聽音矣。」曾子曰：「是其庭可以博鼠，惡能與我歌乎〔一〇〕？」（見於孔叢子記義。此爲忠恕第十三章）

【校注】

〔一〕此句，四部叢刊本孔叢子作「孔子晝息於室而鼓琴焉」。

〔二〕「閔子」，閔子騫，孔子弟子。

〔三〕「鄉」，從前。

〔四〕「清激」，四部叢刊本孔叢子作「清澈」。

〔五〕「淪入」，進入，達到。此謂達到音樂的最高境界。

〔六〕「幽沈」，幽隱低沉。

〔七〕「由」，四部叢刊本孔叢子作「爲」。

〔八〕上句「仲尼」，以及此句「曰」前，四部叢刊本孔叢子作「孔子」。

〔九〕「仲尼」，四部叢刊本孔叢子作「夫子」。

〔一〇〕「曾子曰」至此，四部叢刊本孔叢子無此句。此句見於荀子解蔽。「庭」當爲「莛」，草莖。「博」，通「搏」，捕捉。梁啓雄荀子簡釋曰：「高曰：『庭當作莛，蓋通用也。』説文：『莛，莖也。』按：莛即今俗所謂艸棍也。莛者，歌時可以持之以擊節，亦可用之搏鼠。今歌者視其莛可以搏鼠，心既别馳，必不能歌，故曰『惡能與我歌矣』。」

曾子從仲尼於齊〔一〕，齊景公以下卿〔二〕之禮聘曾子，曾子固辭。將行，晏子送之，曰：「吾聞之，君子遺〔三〕人以財，不若善言。今夫蘭之本三年〔四〕，湛之以鹿醢〔五〕，既成，噉〔六〕之，則易之匹馬。非蘭之本〔七〕美也，所以湛之者美矣。願子詳所湛。既得所湛，亦求所湛〔八〕。夫君子居必擇處，遊必擇方，仕必擇君。擇君所以求仕，擇方所以修道。吾聞反常移性者欲也，故不可不慎也〔九〕。仲尼聞之，曰：「晏子之言，君子哉！依賢者固不困，依有者固不窮焉〔一〇〕。蚿〔一一〕斬足而復行，何也？以其輔之者衆。」仲尼曰：「以富貴下人〔一二〕，何人不尊？以富貴而愛人，何人不親？衆言不逆〔一三〕，可謂知言矣；言而衆嚮之，可謂知時矣。」（見於孔子家語六本。此爲忠恕第十四章）

【校注】

〔一〕此句，四部叢刊本孔子家語作「曾子從孔子之齊」。下文的「仲尼」，四部叢刊本孔子家語皆作「孔子」。

〔二〕「下卿」，官名。卿分上卿、中卿、下卿。

〔三〕「遺」，音「衛」，贈送。

〔四〕「之」字，四部叢刊本孔子家語無。「蘭之本三年」，謂生長三年的蘭草根。

〔五〕「湛」，音「堅」，浸漬，浸泡。「漉醢」，當爲「鹿醢」，鹿肉製成的醬。「醢」，音「海」。四部叢刊本孔子家語作「鹿酭」。

〔六〕「噉」，音「澹」，吃。下句「易之匹馬」，謂可以用來交換馬匹。

〔七〕「本」後，四部叢刊本孔子家語有「性」字。

〔八〕「既得所湛，亦求所湛」八字，四部叢刊本孔子家語無。

〔九〕此句，四部叢刊本孔子家語作「遷風移俗者嗜欲移性，可不慎乎」。「不可不慎也」，汪文川本作「可不信乎」。

〔一〇〕此句，四部叢刊本孔子家語作「依富者固不窮」，無「焉」字。「焉」字當爲「馬」字之誤，四部叢刊本孔子家語下句作「馬蚿斬足而復行」。

〔一一〕「蚿」，音「賢」，馬蚿，又稱馬陸、馬蚰、百足，節肢動物，體圓長，背面有黄黑相間的環紋。棲息在陰濕的地方，觸之則蜷曲如環，並放出臭味。晝伏夜出，食草根或腐敗的植物。

〔一二〕「以」，汪文川本作「與」。「富貴」後，四部叢刊本孔子家語有「而」字。「下人」，以謙恭態度待人。

〔一三〕「衆言不逆」，汪文川本作「言言口送」。「衆言」，四部叢刊本孔子家語作「發言」。王國軒孔子家語從「發言」，譯文曰：「孔子説：『身處富貴而待人謙恭，誰會不尊敬你呢？身處富貴而和人友愛，誰會不親近你呢？説出話没人反對，可以説懂得該説什麽話；説話時衆人都擁護，可以説知道説話的時機。』」

曾子補遺

王永輝輯

所謂補遺，是對曾子十篇、曾子全書未收的曾子言行事跡材料進行輯補。某些段落，内容上雖與前二書稍同，但文字上有較大差異者，從備存一説考慮，亦予收録。采收經、子、史部等文獻。所收曾子材料，慎重擇取，僞贋怪誕材料捨棄不録。

經部采收論語、大戴禮記、禮記、韓詩外傳等；子部采收晏子春秋、荀子、孔叢子、孔子家語、鹽鐵論、中論、莊子、韓非子、吕氏春秋、淮南子、尸子、金樓子、顔氏家訓、白虎通、論衡、琴操、世説新語等；史部采收戰國策、史記、漢書、後漢書、列女傳、孝子傳等。

經部書，論語、禮記以十三經注疏本爲底本，大戴禮記、韓詩外傳以四部叢刊爲底本。子部書，凡四部叢刊收録者，皆以四部叢刊爲底本；凡四部叢刊未收録者，選擇其他善本作底本。史部書，史記、漢書、後漢書以中華書局二十四史點校本爲底本，其餘基本依據四部叢刊本。

經部

論語

漢書藝文志曰：「論語者，孔子應答弟子、時人及其弟子相與言而接聞於夫子之語也。當時弟子各有所記，夫子既卒，門人相於輯而論纂，故謂之論語。」概括言之，論語就是編撰在一起的孔子應答弟子、時人以及弟子們之間的話語。漢代，論語主要有三種傳本，即古論（孔壁古文論語）、齊論（齊人傳本）、魯論（魯人傳本）。三論篇章文字各異，爲消除差異，安昌侯張禹以魯論爲本，兼采齊論等，編成定本，後人稱之爲張侯論。此本一出，頗得盛譽，世代流傳，而它本漸廢。

曾子曰：「慎終追遠〔一〕，民德歸厚矣。」（學而）

【校注】

〔一〕「終」，死，指父母之喪。「遠」，遠祖。曾子説：「敬慎地對待父母的喪事，追念祭祀遠代祖先，民衆的道德就會趨向敦厚。」

曾子有疾，孟敬子〔一〕問之。曾子言曰：「鳥之將死，其鳴也哀；人之將死，其言也善〔二〕。」（泰伯）

【校注】

〔一〕孟敬子，魯大夫仲孫捷。

〔二〕曾子説道：「鳥在快要死的時候，它的叫聲哀凄；人在快要死的時候，他的言辭良善。」

曾子曰：「可以託六尺之孤，可以寄百里之命〔一〕，臨大節而不可奪也。君子人與？君子人也。」（泰伯）

【校注】

〔一〕「六尺之孤」，幼年孤兒，此指幼主。古代尺短，六尺約合一百三十八釐米，一般指十五歲以下少年兒童。「百里」，方圓百里之地，指諸侯大國。此語是説：可以把幼年孤主託付給他，可以把國家的命運寄託給他，面臨生死存亡之重要關頭而志不可奪，這算是君子一類的人吧？是君子一類的人。

大戴禮記

大戴禮記，漢戴德選編。戴德字延君，梁（今河南開封）人。元帝時官信都太傅。戴德與其侄戴聖同爲禮學名家，世稱大戴、小戴。戴德大戴禮記、戴聖小戴禮記（即禮記）都是秦漢時期的禮學文獻彙編。大戴禮記選收八十五篇，至唐佚失四十六篇，今存三十九篇。戴聖禮記選收四十九篇，不缺。大戴禮記、小戴禮記保存曾子材料豐富，以上曾子十篇、曾子全書采收之後，尚有遺漏，兹輯録於下。

以下文字，除最後一節録自大戴禮記衛將軍文子篇外，其餘全部録自大戴禮記主言篇。主言篇諸節内容，多爲孔子與曾參師徒關於明主之道、明王德政問題的問答對話記録。衛將軍文子篇一節，是孔子對曾參孝道等德行的描述評價。

孔子閒〔一〕居，曾子侍。孔子曰：「參！今之君子，惟士與大夫之言之間〔二〕也。其至於君子之言者，甚希〔三〕矣。於乎！吾主言〔四〕其不出而死乎？哀哉！」

（主言）

【校注】

〔一〕「間」，諸本作「閒」。「間」，「閒」的俗字。「閒」通「閑」，閑暇。

〔二〕「間」，黄懷信大戴禮記彙校集注曰：「間，諸舊本作『閒』，孔廣森從楊簡先聖大訓改『聞』，戴禮本從。戴震曰：『閒，古閑切。劉本、朱本、沈本作聞。據下文云吾王言，葢對今之君子所言，不出士大夫之言之閒。今從袁本、程本、高安本、方本。』……懷信按：『閒』當是『聞』字之譌。……此言惟士與大夫之言是聞，而不聞君子之言也。……此『君子』，謂君主、國君。下『之』同『是』，于(鬯)説是。言今之國君只能聽到普通士人與大夫之言。」當從「聞」字説。

〔三〕「希」，同「稀」，少。很少聽到君子之言。

〔四〕「主言」，楊簡先聖大訓作「主言」，王聘珍大戴禮記解詁從之。戴震大戴禮記校定本、孔廣森大戴禮記補注、汪中大戴禮記正誤、汪照大戴禮記注補、戴禮大戴禮記集注等認爲當是「王言」。戴震曰：「『王』字篇内共十九見，曰『王言』者二，曰『明王』者十六，曰『霸王』者一。程本、朱本、沈本並譌作『主』，劉本、袁本、高安本『昔者明王必盡知天下良士之名』此一處未譌，今據以訂正。」汪照曰：「王言，據家語，孔子言王者之道也。」戴禮曰：「王言，王道之言也。」黄懷信大戴禮記彙校集注曰：「主，諸舊本同，楊簡大訓本亦同，戴校改『王』，除王聘珍外各家皆從。篇内諸『主』同。懷信按：舊本不誤。主，君也。主言，爲君之言，即前所謂『君子之言』。孔子之時，除周天子外，國君惟楚君稱王，春秋損之爲『子』，豈能又自呼其爲王言乎？故此不作『王言』可知，戴校非。」

曾子起曰：「敢問何謂主言？」孔子不應。曾子懼，肅然摳衣下席，曰：「弟子知其不孫〔一〕也。得夫子之間〔二〕也難，是以敢問也。」孔子不應。曾子懼，退負序〔三〕而立。」（主言）

【校注】

〔一〕「孫」，通「遜」。

〔二〕「間」，同「閒」，閒暇。

〔三〕「負序」，背靠着牆。「序」，隔開正堂東西夾室的牆。

孔子曰：「參！女可語明主之道與？」曾子曰：「不敢以爲足也。得夫子之間也難，是以敢問。」

孔子曰：「吾語女〔一〕。道者所以明德也，德者所以尊道也，是故非德不尊，非道不明。雖有國焉〔二〕，不教不服，不可以取千里。雖有博地衆民，不以其地〔三〕治之，不可以霸主。是故昔者明主内脩七教，外行三至〔四〕。七教脩焉，可以守；三至行焉，可以征。七教不脩，雖守不固；三至不行，雖征不服。是故明主之守也，必折衝〔五〕乎千里之外；其征也，衽席之上還師〔六〕。是故内修七教而上不勞，外行三至而財不費，此之謂明主之道也。」（主言）

【校注】

〔一〕「吾語女」之上，楊簡先聖大訓有「居」字，戴震大戴禮記校定本、孔廣森大戴禮記補注以及孔子家語皆有「居」字。「居」，坐。

〔二〕「焉」，誤，當爲「馬」。「國馬」，良馬。于鬯大戴禮記校曰：「此國馬即良馬之別稱，故下文云『不教不服，不可以取千里』，是實指千里之馬而言也。」黄懷信大戴禮記彙校集注按曰：「馬之稱國馬，猶士之稱國士，謂足冠全國，于氏説是。」

〔三〕「其地」，楊簡先聖大訓作「其道」，孔廣森大戴禮記補注曰：「道，宋本譌作『地』，沈本譌作『施』。」王樹枏校正孔氏大戴禮記補注曰：「戴校本亦改『地』爲『道』，家語正作『不以其道治之』」，足徵王肅所據本作『道』不作『地』。」

〔四〕「七教」，主言下文：曾子曰：「敢問何謂七教？」孔子曰：「上敬老則下益孝，上順齒則下益悌，上樂施則下益諒，上親賢則下擇友，上好德則下不隱，上惡貪則下恥争，上强果則下廉恥，此謂七教。七教者，治民之本也，教定則本正矣。」曾子曰：「敢問何謂三至？」孔子曰：「至禮不讓而天下治，至賞不費而天下之士説，至樂無聲而天下之民和。明主篤行三至，故天下之君可得而知也，天下之士可得而臣也，天下之民可得而用也。」

〔五〕「折衝」，王聘珍大戴禮記解詁：「淮南説山云：『國有賢君，折衝萬里。』高注云：『衝，兵車也。所以衝突敵城也。』言賢君德不可伐，故能折遠敵之衝車於千里之外，使敵不敢至也。」」漢語大詞典釋曰：「折衝，使敵人的戰車後撤。即制敵取勝。衝，衝車，戰車的一種。」

〔六〕「還師」之前，王念孫以爲當有「乎」字。王引之經義述聞曰：「衽席之上還師，家大人曰：『還師』上亦當有『乎』字，與上『乎』字相對。不言『還師乎衽席之上』，而言『衽席之上乎還師』者，變文以避複耳。下文云『此之謂衽席之上乎還師』，則此文原有『乎』字明矣。」「還師」，猶言「回師」。「袵席」，本指卧席、坐席，漢語大詞典釋「袵席」曰：「借指太平安居的生活。語出大戴禮記主言：『是故明主之守也，必折衝乎千里之外；其征也，袵席之上還師。』」

曾子曰：「敢問不費不勞可以爲明乎？」

孔子愀然揚麋〔一〕曰：「參！女以明主爲勞乎？昔者舜左禹而右皋陶，不下席而天下治。夫政之不中，君之過也。政之既中，令之不行，職事者之罪也。明主奚爲其勞也？昔者明主關譏而不徵〔二〕，市鄽而不稅〔三〕，稅十取一〔四〕，使民之力〔五〕歲不過三日，入山澤以時，有禁而無徵。此六者，取財之路也。明主捨其四者而節其二者〔六〕，明主焉取其費也！」（主言）

【校注】

〔一〕「愀然」，汪照大戴禮記注補：「郭氏璞曰：『愀然，變色貌。』」「揚麋」，孔廣森大戴禮記補注：「麋，古『眉』字。士冠禮『眉壽萬年』，古文爲『麋壽』。」

〔二〕「關譏」，王聘珍大戴禮記解詁：「關者，界上之門。譏，呵察也。」呵察，喝止行人，稽查盤問。「不徵」，不徵稅。

〔三〕「市鄽」，王聘珍大戴禮記解詁：「市，買賣所之也。鄽，市物邸舍。鄽而不稅者，稅其舍不稅其物。」「不稅」，不收稅。黃懷信大戴禮記彙校集注按曰：「譏，猶今之盤問。鄽，做動詞，謂提供邸舍，言於關盤查而不徵稅，於市提供邸舍亦不徵稅。」

〔四〕「稅十取一」，王聘珍大戴禮記解詁：「稅十取一，謂田稅也。」汪照大戴禮記注補：「尚書大傳：『古者十稅一。』顏氏師古曰：『十分中公取一也。』」

〔五〕「力」，力役。孔廣森大戴禮記補注：「雖豐歲，城道之役亦不過三日。中熟二日，下熟一日。」

〔六〕「四者」、「二者」，孔廣森大戴禮記補注：「四者，關、市、山、澤。二者，田稅、力役。無取于費，故不殖財。」戴禮大戴禮記集注：「不聚斂，故不施而惠。」

曾子曰：「敢問何謂七教？」

孔子曰：「上敬老則下益孝，上順齒〔一〕則下益悌，上樂施則下益諒〔二〕，上親賢則下擇友，上好德則下不隱，上惡貪則下恥争，上强果〔三〕則下廉恥。民皆有別，則貞則正〔四〕亦不勞矣。此謂七教。七教者，治民之本也，教定是正〔五〕矣。上者，民之表也，表正則何物不正。是故君先立於仁，則大夫忠而士信，民敦，工璞，商慤，女憧，婦空空〔六〕，七者教之志也。七者布諸天下而不窕〔七〕，內諸尋常之室而不

塞〔八〕。是故聖人等之以禮，立之以義，行之以順，而民弃惡也如灌〔九〕。」（主言）

【校注】

〔一〕「順齒」，敬長。王聘珍大戴禮記解詁：「以敬事長曰順。齒，年也。」

〔二〕「施」，楊簡先聖大訓：「上樂施，實心愛民，故下實心感服，無敢飾僞。」王聘珍大戴禮記解詁：「施謂施德。諒，信也。」戴禮大戴禮記集注：「上樂施則下益諒，毛詩柏舟傳：『諒，信也。』君德施普則民信矣。」

〔三〕「强果」，漢語大詞典釋曰：「亦作『彊果』。堅强果敢。逸周書謚法：『猛以彊果曰威。』」黄懷信大戴禮記彙校集注按曰：「强果，彊毅果敢。」

〔四〕「則貞則正」，戴震大戴禮記校定本改作「則政」。戴氏案曰：「『則政』二字，他本作『則貞則正』四字。就上文廉恥有别爲七教之一，此句乃總上文，因『政』訛作『正』，更衍『則貞』二字耳。今從方本。」黄懷信大戴禮記彙校集注按曰：「『則貞』二字涉『則正』衍，『正』借爲『政』。」「别」，王聘珍大戴禮記解詁：「别，辨也。」黄懷信大戴禮記彙校集注按曰：「别，辨也，謂辨是非。民皆能辨是非，故政不勞矣。」

〔五〕「是正」，戴震大戴禮記校定本據明朱養純刻本定爲「則本正」。黄懷信大戴禮記彙校集注按曰：「戴校是，當如家語作『則本正矣』。」

〔六〕「敦」，敦厚。「璞」，質樸。「慤」，謹誠。「憧」，愚昧無知。「空空」，憨厚無識。

〔七〕「窕」，孔廣森大戴禮記補注：「窕，不實也。」呂氏春秋適音：「不充則不詹，不詹則窕。」高誘注：「詹，足也。窕，不滿密也。」辭源釋「窕」曰：「空隙。荀子賦：『充盈大宇而不窕。』」

〔八〕「内」，通「納」，納入，放入。「塞」，充塞。

〔九〕「灌」，王引之經義述聞曰：「棄惡如灌，文義不明，『灌』當爲『濯』，字之誤也。言民之棄惡，如灑濯之去垢也。孔氏撝約補注引左傳『灑濯其心』以釋之，是矣，但未破『灌』爲『濯』耳。」

曾子曰：「弟子則不足，道則至〔一〕矣。」

孔子曰：「參！姑止，又有焉。昔者明主之治民有法，必别地以州之，分屬而治之，然後賢民無所隱，暴民無所伏。使有司日省如〔二〕時考之，歲誘賢〔三〕焉，則賢者親，不肖〔四〕懼。使之哀鰥寡，養孤獨，恤貧窮，誘孝悌，選賢舉能。此七者修，則四海之内無刑民矣。上之親下也如腹心，則下之親上也如保子〔五〕之見慈母也。上下之相親如此，然後令則從，施則行。因民既邇者説，遠者來懷，然後布指知寸，布手知尺，舒肘知尋〔六〕，十尋而索〔七〕。百步而堵〔八〕，三百步而里，千步而井〔九〕，三井而句烈〔一〇〕，三句烈而距〔一一〕，五十里而對〔一二〕，百里而有都邑，乃爲畜積衣裘焉，使處者恤行者有與亡〔一三〕。是以蠻夷諸夏，雖衣冠不同，言語不合，莫不來至，朝覲於王。故曰：無市而民不乏〔一四〕，無刑而民不違。畢弋〔一五〕田獵之得，不以盈宮室也；徵斂于百姓，非以充府庫也。慢怛以補不足〔一六〕，禮節以損有餘〔一七〕。故曰：多信而寡貌〔一八〕。其禮可守，其信可復〔一九〕，其跡可履〔二〇〕。其於信也，如四時春秋冬夏；其博有萬民也，如飢而食，如渴而飲。下土〔二一〕之人信之，夫暑熱凍寒，遠若邇〔二二〕，非道邇也，及其明德也。是以兵革不動而威，用利不施而親，此之謂明主之守也。折衝乎千里之外，此之謂也。」（主言）

【校注】

〔一〕「則」，乃。「不足」，猶不知。「道」，明主之道。「至」，極，謂達到極點。

〔二〕「如」，戴震大戴禮記校定本據方本改作「而」。王樹枏校正孔氏大戴禮記補注曰：「家語『如』作『而』。」

〔三〕「誘」，誘導，誘進。王聘珍大戴禮記解詁：「誘，進也。誘賢，謂鄉大夫三年則大比，考其德行道藝，而興賢者、能者。」

〔四〕「不肖」後，諸本有「者」字。

〔五〕「保子」，襁褓中的嬰兒。戴震大戴禮記校定本案：「保、緥古通用。」戴禮大戴禮記集注：「盧氏文弨曰：『保子，即緥字，子在繦緥者。』」

〔六〕「尋」，説文云：「度，人之兩臂爲尋，八尺也。」

〔七〕「索」，繩。以繩計量長度，因以爲計量單位。

〔八〕「堵」，王聘珍大戴禮記解詁：「司馬法：『六尺爲步，步百爲畞。』『堵』當爲『畞』，音近而譌也。」王樹枏校正孔氏大戴禮記補注曰：「此文有誤，宜闕疑。家語無此句。」

〔九〕「千步而井」，戴震大戴禮記校定本案：「井九百畮，其方三百步，積九萬步。此云千步，非也。『千步』二字當是『方里』之譌。」孫詒讓大戴禮記斠補曰：「趙校云：『此井字當作鑿井之井解，千步字亦非誤，孔注失之。道上有井，所以便行者也，若解作井田，便與柔遠之意無關，此與周書大聚解十里有井正同。』案：趙説亦通。」

〔一〇〕「句烈」，「句」音「勾」。孔廣森大戴禮記補注：「書大傳曰：『八家爲鄰，三鄰爲朋，三朋爲里。古者分田，八家同井。三井，一朋之田也。三句烈，一里之田也。』」孫詒讓大戴禮記斠補曰：「依上文井千步，則三井三千步積十里，三句烈積三十里。此疑即周禮遺人所云

『凡國野之道，十里有廬，廬有飲食；三十里有宿，宿有路室，路室有委；五十里有市，市有候館，候館有積』。此句烈即十里有廬，距即三十里之宿也。烈與列通。周禮師氏云：『朝在野外則守内列。』司隸云：『守野舍之厲禁。』鄭注：『厲，遮列也。』列，今本作『例』，此從釋文别本。山虞、典祀、墓大夫注並訓厲爲遮列，厲、列字亦通。十里之廬亦爲遮列之舍，故謂之句烈矣。距，疑當爲『遽』之借字。管子大匡篇云：『三十里置遽委焉。』尹知章注云：『遽，今之郵驛也。』蓋遺人三十里之路室兼爲傳遽之舍，彼五十里有候館，亦即在此五十里封之内。此經井句烈以下並説道路委積之事，與遺人義正相應，故下文云：『乃爲畜積衣裘焉，使處者恤行者有與亡。』通校上下文，足明其義矣。」

〔一一〕「距」，據上注孫詒讓所云，「距」當爲「遽」，指「遽委」。漢語大詞典釋「遽」曰：「傳車，驛馬。」釋「遽委」曰：「指驛站車馬和儲存的糧食。」

〔一二〕「對」，誤，當爲「封」，封疆，封界。王聘珍大戴禮記解詁：「封，起土界也。」

〔一三〕「亡」，無。「與亡」，王聘珍大戴禮記解詁本作「興亡」，校曰：「『興』當爲『與』，形近譌也。」王樹枏校正孔氏大戴禮記補注曰：「盧云：『興字疑衍，有亡即有無也。』」

〔一四〕王聘珍大戴禮記解詁：「無市而民不乏者，遺人職曰：『掌其道路之委積。凡國野之道，十里有廬，廬有飲食。三十里有宿，宿有路室，路室有委。五十里有市，市有候館，候館有積。』乏，匱也。」

〔一五〕「畢弋」，畢是捕獸所用之網，弋是射鳥所用繫繩之箭，泛指打獵活動。

〔一六〕「慢怛」，王聘珍大戴禮記解詁：「慢，寬緩也。怛，憂傷也。慢怛，謂君心廣大，憂民之憂也。補不足，謂出宫室府庫所藏，以振貧乏也。」戴震大戴禮記校定本、孔廣森大戴禮記補注本作「慢怛」，今不從。

〔一七〕王聘珍大戴禮記解詁：「白虎通云：『禮所以防淫佚，節其侈靡也。』又云：『禮者，盛不足，節有餘，使豐年不奢，凶年不儉，富貧不相縣也。』」

〔一八〕「寡貌」，孔廣森大戴禮記補注：「少虚文也。」黄懷信大戴禮記彙校集注按曰：「信，誠於内也。貌，文於外也。而，猶則。人多信則必寡貌。」

〔一九〕「其信可復」，王樹枏校正孔氏大戴禮記補注：「家語作『其言可復』，『言』字是，據改。」「復」，黄懷信大戴禮記彙校集注按曰：「復，再也，重也。」

〔二〇〕「履」，踐也。

〔二一〕「下土」，天下，四方。

〔二二〕孔廣森大戴禮記補注：「楊簡曰：『暑則遠邇皆熱，凍則遠邇皆寒，明民信之無遠邇之異。遠方非道邇也，而民咸信之者，民德之所及也。』『夫』上，宋本脱『若』字，從大訓增。」

曾子曰：「敢問何謂三至〔一〕？」

孔子曰：「至禮不讓而天下治，至賞不費而天下之士説，至樂無聲而天下之民和〔二〕。明主篤行三至，故天下之君可得而知也〔三〕，天下之士可得而臣也，天下之民可得而用也。」（主言）

【校注】

〔一〕「三至」，漢語大詞典釋爲「三項法則」。

〔二〕「至禮」、「至賞」、「至樂」，漢語大詞典分别釋爲「達到最高境界的禮」、「恰當的賞賜」、「最高妙的音樂」。

〔三〕「君」，辭源釋曰：「古代各級統治者。」漢語大字典釋曰：「古代大夫以上據有土地的各級統治者的通稱。」戴禮大戴禮記集注曰：「君謂天下諸侯，知謂知其賢否。」就下文所言士、民來看，當以漢語大字典所釋爲是。「知」，俞樾大戴禮記平議曰：「知猶交也。吕氏春秋明理篇：『弟兄相誣，知交相倒。』是知與交同義。後漢書宋宏傳『貧賤之交不可忘』，羣書治要『交』作『知』。天下之君可得而知，言天下之君可得而交也。墨子經篇曰：『知，接也。』接與交義亦相近。」然觀下文「知天下良士之名」、「知賢」等語，「知」字當理解作知曉瞭解爲是。書皋陶謨曰：「知人則哲，能官人。」

曾子曰：「敢問何謂也？」

孔子曰：「昔者明王以〔一〕盡知天下良士之名；既知其名，又知其數；既知其數，又知其所在。明主因天下之爵以尊天下之士，此之謂至禮不讓而天下治。因天下之禄以富天下之士，此之謂至賞不費而天下之士說。天下之士説，則天下之明譽〔二〕興，此之謂至樂無聲而天下之民和。故曰：所謂天下之至仁者，能合天下之至親者也；所謂天下之至知〔三〕者，能用天下之至和〔四〕者也；所謂天下之至明者，能選天下之至良者也。此三者咸通，然後可以征。是故仁者莫大於愛人，知者莫大於知賢，政者莫大於官賢。有土之君修此三者，則四海之内拱而俟〔五〕，然後可以征。明主之所征，必道之所廢者也。彼廢道而不行，然後誅其君，致其征〔六〕，弔其民，而不奪其財也。故曰明主之征也，猶時雨也，至則民説矣。是故行施彌博，得親彌衆，此之謂衽席之上乎還師〔七〕。」（主言）

【校注】

〔一〕「以」，當爲「必」。戴震大戴禮記校定本曰：「必，他本譌作『以』，今從方本。」孔廣森大戴禮記補注曰：「必，宋本譌『以』，從大訓改。」

〔二〕「明譽」，戴震大戴禮記校定本案曰：「猶顯譽也。」

〔三〕「知」，通「智」。「至知」，最高智慧。

〔四〕「至和」，極和諧、安順。

〔五〕「有土之君」，指王侯。「拱而俟」，拱手而待。

〔六〕「致其征」，俞樾大戴禮記平議曰：「『致其征』三字，當在『誅其君』之上。其文曰：『彼廢道而不行，然後致其征。』此乃申説上文。又曰：『誅其君，弔其民，而不奪其財也。』則起下文時雨之意，文義甚明。」黄懷信大戴禮記彙校集注按曰：「上句曰明主之所征，必道之所廢者，下句彼廢道而不行，必先曰然後致其征，不得忽言誅其君，故俞説當是。」

〔七〕「衽席之上乎還師」，高明大戴禮記今注今譯注曰：「『猶時雨也，至則民説矣』：孟子：『誅其君，而弔其民，若時雨降，民大悦。』與此義同。『行施彌博，得親彌衆』：這裏是説，執行、實施征伐的範圍愈廣博，得到擁護他的人民也愈衆多。」譯曰：「所以説：賢明領袖的征伐，如同適時而到的雨一樣，到那裏，那裏的人民就喜悦。所以執行、實施征伐的範圍愈廣博，得到擁護他的人民也愈衆多。這就叫做『安全舒適的獲得勝利，班師而回』。」黄懷信大戴禮記彙校集注引楊簡曰：「所行所施彌博，則德之感人也彌深，故得民之親愛彌衆。故師行周還乎天下，如在衽席之上。言雖彼被征之國，其民亦仰我如父母，簞食壺漿以迎我，師敢有敵我害我者哉？苟非明主，則人心未咸服，師行他境，多罹此害，用師者深以爲慮。孔子知其情狀，故於是有衽席之上還師之言。」

孔子之語人也曰：「當賓客之事則通矣。」謂門人曰：「二三子欲學賓客之禮者，於赤〔一〕也。」滿而不滿，實如虛，通〔二〕之如不及，先生難之〔三〕，不學其貌，竟其德，敦其言〔四〕，於人也無所不信。其橋大人〔五〕也，常以皓皓〔六〕，是以眉壽〔七〕，是曾參之行也〔八〕。孔子曰：「孝，德之始也；弟，德之序也；信，德之厚也；忠，德之正也。參也中夫四德者矣哉。」以此稱之也。（衛將軍文子）

【校注】

〔一〕「赤」，公西赤，字子華，魯人，孔子弟子。此贊公西赤精通賓客之禮。論語公冶長：「子曰：『赤也，束帶立於朝，可使與賓客言也。』」

〔二〕「通」，誤，當爲「過」。孔廣森大戴禮記補注曰：「過，宋本訛『通』。」

〔三〕「難之」，盧辯注：「云先生猶有難之，亦所謂先子之所畏也。」王聘珍大戴禮記解詁：「難之，難能也。」黄懷信大戴禮記彙校集注按曰：「言滿如不滿，實如虛，乃年長而有學問之人所難做到也。此及下皆説曾參也。」

〔四〕王引之經義述聞大戴禮記：「孔（廣森）以『不學其貌』爲句，釋曰：不貌，爲君子。『竟其德』爲句，『敦其言』爲句，釋曰：竟，盡也。敦，厚也。家大人曰：不學其貌，竟其德，皆義不可通。孔曲爲之説，非也。『不學』上有『博無』二字，而今本脱之。『博無不學』爲句，言其學之博，無所不學也。曾子立事篇曰：『君子既學之，患其不博也。』又天圓一篇，所言皆博學之事。然則曾子未嘗不博學也。『竟』當爲『恭』字之誤也。『其貌恭』爲句，『其德敦』爲句，『其言』下屬爲義。此依家語訂正。」王念孫説是。

〔五〕「橋大人」，盧辯注：「橋，高也。高大之人也。」戴禮大戴禮記集注：「橋當作撟。邢疏釋獸『人曰撟』云：『人之罷倦，頻伸夫撟，舒展曲折名撟。』故盧注云高大之人也。實則德之岐嶷，非身之高大也。」黄懷信大戴禮記彙校集注按曰：「撟大人亦不可通。『橋』疑當作『嬌』。嬌，即今所謂撒嬌。嬌大人，謂在大人面前撒嬌，即所謂説大人。大人，謂父母。」黄説是。此「嬌大人」與孟子所説「大孝終身慕父母，五十而慕者，予於大舜見之矣」（孟子萬章）之「慕父母」同義。所謂慕父母，就是依戀父母。據説，舜到五十多歲時還常常依戀着父母，像個小孩子。是的，兒女成人之後，以至到了五六十歲還「慕父母」、「嬌大人」，證明親情濃厚，親情保鮮持久。

〔六〕「皓皓」，漢語大詞典釋曰：「亦作『皜皜』。潔白貌；高潔貌。」此指曾子潔白無瑕、高潔純真。

〔七〕「眉壽」，漢語大詞典釋曰：「長壽。詩豳風七月：『爲此春酒，以介眉壽。』毛傳：『眉壽，豪眉也。』孔穎達疏：『人年老者必有豪眉秀出者。』高亨注：『眉壽，長壽也。』」此指其父眉壽。由於曾參德行、孝行上做得好，所以老人長壽。

〔八〕盧辯注：「曾參，魯之南武城人也，字子輿。齊聘以相，楚迎以令尹，晉迎以上卿，皆不應其命也。」

禮記

禮記，漢戴聖選編。戴聖字次君，梁（今河南開封）人。與叔父戴德同學禮於后蒼。宣帝時爲博士，世稱小戴。戴聖禮記選收四十九篇，東漢鄭玄爲之作注，聲譽高於大戴禮記，後世與儀禮、周禮合稱爲「三禮」，並被列入十三經。

穆公〔一〕之母卒，使人問於曾子曰：「如之何〔二〕？」對曰：「申也聞諸申之父

曰：『哭泣之哀，齊斬之情，饘粥之食，自天子達〔三〕。布幕，衛也。縿幕，魯也〔四〕。』」

（檀弓上）

【校注】

〔一〕鄭玄注：「穆公，魯哀公之曾孫。」

〔二〕鄭玄注：「問居喪之禮。曾子，曾參之子，名申。」

〔三〕鄭玄注：「子喪父母，尊卑同。」孔穎達疏：「『齊斬之情』者，齊是爲母，斬是爲父，父母情同，故答云『之情』也。『饘粥之食』者，厚曰饘，希曰粥，朝夕食米一溢，孝子以此爲食，故曰『食』也。『自天子達』者，父母之喪，貴賤不殊，『哭泣』以下，自天子至庶人如一，故云『自天子達』。」「達」，通行的，共同遵守的。此謂自天子到庶民都是一樣的。

〔四〕鄭玄注：「幕，所以覆棺上也。縿，縑也。縿讀如綃。衛，諸侯禮。魯，天子禮。兩言之者，僭已久矣。」孔穎達疏：「先言齊斬饘粥同，又言覆棺之幕天子諸侯各别。以布爲幕者衛，是諸侯之禮；以縿爲幕者魯，是天子之制。幕者，謂覆殯棺者也。下文云『加斧於椁上』。鄭云：『以刺繡於縿幕，加椁以覆棺，已乃屋其上，盡塗之。』如鄭此言，繡幕加斧文塗之，内以覆棺椁也。周公一人得用天子禮，而後代僭用之，故曾申舉衛與魯俱是諸侯，則後代不宜異，謂魯之諸公不宜與衛異也。崔靈恩云：『當時諸侯僭効天子也，恐魯穆公不能辨，故兩言以明，顯魯與諸侯之别也。』今案：崔言雖異，而是曾申爲穆公説則同也。」

季孫之母死，哀公弔焉。曾子與子貢弔焉，閽人〔一〕爲君在，弗内〔二〕也。曾子與子貢入於其廐而脩容焉。子貢先入，閽人曰：「鄉者已告矣〔三〕。」曾子後入，閽人辟之〔四〕。涉内霤〔五〕，卿大夫皆辟位，公降一等而揖之〔六〕。君子言之曰：「盡飾之道，斯其行者遠矣〔七〕。」（檀弓下）

【校注】

〔一〕「閽人」，守門人。「閽」，音「昏」。

〔二〕「内」，「納」的古字。「弗内」，不接納。

〔三〕此句謂，剛才已替你們通報了。

〔四〕鄭玄注：「見兩賢相隨，彌益敬也。」「辟」，避讓。

〔五〕「霤」，通「溜」，屋簷水。此指屋簷滴水之處。

〔六〕鄭玄注：「禮之。」此謂，哀公也下堂階一級，向他二人作揖行禮。

〔七〕孔穎達疏：「於時君子以二子盛飾備禮，遂美之云。凡人盡其容飾，則被崇禮。其盡飾道理。斯，此也，其施行可久遠矣。所以可久遠者，以二子初時不具衣服，則閽人拒之。二子退而修容，閽人雖是愚鄙，猶知敬畏，明其不愚之人則畏敬可知。是其盡飾之道，行之可長遠矣。」

曾子問曰：「祭如之何則不行旅酬〔一〕之事矣？」孔子曰：「聞之小祥〔二〕者，主人練祭而不旅，奠酬〔三〕於賓，賓弗舉，禮也。昔者，魯昭公練而舉酬行旅，非禮也。孝公大祥〔四〕，奠酬弗舉，亦非禮也。」（曾子問）

【校注】

〔一〕「旅酬」，漢語大詞典釋曰：「亦作『旅醻』。謂祭禮完畢後衆親賓一起宴飲，相互敬酒。禮記曾子問『祭如之何則不行旅酬之事矣』，孔穎達疏：『酬賓訖，主人洗爵，于阼階上獻長兄弟及衆兄弟及内兄弟于房中。獻畢，賓乃坐，取主人所酬之觶於阼階前酬長兄弟，長兄弟受觶於西階前酬衆賓，衆賓酬衆兄弟，所謂旅酬也。』」

〔二〕「小祥」，父母死後一周年的祭禮，又稱練祭，因主人服練冠而祭，故名。

〔三〕「奠酬」，主人敬酒，賓客置之而不舉，稱「奠酬」。王夢鷗禮記今注今譯曰：「服喪滿一年，至十三月改服練冠而祭，曰練祭。練祭時，哀思猶甚，衆不交酬歡飲。奠酬，奠是『置』的意思。主人洗盞斟酒以酬客人，客人接受而置之；後以所置的酒盞以旅酬長兄弟，是爲『旅酬』。此處説客人但置盞而不行酬。亦即不以勸飲爲歡。」

〔四〕「孝公」，鄭玄注：「孝公，隱公之祖父。」「大祥」，父母喪後兩周年的祭禮。

曾子問曰：「君出疆，以三年之戒，以椑從〔一〕。君薨，其入如之何？」孔子曰：「共殯服〔二〕，則子麻弁絰，疏衰〔三〕，菲，杖，入自闕〔四〕，升自西階。如小斂，則子免〔五〕而從柩，入自門，升自阼階。君、大夫、士，一節〔六〕也。」（曾子問）

【校注】

〔一〕「戒」，備。鄭玄注：「其出有喪備，疑喪入必異也。戒猶備也，謂衣衾也。親身棺曰椑，其餘可死乃具也。」楊天宇禮記譯注：「君出國界，事前做了服三年喪的準備，並用椑棺跟從着。」椑，音「避」，最裏面的一層棺。

〔二〕「共殯服」，鄭玄注：「此謂君已大斂。殯服，謂布深衣、苴絰、散帶垂，殯時主人所服，共之以待其來也。」「共」字，多數注家釋作「供給」，而王夢鷗釋作「全體」，其禮記今注今譯注曰：「共，指全體。殯服，是大斂至於移柩殯宫時所服的喪服。鄭玄説是布深衣、苴絰、散帶垂。

苴是蔴衣。菲，菅蒯製的草履。杖，孝棒。」譯曰：「如果國君真的死了，則當如何運櫬回來呢？孔子説：『全體皆服殯服，而孝子則披蔴戴孝，執着孝棒，迎櫬入闕門，從廟内的西階擡上去。』」

〔三〕「麻弁絰」，鄭玄注：「棺柩未安，不忍成服於外也。麻弁絰者，布弁而加環絰也。布弁，如爵弁而用布。」楊天宇禮記譯注：「麻弁絰——即首絰。弁，皮弁，以麻系於弁，故曰麻弁絰。疏衰——孫希旦曰：『疏，麤也。麤衰，即斬衰也。』」

〔四〕「入自闕」，鄭玄注：「闕謂毁宗也。柩毁宗而入，異於生也。升自西階，亦異生也。所毁宗，殯宮門西也。於此正棺，而服殯服，既塗而成服。殷柩出毁宗，周柩入毁宗，禮相變也。」楊天宇禮記譯注：「入自闕——據鄭注，闕是毁的意思，即將殯宮門西邊的牆打開一個缺口，使棺柩由此而入，這是爲了表示『異于生時』，即不同于活着時回國。」王夢鷗的理解與此不同，其禮記今注今譯注曰：「闕，舊説以爲空缺，謂毁門側宮而入。郭嵩燾云：周無毁牆之禮（見檀弓），此闕當指諸侯宮門外的闕門。」

〔五〕「免」，同「絻」，音「問」，喪服。辭源釋曰：「古人服喪時，脱帽紮髮，用布纏頭。禮記檀弓上：『公儀仲子之喪，檀弓免焉。』釋文：『以布廣一寸，從項中而前交於額上，又卻向後繞於髻。』」王文錦禮記譯解曰：「如果在外已經小斂，尚未大斂入棺，那麽國君的兒子就頭纏白麻布條，身穿上衣下裳相連的深衣，跟在靈柩後面，進入宮門，擡着小斂後的國君屍體從主階升堂，等候大斂。」

〔六〕「一節」，指禮節相同。此語是說：國君、大夫、士死在外面，迎棺、迎尸的儀節是一樣的。

曾子問曰：「君之喪既引〔一〕，聞父母之喪，如之何？」孔子曰：「遂，既封而歸，不俟子〔二〕。」曾子問曰：「父母之喪既引，及塗，聞君薨，如之何？」孔子曰：「遂，既封，改服而往〔三〕。」（曾子問）

【校注】

〔一〕「引」，出殯時牽引靈車的繩子。指葬禮開始，已拉起送葬靈車的大繩。

〔二〕鄭玄注：「遂，遂送君也。封，當爲窆。」「遂」，終，竟。即完成送君下葬的活動。「封」，聚土築墳。鄭玄以爲是「窆」（音「貶」）。「窆」，説文：「葬下棺。」小爾雅：「下棺謂之窆。」楊天宇禮記譯注曰：「既封而歸，不俟子——封，及下文封字，鄭注説皆當爲『窆』。案國君之子（即嗣君）要等到封墓之後才能回來，此臣則既窆即歸，故曰『不俟子』。」

〔三〕鄭玄注：「改服、括髮、徒跣、布深衣、扱上衽，不以私喪包至尊。」

曾子問曰：「葬引至于堩〔一〕，日有食之，則有變〔二〕乎？且不乎？」孔子曰：「昔者，吾從老聃助葬於巷黨，及堩，日有食之，老聃曰：『丘！止柩，就道右，止哭以聽變。』既明反〔三〕，而后行。曰：『禮也。』反葬〔四〕，而丘問之曰：『夫柩不可以反者也，日有食之，不知其已之遲數〔五〕，則豈如行哉？』老聃曰：『諸侯朝天子，見日而行，逮日而舍奠〔六〕。大夫使，見日而行，逮日而舍。夫柩不蚤出，不莫宿〔七〕。見星而行者，唯罪人與奔父母之喪者乎！日有食之，安知其不見星也？且君子行禮，不以人之親痁患〔八〕。』吾聞諸老聃云。」（曾子問）

【校注】

〔一〕「葬引」，王引之經義述聞校曰：「家大人曰：『葬引至於堩』，本作『葬既引，至於堩』。上文云『君之喪既引，聞父母之喪，如之何』，又云『父母之喪既引，及塗，聞君喪，如之何』，與此葬既引文同一例，若無『既』字，則文義不完。……士喪禮記注引此，正作『葬既引至於堩』。」「引」，牽引柩車。「堩」，音「更」（去聲），意爲道路。

〔二〕「有變」，謂葬禮有無變化。鄭玄注：「變謂異禮。」

〔三〕「明反」，光明復反。

〔四〕「反葬」，葬畢返還。

〔五〕「數」，鄭玄注：「已，止也。數，讀爲速。」謂日蝕停止之慢或快。

〔六〕「舍奠」，鄭玄注：「舍奠，每將舍奠行主。」楊天宇禮記譯注：「見日出而動身，到日落就停宿並祭奠行主。」「行主」，出行或行軍時所奉的神主。

〔七〕「莫」，「暮」的古字。「不莫宿」，鄭玄注：「侵晨夜，則近奸寇。」

〔八〕「痁患」，鄭玄注：「痁，病也。以人之父母行禮，而恐懼其有患害，不爲也。」楊天宇禮記譯注：「不以人之親痁患——痁，音店，病也。案這句是説，如果出現日食而柩車不止行，若天空晦暗以至出現星星，便是使所葬人之父母賤若罪人了，即孔疏所謂『輕薄人親與罪人同』，是病辱人之親也。」

曾子問曰：「爲君使而卒於舍，禮曰：『公館復〔一〕，私館不復。』凡所使之國，有司所授舍，則公館已，何謂私館不復也？」孔子曰：「善乎問之也！自卿大夫〔二〕之家曰私館，公館與公所爲曰公館。公館復，此之謂也。」（曾子問）

【校注】

〔一〕鄭玄注：「復，始死招魂。」孔穎達疏：「此一節論人臣死招魂復魂之事。……『私館』者，謂非君命所使，私相停舍，謂之私館。『公館』，謂公家所造之館。」王文錦禮記譯解：「使臣以私人關係住在卿大夫士的住宅，都叫私館；住在公家的館舍以及外國國君所指定居住的家宅，都叫公館。」

〔二〕「大夫」下當有「士」字。阮元校勘記曰：「『自卿大夫之家曰私館』，岳本同，嘉靖本同，惠棟校宋本、宋監本及閩、監、毛本『夫』下有『士』字，石經同，衞氏集説同。案：疏『士』字當有。」北京大學出版社十三經注疏整理本據阮校增「士」字。

曾子問曰：「下殤土周〔一〕，葬于園，遂輿機〔二〕而往，塗邇故也。今墓遠，則其葬也如之何？」孔子曰：「吾聞諸老聃曰：『昔者史佚有子而死，下殤也，墓遠〔三〕。召公謂之曰：『何以不棺斂於宮中〔四〕？』史佚曰：『吾敢乎哉！』召公言於周公。周公曰：『豈不可？』史佚行之。下殤用棺衣棺〔五〕，自史佚始也。』」（曾子問）

【校注】

〔一〕「下殤土周」，鄭玄注：「土周，塈周也。周人以夏后氏之塈周，葬下殤於園中，以其去成人遠，不就墓也。」「下殤」，人年八至十一歲死爲下殤。禮記檀弓「以夏后氏之堲周葬中殤、下殤」，注：「十六至十九歲爲長殤，十二至十五爲中殤，八歲至十一爲下殤，七歲以下爲無服之殤，生未三月不爲殤。」「土周」，謂燒土爲磚，砌於棺之四周以葬。

〔二〕「輿機」，鄭玄注：「機，輿尸之牀也。以繩組其中央，又以繩從兩旁鉤之。禮，以機舉尸，輿之以就園，而斂葬焉，塗近故耳。輿機，或爲餘機。」漢語大詞典釋曰：「輿機，謂置尸機上而擡之。機，擡尸之牀。」

〔三〕鄭玄注：「蓋欲葬墓如長殤，從成人也。長殤有送葬車者，則棺載之矣。史佚，成王時賢史也。」

〔四〕鄭玄注：「欲其斂於宮中，如成人也。斂於宮中，則葬當載之。」

〔五〕「用棺衣棺」，王文錦禮記譯解曰：「後來埋葬下殤用棺材，衣斂裝棺，這是從史佚開始的。」

曾子問曰：「卿大夫將爲尸〔一〕於公，受宿〔二〕矣，而有齊衰內喪〔三〕，則如之何？」孔子曰：「出舍於公館以待事〔四〕，禮也。」孔子曰：「尸弁冕而出，卿、大夫、士皆下之，尸必式，必有前驅〔五〕。」（曾子問，亦見雜記下）

【校注】

〔一〕「尸」，代死者受祭、象徵死者神靈的人，以臣下或死者的晚輩充任。

〔二〕「受宿」，受命獨宿而齋戒。

〔三〕此指爲尸的卿大夫家中忽然有了齊衰之親的喪事。

〔四〕鄭玄注：「尸重受宿，則不得哭。」孔穎達疏：「今此齊衰内喪，亦謂諸父、昆弟、姑、姊妹也。與前與後祭同，但尸尊，故出舍公之宫館，以待君之祭事，不在已之異宫耳。」王夢鷗禮記今注今譯注曰：「祭前三日卜尸，既卜其吉，乃宿之。既受宿，則没有時間改卜他人。故爲尸者雖有齊衰内喪，亦必出而應命。唯因祭爲吉事，喪爲凶事，吉凶不同處，故舍於公館以待事。」

〔五〕鄭玄注：「冕兼言弁者，君之尸，或服士大夫之服也。諸臣見尸而下車，敬也。尸式以禮。」王夢鷗禮記今注今譯譯曰：「孔子説：爲尸者出來時，服弁，或服冕，皆視其所代表之祖先身份而定。卿大夫在路上遇見他，都得下車致敬；而他亦須憑軾答禮。並且爲尸者出門，還得有人在前面爲他驅趕閒雜的人。」

（禮器）

夏立尸而卒祭，殷坐尸〔一〕，周旅酬六尸〔二〕。曾子曰：「周禮其猶醵與〔三〕？」

【校注】

〔一〕夏代祭祀死者時，讓尸站着享祭，一直站到祭祀結束。殷革夏禮，讓尸坐着享祭。

〔二〕此句指周代太廟合祭之禮。鄭玄注：「使之相酌也。后稷之尸，發爵不受旅。」孔穎達疏：「『周旅酬六尸』者，此周又因殷而益之也。旅酬六尸，謂祫祭時聚羣廟之主於太祖后稷廟中，后稷在室西壁東嚮，爲發爵之主，尊，不與子孫爲酬酢，餘自文武二尸就親廟中，凡六，在后稷之東，南北對爲昭穆，更相次序以酬也。」

〔三〕鄭玄注：「合錢飲酒爲醵，旅酬相酌似之也。」孔穎達疏：「『曾子曰周禮其猶醵與』者，曾子引世事證周禮旅酬之儀象也。醵，斂錢共飲酒也。凡相敵斂錢飲酒，必非忘懷之酌，得而遽飲，必令平偏不偏頗，與周禮次序旅酬相似也。」

韓詩外傳

韓詩外傳，漢韓嬰撰。嬰，燕（今河北）人，文帝時爲博士，景帝時爲常山王劉舜太傅，武帝時與董仲舒辯論，董不能屈。治詩、易，爲詩經作內傳、外傳。內傳宋時佚，今存外傳。韓詩，漢時與齊詩、魯詩、毛詩並稱「四家詩」。該書援引古書古語解釋詩意，其中徵引了較多孔子及其弟子的言行事蹟。

昔者，孔子鼓瑟，曾子、子貢側門而聽。曲終，曾子曰：「嗟乎！夫子瑟聲殆有貪狼〔一〕之志，邪僻之行，何其不仁趨利之甚？」子貢以爲然，不對而入。夫子望見子貢有諫過之色，應難〔二〕之狀，釋瑟而待之。子貢以曾子之言告，子曰：「嗟乎！夫參，天下賢人也，其習知音矣。鄉者〔三〕丘鼓瑟，有鼠出游，狸見於屋，循梁微行，造焉〔四〕而避，厭目〔五〕曲脊，求而不得。丘以瑟淫〔六〕其音。參以丘爲貪狼邪僻，不亦宜乎！」詩曰：「鼓鐘于宮，聲聞于外〔七〕。」（韓詩外傳卷七）

【校注】

〔一〕「貪狼」，猶貪狠，貪婪兇暴。

〔二〕「應難」，應付危難。

〔三〕「鄉者」，剛才。

〔四〕「造焉」，倉促，突然。

〔五〕「厭目」，厭倦地眯起眼睛。

〔六〕「淫」，放縱，恣肆。

〔七〕此詩引自詩經小雅白華。

曾子有過，曾晳引杖擊之，仆地，有間乃蘇〔一〕，起曰：「先生得無病乎〔二〕？」魯人賢曾子，以告夫子。夫子告門人：「參來〔三〕，汝不聞昔者舜爲人子乎？小箠〔四〕則待，笞〔五〕大杖則逃。索而使之，未嘗不在側；索而殺之，未嘗可得。今汝委身以待暴怒，拱立不去，非王者之民〔六〕，其罪何如？詩曰：『優哉游哉，亦是戾矣〔七〕。』又曰：『載色載笑，匪怒伊教〔八〕。』」（韓詩外傳卷八）

【校注】

〔一〕「有間乃蘇」，有一會兒乃蘇醒。

〔二〕「先生」，尊稱父親。「病」，傷。意思是：老人家該不會因打我而累傷吧？

〔三〕此有脱文，許維遹韓詩外傳集釋本據説苑建本補作「『參來勿内也。』曾子自以爲無罪，使人謝夫子。夫子曰：『汝不聞……』」。

〔四〕「箠」，音「垂」，鞭子，棍杖。此指用鞭子或小杖責打。

〔五〕「笞」，許維遹韓詩外傳集釋案：「『笞』字衍，蓋因讀者旁注而誤入正文内。『小箠則待，大杖則逃』，相對爲文。家語六本篇作『小棰則待過，大杖則逃走』，文亦相對。説苑建本篇采自本書，作『小箠則待，大箠則走』，正無『笞』字。」

〔六〕此有脱文，許維遹韓詩外傳集釋曰：「趙本作『汝非王者之民邪，殺王者之民』。」説苑建本篇、家語六本篇皆作「汝非天子之民耶，殺天子之民，罪奚如」。

〔七〕此詩引自詩經小雅采菽。「優哉游哉」之「游」，十三經注疏本毛詩正義同，而許維遹韓詩外傳集釋作「柔」。「戾」，毛傳：「戾，至也。」鄭箋：「戾，止也。諸侯有盛德者，亦優游自安止於是，言思不出其位。」

〔八〕此詩引自詩經魯頌泮水。毛傳：「色温潤也。」鄭箋云：「僖公之至泮宫，和顔色而笑語，非有所怒，於是有所教化也。」

子部

排列順序以儒家、道家、法家、雜家、小説家爲序。

孔子家語

孔子家語，長期以來被認爲是三國魏王肅僞作。王肅於公元一九五年生，於二五六年卒。字子雍，東海郡郯（今山東郯城）人。晉武帝司馬炎之外祖父。官至散騎常侍。孔子家語，當今不少學者經過考證，認爲該書不僞，屬漢孔安國編定，魏王肅作注，認定「是一部記録孔子及其弟子思想言行的著作」（引自楊朝明孔子家語注説）。此據四庫全書本輯録。

孔子曰：「回有君子之道四焉：强於行義，弱於受諫，怵於待禄〔一〕，慎於治身。史鰌〔二〕有君子之道三焉：不仕而敬上，不祀而敬鬼，直己而曲於人〔三〕。」曾子侍，曰：「參昔者常聞夫子之三言而未之能行也，夫子見人之一善而忘其百非，是夫子之易事〔四〕也；見人之有善若己有之，是夫子之不争也；聞善必躬行之，然後導之，是夫子之能勞也。學夫子之三言而未能行，以自知終不及二子〔五〕者也。」（六本）

【校注】

〔一〕「回」，孔子弟子顏回。「弱於受諫，怵於待禄」，即虚心於别人的勸諫，恐懼於别人給的利禄。「待」，供給。周禮天官大府：「關市之賦，以待王之膳服。」鄭玄注：「待，猶給也。」

〔二〕「史鰌」，字子魚，衛國大夫。衛靈公不用賢人蘧伯玉而用奸人彌子瑕，史鰌屢諫不聽。史鰌臨死囑其子，死後將屍體置於窗下，不要埋葬，以屍勸諫。靈公悔悟，任用蘧伯玉而黜退了彌子瑕。

〔三〕「直己而曲於人」，要求自己正直，卻能寬以待人。

〔四〕「易事」，容易事奉。

〔五〕「二子」，指顏回、史鰌。

孔子曰：「吾死之後，則商也日益，賜也日損〔一〕。」曾子曰：「何謂也？」子曰：「商也好與賢己者處，賜也好說不若己者。不知其子，視其父；不知其人，視其友；不知其君，視其所使；不知其地，視其草木〔二〕。故曰：與善人居，如入芝蘭之室，久而不聞其香，即與之化矣；與不善人居，如入鮑魚之肆〔三〕，久而不聞其臭，亦與之

化矣。丹之所藏者赤，漆之所藏者黑，是以君子必慎其所與處者焉。」（六本）

【校注】

〔一〕「商也日益，賜也日損」，即卜商（子夏）一天比一天進步，端木賜（子貢）一天比一天退步。

〔二〕王國軒、王秀梅孔子家語譯曰：「子夏喜歡與比自己賢能的人相處，子貢喜歡不如自己的人。不瞭解他的兒子，就看看他的父親；不瞭解他本人的爲人，就看看他的朋友；不瞭解君主，就看看他任命的大臣；不瞭解土地，就看看地上生長的草木。」「所使」，所差使的人，所任命的人。

〔三〕「鮑魚」，鹽漬魚，其味腥臭。「肆」，店鋪。

季康子朝服以縞〔一〕。曾子問於孔子曰：「禮乎？」孔子曰：「諸侯皮弁以告朔〔二〕，然後服之以視朝，若此，禮者也。」〔三〕（公西赤問）

【校注】

〔一〕王肅注曰：「朝服以縞，僭宗禮也。孔子惡，指斥康子，但言諸侯之禮而已，而諸侯以皮弁以告朔，卒然後朝服以視朝，朝服明不用縞。」「縞」，細白的生絹。

〔二〕「皮弁」，古冠名，用白鹿皮製作，是視朝的常服。「告朔」，指諸侯於每月朔日（陰曆初一）行告廟聽政之禮。

〔三〕此節文字，四部叢刊本孔子家語公西赤問無。

孔叢子

孔叢子，舊題陳勝博士孔鮒撰（孔鮒，孔子八世孫），後有王肅僞造説、宋咸僞造説等。今人或以爲不僞，認爲是孔鮒初編、孔家後人陸續補編而成。該書主要記述從戰國到東漢十幾位孔子後代子孫的言行事蹟。傳世本由孔叢子、連叢子、小爾雅三部分組成。由於分卷不同，形成兩個版本：一是收入四庫全書的三卷本，一是收入四部叢刊的七卷本，二者大同小異，源於同一個祖本。此據四部叢刊初編本輯録。

曾子問聽獄之術。孔子曰：「其大法也三焉〔一〕：治必以寬，寬之之術歸於察，察之之術歸於義。是故聽而不寬是亂也，寬而不察是慢〔二〕也，察而不中義是私〔三〕也，私則民怨。故善聽者，聽〔四〕不越辭，辭不越情，情不越義。書曰：『上下比罰，

亡僭亂辭〔五〕。』」(刑論)

【校注】

〔一〕「三焉」前，四庫全書本孔叢子有「有」字。

〔二〕「慢」，輕忽。

〔三〕「義」，符合正義或道德規範。「私」，謂不公正，有偏黨。

〔四〕「聽」，四庫全書本孔叢子作「雖」。傅亞庶孔叢子校釋據尚書大傳甫刑改作「言」，並釋曰：「『言不越辭』，謂得言當察之以辭。禮記哀公問篇：『孔子對曰：「君子過言則民作辭，過動則民作則。君子言不過辭，動不過則。」』亦謂慎言之意，與此文可互參。」

〔五〕「罰」，四庫全書本孔叢子作「罪」。「亡」，四庫全書本孔叢子作「無」。十三經注疏本尚書呂刑作「上下比罪，無僭亂辭」。孔安國傳曰：「上下比方其罪，無聽僭亂之辭以自疑。」冢田虎冢注孔叢子注曰：「上下猶輕重。言比方其罪之輕重，而可無聽僭亂之辭也。」

曾申謂子思〔一〕曰：「屈己以伸道乎？抗志〔二〕以貧賤乎？」子思曰：「道伸，吾所願也。今天下王侯，其孰能哉？與屈己以富貴，不若抗志以貧賤。屈己則制于人，抗志則不愧于道〔三〕。」(抗志)

【校注】

〔一〕「曾申」，曾參之子。「子思」，孔子之孫。

〔二〕「抗志」，辭源釋曰：「堅持平素志向，不動摇不屈服。」

〔三〕王鈞林、周海生孔叢子譯曰：「曾參對子思説：『是委屈自己以伸張道義，還是堅守志節而甘願貧賤？』子思説：『道義彰明，是我的意願。如今天下的王侯們，又有誰能做得到呢？與其委曲求全來换取富貴，還不如堅守志節而甘願貧賤。委曲求全必爲他人所控制，而堅守志節則無愧於道義。』」

荀子

荀子，戰國荀況撰。荀子名況，時人尊而號爲卿，漢人避宣帝劉詢諱改稱孫卿。趙國人，遊於齊，三爲稷下學宫祭酒。又曾入秦，議兵於趙。楚春申君用爲蘭陵令。博學善辯，韓非、李斯皆出其門。四庫全書總目提要稱：「劉向校書序録稱：『孫卿書凡三百二十三篇，以相校除重複二百九十篇，定著三十三篇，爲十二卷，題曰新書。』唐楊倞分易舊第，編爲二十卷，復爲之注，更名荀子，即今本也。」此據四部叢刊初編本輯録。

天非私曾、騫、孝己〔一〕而外衆人也，然而曾、騫、孝己獨厚於孝之實而全於孝之名者何也？以綦〔二〕於禮義故也。（性惡）

【校注】

〔一〕唐楊倞注曰：「曾參、閔子騫也。孝己，殷高宗之太子。皆有至孝之行也。」

〔二〕「綦」，音「其」，極，盡力。

曾子行，晏子從於郊，曰：「嬰聞之，君子贈人以言，庶人贈人以財。嬰貧無財，請假於君子，贈吾子以言〔一〕：乘輿之輪，太山之木也，示諸檃栝〔二〕，三月五月，爲幬菜敝而不反其常〔三〕。君子之檃栝，不可不謹也，慎之！蘭茝、槀本，漸於蜜醴，一佩易之〔四〕。正君漸於香酒，可讒而得也〔五〕。君子之所漸，不可不慎也。」（大略）

【校注】

〔一〕楊倞注曰：「假於君子，謙辭也。晏子先於孔子，曾子之父猶孔子弟子，此云送曾子，豈好事者爲之歟？」

〔二〕楊倞注曰：「示，讀爲寘。隱栝，矯煣木之器也。」

〔三〕楊倞注曰：「幬菜，未詳。或曰：菜讀爲菑，謂轂與輻也。言矯煣直木爲牙，至於轂輻皆敝，而規曲不反其初，所謂三材不失職也。周禮考工記曰：『望其轂，欲其眼也。進而視之，欲其幬之廉也。』鄭云：『幬，冒轂之革也。革急則木廉隅見。』考工記又曰：『察其菑蚤不齵，則輪雖敝不匡。』鄭云：『菑，謂輻入轂中者。』蚤讀爲爪，謂輻入牙中者也。匡，刺也。」晏子春秋曰：『今夫車輪，山之直木，良匠煣之，其員中規，雖有槁暴，不復嬴矣。』」高長山荀子譯注：「幬（dǎo）：指車輞，車輪周圍的框子。菜：同『菑（zī）』，指車轂和車輻。」楊朝明荀子注說：「爲幬（dǎo）菜敝而不反其常：即使包裹車轂的皮革壞了，它也不會恢復到原來的樣子。幬，包裹車轂的皮革，菜，當爲『革』字之誤。敝，破舊、敗壞。」漢語大詞典：「幬（chóu），蒙在車轂上的皮革。即幬革。」漢語大字典：「幬（chóu），廣韻直由切，平尤澄。幽部。蒙車轂的皮革。」幬，讀「chóu」，是。

〔四〕「蘭茝（chǎi）」、「槀本」，都是香草。王先謙荀子集解：「雖皆香草，然以浸於甘醴，一玉佩方可易貿之，言所漸者美而加貴也。佩或爲倍，謂其一倍也。漸，浸也，子廉反。此語與晏子春秋不同。」

〔五〕「讒而得」，王先謙荀子集解：「雖正直之君，其所漸染如香之於酒，則讒邪可得而入。言醴變香草之性，甘言變正君之性。或爲美，或爲惡，皆在其所漸染也。」楊朝明荀子注説：「可讒而得也：讒言也可將他的思想改變了。」

曾子食魚，有餘。曰：「泔之〔一〕。」門人曰：「泔之傷人，不若奥〔二〕之。」曾子泣涕曰：「有異心乎哉〔三〕！」傷其聞之晚也。（大略）

【校注】

〔一〕「泔」，辭源釋曰：「以米汁浸漬。」

〔二〕「奥」，辭源釋曰：「藏于甑中，用酒泡或鹽醃之。」

〔三〕「異心」，壞心，惡意。楊倞注曰：「曾子自傷不知以食餘之傷人，故泣涕，深自引過，謝門人曰：吾豈有異心故欲傷人哉，乃所不知也。」

新語

新語，漢陸賈撰。陸賈，楚人，師事浮丘伯，爲荀卿再傳弟子。漢初官大中大夫，曾兩次出使南越，使南越王趙陀去帝號歸漢。呂后死後，積極參與誅滅諸呂的政變活動。該書內容主要是告誡劉邦吸取秦帝國滅亡的教訓，勸諫其崇王道、黜霸術、省刑薄賦、與民休息。此據四部叢刊初編本輯録。

故智者之所短，不如愚者之所長。文公種米，曾子駕羊〔一〕。相士不熟，信邪失方。察察者有所不見，恢恢者何所不容〔二〕。樸直質〔三〕者近忠，便巧〔四〕者近亡。

（輔政）

【校注】

〔一〕「文公」，晉文公。四庫全書總目提要評新語曰：「所載衛公子鱄奔晉一條，與三傳皆不合，莫詳所本。中多闕文，亦無可校補。所稱『文公種米，曾子駕羊』諸事，劉晝新論、馬總意林皆全句引之，知無訛誤，然皆不知其何説。」四庫全書本繹史該語下注曰：「事無所考，大約謂務大者不知小也。」茲引説苑（據趙善詒説苑疏證本）所記，有助於理解：「太公田不足以償種，漁不足以償網，治天下有餘智。文公種米，曾子架羊，孫叔敖相楚三年不知軛在衡後。務大者固忘小。智伯厨人亡炙篕而知之，韓、魏反而不知。邯鄲子陽園人亡桃而知之，其亡也不知。務小者亦忘大也。」

〔二〕「察察」，明察。「恢恢」，寬闊廣大貌。

〔三〕「樸直質」，王利器新語校注作「樸質」，校曰：「宋翔鳳曰：『「樸」下本有「直」字，子彙本無。』唐晏曰：『按（樸直質）三字，必有一衍。』」

〔四〕「便」，音「駢」，善辯。便巧，花言巧語諂媚人。

夫法令者所以誅惡，非所以勸善，故曾閔之孝、夷齊之廉〔一〕，豈畏死而爲之哉？教化之所致也。（無爲）

【校注】

〔一〕「曾閔」，曾參、閔損，有至孝之行。「夷齊」，伯夷、叔齊，商孤竹君的兩個兒子，有廉讓君位之德、餓死不食周粟之氣節。

昔人有與曾子同姓，亦名參，有人告其母：「參殺人。」母織如故。有人復來告，如是者三，曾子母乃投杼踰垣而去。曾子之母非不知子不殺人也，言之者衆，夫流言之並至，雖真聖不敢自安，況凡人乎！（辨惑）

曾子孝於父母，昏定晨省，調寒温，適輕重，勉之於糜粥之間，行之於衽席〔一〕之

上，而德美重於後世。此二者，修之於内，著之於外；行之於小，顯之於大。（慎微）

【校注】

〔一〕「衽席」，卧席。

鹽鐵論

鹽鐵論，漢桓寬撰録。寬字次公，汝南（今河南上蔡）人。宣帝時爲郎，官至廬江太守丞。此書是西漢昭帝時鹽鐵會議的記録。會議召開於昭帝始元六年（前八一年），參會者有各郡國的賢良文學，有茂陵賢良唐生、魯國文學萬生等六十餘人，與丞相車千秋、御史大夫桑弘羊討論漢武帝以來國家鹽鐵專賣政策的利弊得失，稱作「鹽鐵議」。桓寬根據會議記録整理成此書。全書正文五十九篇，最後一篇雜論是桓寬寫的「編後記」。此據四部叢刊初編本輯録。

文學曰：孔子不飲盜泉之流，曾子不入勝母之閭〔一〕。名且惡之，而況爲不臣不子乎。（晁錯）

【校注】

〔一〕「盜泉」，在山東泗水縣北。「勝母」，邑里名，蓋因「勝」字含有「制服」、「欺淩」、「被滅亡」等義，故曾子厭惡。「閭」，呂巷。明張之象注：「叢談曰：邑名勝母，曾子不入；水名盜泉，孔子不飲，醜其聲也。鍾離意曰：孔子忍渴於盜泉之水，曾參迴車於勝母之閭，惡其名也。」

古之君子守道以立名，修身以俟時〔一〕，不爲窮變節，不爲賤易志。惟仁之處，惟義之行〔二〕。臨財不苟，見利反義〔三〕。不義而富，無名而貴，仁者不爲也。故曾參、閔子不以其仁易晉、楚之富〔四〕，伯夷不以其行易諸侯之位，是以齊景公有馬千駟而不能與之争名〔五〕。（地廣）

【校注】

〔一〕「俟時」，等待時機。

〔二〕二「之」字，助詞，相當於「是」。

〔三〕「臨財不苟，見利反義」，面臨財不苟取，即不隨便獲取，當得而得；見到利反省義，即論語憲問篇孔子所説的「見利思義」。

〔四〕「晉楚之富」，明張之象注：「孟子曰：曾子曰：『晉楚之富不可及也，彼以其富，我以其仁，彼以其爵，我以其義，吾何歉乎哉！』仲尼弟子傳曰：『閔損字子騫，不仕大夫，不食汙君之禄。』季氏使閔子騫爲費宰，子騫曰：『善爲我辭焉。』」

〔五〕論語季氏：「齊景公有馬千駟，死之日，民無德而稱焉。伯夷、叔齊餓於首陽之下，民到於今稱之。」

大夫曰：橘柚生於江南，而民皆甘之於口，味同也；好音生於鄭衛，而人皆樂之於耳，聲同也。越人夷吾〔一〕，戎人由余〔二〕，待譯而後通〔三〕，而並顯齊秦，人之心於善惡同也。故曾子倚山而吟，山鳥下翔；師曠鼓琴，百獸率舞〔四〕，未有善而不合，誠而不應者也。意未誠與？何故言而不見從，行而不合也？（相刺）

【校注】

〔一〕「夷吾」，管仲字。曾事公子糾，與公子小白（桓公）争國，射中桓公帶鉤。魯人將其囚送於齊，桓公釋而相之，采用其謀，成爲霸主。「越人夷吾」，馬非百鹽鐵論簡注：「『越人夷吾』四字，各家注者紛紛提出不少意見，大都引史記管晏列傳『管仲夷吾者，穎上人也』及鄒陽傳『齊用越人蒙而强威宣』爲證。謂『夷吾』是『蒙』之誤。又以漢書『蒙』作『子臧』，而肯定子臧是越人蒙的字。實則本篇下文又有『不患無由余、夷吾之論，患無桓、穆之聽耳』。又下論勇篇也把桓公和管仲與秦穆公和由余並稱。不應全書都誤。可能在漢代本有管仲是越人的一種説法。本書中有不少古人古事與史記不盡相同，不一定就是錯誤的，似不宜據彼改此。」馬氏説有道理，今從。

〔二〕「由余」，馬非百鹽鐵論簡注：「由余，春秋時戎人，後降秦，爲秦謀伐戎之策。穆公用其謀，益國十二，拓地千里，遂霸西戎。見史記秦本紀。」

〔三〕「譯」，翻譯。越人、戎人皆爲少數民族，與中原語言不同，待翻譯方能通話。

〔四〕「師曠」，字子野，春秋時晉平公樂師，善鼓琴。韓非子十過篇記曰：「平公曰：『寡人之所好者音也，願試聽之。』師曠不得已，援琴而鼓。一奏之，有玄鶴二八，道南方來，集於郎門之垝。再奏之而列。三奏之，延頸而鳴，舒翼而舞。音中宫商之聲，聲聞于天。平公大説，坐者皆喜。」

説苑

説苑，漢劉向撰。向生於公元前七七年，卒於前六年，初名更生，字子政。劉邦弟劉交四世孫。歷官諫議大夫、給事黄門侍郎、光禄大夫、中壘校尉。著有説苑、新序、列女傳等。説苑二十卷，是他領校秘書時據皇家藏書和民間圖集撰寫的歷史故事和傳説，旨在發揮儒家的政治思想和道德觀念。此據四部叢刊初編本輯録。

士君子之有勇而果於行者，不以立節行義，而以妄死非名，豈不痛哉！士有殺身以成仁，觸害〔一〕以立義，倚於節理，而不議死地，故能身死名流於來世。非有勇斷，孰能行之？子路曰：「不能勤苦，不能恬〔二〕貧窮，不能輕死亡，而曰我能行義，吾不信也。」昔者，申包胥〔三〕立於秦庭七日七夜，哭不絶聲，遂以存楚。不能勤苦，安能行此？曾子布衣緼袍未得完〔四〕，糟糠之食、藜藿〔五〕之羹未得飽，義不合則辭上卿〔六〕，不恬貧窮，安能行此？比干將死而諫逾忠，伯夷、叔齊餓死于首陽而志逾彰，不輕死亡，安能行此？故夫士欲立義行道，毋論難易，而後能行之。立身著名，無顧利害，而後能成之。詩曰：「彼其之子，碩大且篤〔七〕。」（立節）

【校注】

〔一〕「觸害」，觸犯禍害。

〔二〕「恬」，安然。

〔三〕「申包胥」，春秋時楚國大夫，姓公孫，封于申，故號申包胥。與伍員友好。伍員因父兄被害，逃奔吴國，謂包胥曰：「吾必復楚國。」包胥曰：「子能復之，我必能興之。」後伍員以吴軍攻楚，入郢，包胥至秦求救，哭於秦廷七天七夜，秦終出兵救楚，敗吴軍。楚昭王得返國，賞功，包胥逃而不受。事見左傳。

〔四〕「緼袍」，以亂麻爲絮的袍子。「完」，完整。

〔五〕「藜」，灰菜，嫩葉可食，老莖可爲杖。「藿」，豆葉，嫩時可食。「藜藿」，泛指低賤的野菜。

〔六〕「辭上卿」，晉國曾許以上卿，曾子不受。

〔七〕詩句引自詩經唐風椒聊。鄭玄箋：「之子，是子也，謂桓叔也。碩謂壯貌。大謂德美廣博也。」毛亨傳：「篤，厚也。」

孔子見齊景公〔一〕，景公致廩丘以爲養〔二〕，孔子辭不受。出，謂弟子曰：「吾聞君子當功以受禄，今説景公〔三〕，景公未之行，而賜我廩丘，其不知丘亦甚矣。」遂辭而行。曾子衣弊衣以耕，魯君使人往致邑焉，曰：「請以此脩衣〔四〕。」曾子不受，反，復往，又不受。使者曰：「先生非求於人，人則獻之，奚爲不受？」曾子曰：「臣聞之，受人者畏人，予人者驕人。縱子有賜不我驕〔五〕也，我能勿畏乎？」終不受。孔

子聞之，曰：「參之言足以全其節也。」（立節）

【校注】

〔一〕「齊景公」，春秋時齊國君主，前五四七年至前四〇九年在位。

〔二〕此語謂，齊景公賜給孔子廩丘作爲食邑。「廩丘」，齊邑名。左傳襄公二十六年：「齊烏餘以廩丘奔晉。」即此。漢置縣，屬東郡。晉屬濮陽國。隋屬鄆州。大業初併入鄆城縣。在今山東鄆城北。

〔三〕「説」，音「税」，遊説，勸説。「景公」，「景」爲謚號，孔子死於景公之前，不可能如此稱呼，當是後人追述。

〔四〕「脩衣」，修飾衣裝，指改善衣食。

〔五〕「不我驕」，即不驕我。「驕」，傲慢，輕視。

曾子曰：「吾聞夫子之三言〔一〕，未之能行也。夫子見人之一善而忘其百非，是夫子之易事〔二〕也；夫子見人有善，若己有之，是夫子之不争也；聞善必躬親行之，然後道之，是夫子之能勞也。夫子之能勞也，夫子之不争也，夫子之易事也，吾學夫

子之三言而未能行。」（雜言）

【校注】

〔一〕「三言」，指曾子此處概述的孔子嘉善、喜善的三個方面的美德。在善行修養方面，孔子所言較多，如「三人行，必有我師焉，擇其善者而從之，其不善者而改之」（論語述而）、「益者三樂……樂道人之善」（論語季氏）、「聞義不能徙，不善不能改，是吾憂也」（論語述而）「見善如不及，見不善如探湯」（論語季氏）等等。

〔二〕「易事」，容易事奉。孔子説：「君子易事而難説（悦）也，説之不以道，不説也；及其使人也，器之。小人難事而易説也，説之雖不以道，説也；及其使人也，求備焉。」（論語子路）

凡善之生也，皆學之所由。一室之中，必有主道〔一〕焉，父母之謂也。故君正則百姓治，父母正則子孫孝慈。是以孔子家兒不知罵，曾子家兒不知路〔二〕。所以然者，生而善教也。（雜言）

【校注】

〔一〕「主道」，似言主持家道者。易家人：「家人有嚴君焉，父母之謂也。父父，子子，兄兄，弟弟，夫夫，婦婦，而家道正。正家而天下定矣。」

〔二〕「路」，誤。清馮雲鵷校刊聖門十六子書曾子書作「怒」，是。

公孟子高見顓孫子莫〔一〕曰：「敢問君子之禮何如？」顓孫子莫曰：「去爾外厲與爾內〔二〕，色勝而心自取〔三〕之，去三者而可矣。」公孟不知，以告曾子。曾子愀然逡巡〔四〕曰：「大哉言乎！夫外厲者必內折，色勝而心自取之者必爲人役，是故君子德行成而容不知，聞識博而辭不爭，知慮微達而能不愚。」（修文）

【校注】

〔一〕「公孟子高」，山東通志卷十一記曰：「南武城人。」「顓孫子莫」，魯之賢人。

〔二〕此有闕文，似是表達「外厲內荏」之意，即表面强硬嚴厲而內心虛弱。後漢書卷六十曰：「今三公皆令色足恭，外厲內荏，以虛事上，無佐國之實，故清濁効而寒溫不効也，是以陰寒侵犯消息。」

〔三〕「取」，求取，有求於人，取悅於人。另，「取」通「趨」，趨向。禮記曲禮上：「禮聞取於人，不聞取人。」俞樾羣經平議大戴禮記：「取當讀爲趣。釋名釋言語曰：『取，趣也。』是取與趣聲近義通……取於人者，爲人所趣向也；取人者，趣向人也。」

〔四〕「愀然」，容色改變貌。「逡巡」，恭順貌。

中論

中論，三國魏徐幹撰。幹字偉長，北海郡（今山東昌樂西）人。博學有文采，與孔融、王粲、陳琳、劉楨、阮瑀、應瑒號稱「建安七子」。該書爲政論著作，隋書經籍志著録六卷，佚。今本係後人所輯。所謂「中論」，即不偏不倚之論，也就是儒家所説的「中庸」。此據四部叢刊初編本輯録。

曾子曰：「人而好善，福雖未至，禍其遠矣。人而不好善，禍雖未至，福其遠矣。」（修本）

曾子曰：「或言予之善，予惟恐其聞。或言予之不善，惟恐過而見予之鄙色〔一〕焉。」故君子服過〔二〕也，非徒飾其辭而已。誠發乎中心，形乎容貌，其愛之也深，其更之也速，如追兔惟恐不逮，故有進業，無退功。詩曰：「相彼脊令〔三〕，載飛載鳴。我日斯邁，而月斯征。」遷善不懈之謂也。夫聞過而不改，謂之喪心；思過而不改，

謂之失體。失體喪心之人，禍亂之所及也。（貴驗）

【校注】

〔一〕「鄙色」，羞愧之色。

〔二〕「服過」，承認過錯。

〔三〕「相」，四庫全書本中論作「相」，十三經注疏本詩經小宛作「題」。毛傳曰：「題，視也。脊令不能自舍，君子有取節爾。」鄭箋云：「題之爲言視睇也。載之言則也。則飛則鳴，翼也口也，不有止息。」「脊令」，也作「脊鴒」，即「鶺鴒」，水鳥。

或曰：「俱謂賢者耳，何乃以聖人論之？」對曰：「賢者亦然。人之行莫大於孝，莫顯於清〔一〕。曾參之孝，有虞不能易〔二〕；原憲之清，伯夷不能間〔三〕。」（智行）

【校注】

〔一〕此語謂，人的德行，其大莫過於孝敬，其顯莫過於清廉。

〔二〕「虞」，舜帝號。史記五帝本紀：「舜父瞽叟頑，母嚚，弟象傲，皆欲殺舜。舜順適不失子道。」「易」，輕也。語謂，曾參的孝行，雖孝如虞舜者也不能小視。

〔三〕「原憲」，名憲字思，孔子弟子。史記遊俠列傳：「及若季次、原憲，閭巷人也。讀書懷獨行君子之德，義不苟合當世，當世亦笑之。故季次、原憲終身空室蓬户，褐衣，疏食不厭，死而已。」論語雍也：「原思爲之宰，與之粟九百，辭。子曰：『毋！以與爾鄰鄉黨乎！』」「間」，非議。語謂，原憲的清廉，雖廉如伯夷者也不能非議。

身體髮膚受之父母，不敢毀傷，孝之至也〔一〕。若夫求名之徒，殘疾厥體，冒厄危戮，以徇〔二〕其名，則曾參不爲也。（天壽）

【校注】

〔一〕此語，孝經開宗明義章作「身體髮膚受之父母，不敢毀傷，孝之始也」。身體爲父母所給，不毀傷身體，是孝的根本，而不是孝的極致。當依孝經説。

〔二〕「徇」，謀求。

莊子

莊子，戰國宋莊周撰。周生於約前三六九年，卒於前二八六年。宋之蒙（今河南商丘）人，曾爲漆園吏。後居家講學著書。家貧，曾向河監侯借糧。楚威王聞其賢，聘請爲相，却婉拒不赴。該書又名南華真經、南華經。漢書藝文志著録莊子五十二篇。後有散失。晉郭象注本三十三篇，流傳至今。此據四部叢刊初編本輯録。

曾子再仕而心再化〔一〕，曰：「吾及親仕，三釜〔二〕而心樂；後仕，三千鍾不洎〔三〕，吾心悲。」弟子問於仲尼曰：「若參者，可謂無所縣〔四〕其罪乎？」曰：「既已縣〔五〕矣，夫無所縣者，可以有哀乎〔六〕？彼視三釜三千鍾，如觀雀蚊虻相過乎前也〔七〕。」

（寓言）

【校注】

〔一〕「再化」，郭慶藩莊子集釋疏曰：「曾參至孝，求禄養親，故前仕親在，禄雖少而歡樂；後仕親没，禄雖多而悲悼；所謂再化，以悲樂易心爲不及養親故也。」陳鼓應莊子今注今譯注曰：「再化：指内心的感覺不同。」

〔二〕「釜」，六斗四升。

〔三〕「鍾」，六斛四斗。「洎」，及也。「不洎」，不及養親。

〔四〕「縣」，郭慶藩莊子集釋引晉郭象注曰：「縣，系也。謂參仕以爲親，無系禄之罪也。」疏曰：

「縣，系也。門人之中，無的姓諱，當是四科十哲之流也。曾參仁孝，爲親求禄，雖復悲樂，應無系於罪。門人疑此，咨問仲尼也。」楊柳橋莊子譯詁注曰：「郭象：縣，系也。章炳麟：説文曰：『罪，捕魚竹網也。』無所縣其罪，猶云無所掛其網也。按：網，謂世網。嵇康難養生論：『奉法循理，不絓（挂）世網。』……古書虚字集釋：『其，猶於也。』無所縣其網，無所掛於世俗之網羅也。此『罪』之本義也。」陳鼓應莊子今注今譯注曰：「無所縣其罪乎：意指無所系於禄網。『縣』，懸，牽掛。」

〔五〕「既已縣」，郭慶藩莊子集釋引郭象注曰：「系於禄以養也。」楊柳橋莊子譯詁譯曰：「他已經有所牽掛了。那無所牽掛的人，能够懷有悲哀的心情嗎？」

〔六〕郭慶藩莊子集釋引郭象注曰：「夫養親以適，不問其具。若能無系，則不以貴賤經懷，而平和怡暢，盡色養之宜矣。」疏曰：「夫孝子事親，務在於適，無論禄之厚薄，盡於色養而已，故有庸賃而稱孝子，三仕猶爲不孝。參既心存哀樂，得無系禄之罪乎！夫唯無系者，故當無哀樂也。」

〔七〕郭慶藩莊子集釋引郭象注曰：「夫無系者，視榮禄若蚊虻鳥雀之在前而過去耳，豈有哀樂於其間哉！」疏曰：「達道之人無心系禄，千鍾三釜，不覺少多。猶如鳥雀蚊虻相與飛過於前矣，決然而已，豈系之哉！」

曾子居衛，緼袍無表，顔色腫噲，手足胼胝〔一〕，三日不舉火，十年不製衣。正冠而纓絶，捉衿而肘見，納屨而踵決〔二〕。曳縰〔三〕而歌商頌，聲滿天地，若出金石。天子不得臣，諸侯不得友。故養志者忘形，養形者忘利，致道者忘心矣。（讓王）

【校注】

〔一〕腫噲，噲音「塊」，虚腫。胼胝，音「駢支」，手掌腳底因長期勞動摩出的繭。郭慶藩莊子集釋疏曰：「以麻緼袍絮，復無表里也。腫噲，猶剥錯也。每自力作，故生胼胝。」

〔二〕「納屨而踵決」，穿鞋而後跟即破。

〔三〕「縰」，音「徙」，指縰履，無跟之履。「曳縰」，拖着無跟的爛鞋子。

韓非子

韓非子，戰國韓非撰。非生於約前二八〇年，卒於約前二三三年。戰國末韓國人，法家代表人物。與李斯同師事荀子。主張不務德而務法，刑不避大夫，賞不遺匹夫，建議韓王修明法度，不爲用。所著孤憤、五蠹受秦王重視，迫非至秦，然爲李斯構陷，死於獄中。他所提倡的法、術、勢治國理念，產生重大影響。此書二十卷，五十五篇。此據四部叢刊初編本輯録。

子夏見曾子，曾子曰：「何肥〔一〕也？」對曰：「戰勝，故肥也。」曾子曰：「何謂也？」子夏曰：「吾入見先王之義則榮之，出見富貴之樂又榮之，兩者戰於胷中，未知勝負，故臞〔二〕。今先王之義勝，故肥。是以忘〔三〕之難也，不在勝人，在自勝也，故曰自勝之謂强。」（喻老）

【校注】

〔一〕「肥」，胖。

〔二〕「臞」，瘦。

〔三〕「忘」，王先慎韓非子集解、陳奇猷韓非子新校注作「志」。

衛將軍文子〔一〕見曾子，曾子不起，而延於坐席，正身於奥〔二〕。文子謂其御〔三〕曰：「曾子，愚人也哉！以我爲君子也，君子安可毋敬也？以我爲暴人也，暴人安可侮也？」曾子不僇命〔四〕也。（説林下）

【校注】

〔一〕「文子」，陳奇猷韓非子新校注：「王佩諍曰：大戴禮記有衛將軍文子篇，孔廣森補注引虞注曰：『文子，衛卿也，名彌牟。』又引世本曰：『衛靈公生昭子郢，郢生文子本。』奇猷案：『本』疑爲『文子』之名，彌牟其字也。」

〔二〕「身」下，王先慎韓非子集解據御覽卷一百八十八引文補「見」字。陳奇猷韓非子新校注曰：「王氏增『見』字，殊不辭。」「奥」，室之西南隅曰奥，尊長居之。曾子處尊位，客處於側，故文子以爲侮而不敬。

〔三〕「御」，駕車者。

〔四〕「僇」，音「路」。字彙：「僇，辱也。」史記楚世家：「僇越大夫常壽過。殺蔡大夫觀起。」司馬貞索隱：「僇，辱也。」「僇命」，辱命。

曾子之妻之市，其子隨之而泣，其母曰：「女還，顧反爲女殺彘〔一〕。」適〔二〕市來，曾子欲捕彘殺之，妻止之曰：「特與嬰兒戲耳。」曾子曰：「嬰兒非與戲也。嬰兒非有知也，待父母而學者也，聽父母之教。今〔三〕子欺之，是教子欺也。父欺子，而不信其母〔四〕，非以成教也。」遂烹彘也。（外儲説左上）

【校注】

〔一〕「堯」，音「至」，豬。

〔二〕「適」上，王先慎韓非子集解有「妻」字，校曰：「乾道本無『妻』字，治要有，今據補。」

〔三〕「令」，王先慎韓非子集解改作「令」，校曰：「乾道本『令』作『令』，治要作『令』，今據改。」

〔四〕此二句，王先慎韓非子集解作「母欺子，子而不信其母」，校曰：「各本上『母』字作『父』，不重『子』字，今據治要增改。」

呂氏春秋

呂氏春秋，戰國呂不韋撰。呂生年不詳，卒於前二三五年。衛國濮陽（今河南濮陽西南）人，雜家代表人物。秦襄王時任丞相，封文信侯。秦王政理政後，被免，憂懼自殺。此書爲門客集體編成，其中十二記按十二月順序編排，故名呂氏春秋。因書中有八覽，故又名呂覽。此據四部叢刊初編本輯録。

子貢、子夏、曾子學於孔子，田子方〔一〕學於子貢，段干木〔二〕學於子夏，吴起〔三〕

學於曾子，禽滑釐〔四〕學於墨子，許犯學於禽滑釐，田繫學於許犯。孔墨之後學顯榮於天下者衆矣，不可勝數，皆所染者得當也。（當染）

【校注】

〔一〕田子方，戰國時魏國賢士，魏文侯尊其爲師。

〔二〕段干木，戰國時魏國隱士，魏文侯尊重之。

〔三〕吴起，戰國時魏國人（辭源説衛國人），軍事家。魏文侯用爲將，攻秦，拔五城。爲魏相公叔所忌，奔楚，楚悼王用爲令尹，輔佐悼王變法圖强，使楚國强盛一時。悼王死，被宗室大臣殺害。

〔四〕禽滑釐，音「秦骨厘」，「釐」同「氂」，戰國人，初受業於子夏，後學於墨子，盡傳其學，尤精研攻防城池之戰術。

曾子曰：「君子行於道路，其有父者可知也，其有師者可知也。夫無父而無師者，餘若夫何哉〔一〕！」此言事師之猶事父也。曾點使〔二〕曾參，過期而不至，人皆見曾點曰：「無乃畏〔三〕耶？」曾點曰：「彼雖畏，我存，夫安敢畏！」孔子畏〔四〕於匡，顔淵後，孔子曰：「吾以汝爲死矣。」顔淵曰：「子在，回何敢死？」顔回之於孔子也，猶曾參之事父也。古之賢者與〔五〕，其尊師若此，故師盡智竭道以教。（勸學）

【校注】

〔一〕張雙棣呂氏春秋譯注：「餘若夫何哉：大意是，對那些父親、老師都不在的，其他人又怎麼樣呢？餘，指父、師而外的其他人。夫，彼，指上文『無父而無師者』。」

〔二〕使，派遣，支使。

〔三〕「無乃」，恐怕，大概。「畏」，死。辭源釋曰：「犯法獄死曰畏。」

〔四〕「畏」，通「圍」。孔子被圍困於匡地。

〔五〕「與」，語氣詞。

曾子曰：「先王之所以治天下者五：貴德，貴貴，貴老，敬長，慈幼。此五者，先王之所以定天下也。所謂貴德，爲其近於聖也；所謂貴貴，爲其近於君也；所謂貴老，爲其近於親也〔一〕；所謂敬長，爲其近於兄也；所謂慈幼，爲其近於弟也。」（孝行）

【校注】

〔一〕張雙棣呂氏春秋譯注譯曰：「所以崇尚道德，是因爲它近於接近於聖賢；所以崇尚尊貴，是因爲它近於接近於君主；所以尊敬老人，是因爲他近於父母。」

曾子曰：「父母生之，子弗敢殺。父母置之，子弗敢廢。父母全之，子弗敢闕[一]。故舟而不游，道而不徑[二]，能全支體，以守宗廟，可謂孝矣。養有五道：修宮室，安牀笫，節飲食，養體之道也；樹五色，施五采，列文章[三]，養目之道也；正六律[四]，龢五聲[五]，雜八音[六]，養耳之道也；熟五穀[七]，烹六畜[八]，龢煎調，養口之道也；龢顔色，説言語，敬進退，養志之道也[九]。此五者代進而厚用之，可謂善養矣。」（孝行）

【校注】

〔一〕「闕」，通「缺」。此指身體損傷。

〔二〕「道而不徑」，走路時走大道而不走小道。徑，小路。

〔三〕「文章」，錯雜的色彩或花紋。古以青、赤相配合爲文，白、赤相配合爲章。

〔四〕「六律」，樂律有十二，陰陽各六，陽爲律，陰爲吕。六律即黄鐘、太蔟、姑洗、蕤賓、夷則、無射。

〔五〕「龢」，古「和」字。下同。「五聲」，即宫、商、角、徵、羽。

〔六〕「八音」，指金、石、絲、竹、匏、土、革、木。金爲鐘，石爲磬，琴瑟爲絲，簫管爲竹，笙竽爲匏，壎爲土，鼓爲革，柷敔爲木。

〔七〕「五穀」，五種穀物。説法不同：周禮夏官職方氏「其穀宜五種」，注指黍、稷、菽、麥、稻。後通常指稻、黍、稷、麥、豆。此處泛指糧食作物。

〔八〕「六畜」，指牛、馬、羊、豕、雞、犬。

〔九〕面色温和，語言喜悦，進退舉止恭敬，這是養護父母心意、情感的方法。「説」，通「悦」。

淮南子

淮南子，又名淮南鴻烈，漢淮南王劉安及其門客編撰。安生於前一七九年，卒於前一二二年。劉邦之孫，襲封淮南王。景帝時，與門客蘇飛、左吴、田由、雷被等雜采先秦諸子之説，編成此書。該書以道家思想爲主，糅合了儒、法、陰陽五行等家的觀點，四庫全書將其歸入雜家類。漢高誘淮南鴻烈解序曰：「此書大較歸之於道，號曰鴻烈。鴻，大也；烈，明也，以爲大明道之言也。」漢書藝文志著録内二十一篇，外三十三篇，今只流傳内篇。此據四部叢刊初編本許慎淮南鴻烈解輯録。

夫顔回、季路、子夏、冉伯牛，孔子之通斈〔一〕也。然顔淵夭死，季路葅於衛〔二〕，子夏失明，冉伯牛爲厲〔三〕，此皆迫性拂情而不得其和〔四〕也。故子夏見曾子，一臞一肥〔五〕。曾子問其故，曰〔六〕：「出見富貴之樂而欲之，入見先王之道又説之，兩者心戰，故臞。先王之道勝，故肥。」推此志，非能貪富貴之位，不便侈靡之樂，直宜迫性閉欲，以義自防也〔七〕。雖情心鬱殪，形性屈竭，猶不得已自强也，故莫能終其天年〔八〕。若夫至人〔九〕，量腹而食，度形而衣，容身而游，適情而行，餘〔一〇〕天下而不貪，委〔一一〕萬物而不利，處大廓之宇，游無極之野，登太皇，馮太一〔一二〕，玩天地於掌握之中，夫豈爲貧富肥臞哉！（精神訓）

【校注】

〔一〕「斈」，同「學」。「孔子之通斈」，通曉孔子學説者。

〔二〕許慎解：「衛人醢之，以爲醬，故曰葅。」「葅」，古代酷刑，剁人爲肉醬。相傳子路仕於衛，在衛君父子争國中被殺，被剁成肉醬。

〔三〕許慎解：「子夏夅於西河，哭其子而失明，曾子哭之。伯牛有疾，孔子自牖執其手曰：『斯人也而有斯疾也。』」「厲」，癘疫，急性傳染病。

〔四〕「迫性拂情」，强迫違逆性情。「不得其和」，不得中和。

〔五〕「一臞一肥」，即一瘦一胖。此指子夏時瘦時胖。

〔六〕「曰」，此爲子夏曰。

〔七〕趙宗乙淮南子譯注注曰：「『非能』四句：原注：『直猶但也。』王念孫雜志：『「貪」上不得有「不」字，「直」下不當有「宜」字，「宜」即「直」之誤而衍者也。高注「宜」字亦當爲「直」，直之言特也，言子夏非能不貪富貴，不樂侈靡，特以義自强耳。特、但一聲之轉，故云「直猶但也」。』」譯曰：「推究子夏這番話的意趣，説明他原本並非能做到不貪求富貴的地位，並非不認爲侈靡之樂快樂，只是壓抑天性封閉情欲，用道義自我防範。」

〔八〕「鬱殪」，鬱悒，憂傷。「屈竭」，枯竭，空乏。「天年」，自然的壽命。高誘注：「精神内守無思慮，故肥；義以自防，故情心鬱殪不通，形性屈竭也。以不得止而自勉强，故無能終其天年之命也。」

〔九〕「至人」，道德修養達到最高境界的人。

〔一〇〕「餘」，餘棄，遺棄。

〔二〕許慎解：「委，棄也。不以萬物爲利矣。」

〔三〕「太皇」，指天。「太一」，古指形成天地萬物的元氣。此當指道家虛無之「道」。

故公西華〔一〕之養親也，若與朋友處；曾參之養親也，若事嚴主烈君〔二〕，其於養一也。（齊俗訓）

【校注】

〔一〕「公西華」，名赤，字子華，魯國人（今山東東明人）。孔子弟子，少孔子四十二歲。

〔二〕高誘注：「公西華之養親，若與朋友處，睦而少敬也。烈，酷也。曾子事親，其敬多。」

今世俗之人，以功成爲賢，以勝患爲智，以遭難爲愚，以死節爲戇〔一〕，吾以爲各致其所極〔二〕而已。王子比干非不智箕子〔三〕被髮佯狂以免其身也，然而樂直行盡忠以死節，故不爲也。伯夷、叔齊非不能受禄任官以致其功也，然而樂離世伉行以絕衆，故不務也。許由、善卷〔四〕非不能撫天下寧海内以德民也，然而羞以物滑和〔五〕，故弗受也。豫讓、要離〔六〕非不知樂家室安妻子以偷生也，然而樂推誠行必以死主，故不留也。今從箕子視比干則愚矣，從比干視箕子則卑矣；從管晏視伯夷則戇矣，從伯夷視管晏則貪矣。趨舍相非，嗜欲相反，而各樂其務，將誰使正之？曾子曰：「擊舟水中，鳥聞之而高翔，魚聞之而淵藏。」故所趨各異，而皆得所便。（齊俗訓）

【校注】

〔一〕「戇」，音「壯」。漢語大字典釋曰：「迂愚而剛直。說文心部：『戇，愚也。』正字通心部：『戇，急直也。』」

〔二〕「極」，至，極致。謂達到最高限度。

〔三〕「智」，趙宗乙淮南子譯注本作「知」。「智」通「知」，知道。「比干」，殷末紂王叔伯父（一説紂庶兄）。紂淫亂，比干犯顔强諫，紂怒，剖其心。「箕子」，紂之諸父，封國於箕，故稱。紂暴虐，箕子諫而不聽，乃披髮佯狂爲奴，爲紂所囚。王念孫讀書雜志以爲「箕子」二字衍，曰：「『箕子』二字，因下文『從箕子視比干』而衍。下文云：『伯夷、叔齊非不能受禄任官以致其功也』，『許由、善卷非不能撫天下寧海内以德民也』，『豫讓、要離非不知樂家室安妻子以偷生也』，皆與此文同一例，若有『箕子』二字，則文不成義，且與下文不對矣。」

〔四〕「許由」，上古高士。相傳堯讓天下，不受，遁耕於箕山之下。堯又召爲九州長，由不欲聞之，洗耳於潁水濱。「善卷」，也作「善綣」，上古隱士。莊子讓王載：「舜以天下讓善卷，善卷曰：『余立於宇宙之中，冬日衣皮毛，夏日衣葛絺……日出而作，日入而息，逍遥於天地之間，而心意自得。』」

〔五〕「滑」，音「骨」，亂也。「滑和」，漢語大詞典釋曰：「謂擾亂中和之道。」

〔六〕「豫讓、要離」，高誘注：「豫讓，智伯臣。要離，吴王闔閭臣。」辭源釋「豫讓」曰：「春秋末戰國初刺客。曾事晉范氏及中行氏，無所知名，去而事智伯。趙襄子與韓、魏滅智伯，豫讓漆身爲癩子，滅須去眉，以變其容，吞炭爲啞，以變其音，謀刺襄子，爲智伯報仇。曾言：范中行氏以衆人遇我，我故以衆人報之；智伯以國士遇我，我故以國士報之。謀刺襄子，被執自殺。見戰國策趙一、史記八六刺客傳。」又釋「要離」曰：「春秋時刺客。吴公子光既殺王僚，又謀殺王子慶忌。要離獻謀，先使吴斷其右手，殺其妻子，然後詐以負罪出奔，見慶忌于衛。慶忌喜，與之謀奪吴國。至吴地，渡江，要離于中流刺中慶忌要害。慶忌釋之，令還吴。要離渡至江陵，亦伏劍自盡。事見吴越春秋闔閭内傳。」

曾子攀柩車，引輴者爲之止也〔一〕。（説山訓）

【校注】

〔一〕「輴」，音「村」，載棺柩的車。高誘曰：「曾子至孝，送親喪悲哀，攀援柩車，而輓者感之，爲之止輴。」

曾子立孝，不過勝母之閭〔一〕；墨子非樂，不入朝歌〔二〕之邑；曾子立廉，不飲盜泉〔三〕，所謂養志者也。（説山訓）

【校注】

〔一〕「勝母」，地名。史記鄒陽傳：「故縣名勝母，而曾子不入。」「閭」，里巷。

〔二〕「朝歌」，地名，殷都城。

〔三〕「盜泉」，泉名，在山東泗水縣。尸子：「（孔子）過於盜泉，渴矣而不飲，惡其名也。」與此所記有異。

尸子

尸子，戰國尸佼撰。佼生於約前三九〇年，卒於約前三三〇年。一説晉國人，一説魯國人。佼爲秦相商鞅的賓客，曾參與商鞅變法的策劃，鞅被殺，佼逃亡入蜀，著此書。漢書藝文志列入雜家，著録二十篇，已佚。唐代魏徵等所撰的羣書治要第三十六卷輯録有勸學等十三篇，清代章宗源、孫星衍、汪繼培、任兆麟等都有輯本。此據叢書集成初編汪繼培輯本輯録。

曾子曰：「取人者必畏，與人者必驕。今説者懷畏，而聽者懷驕。以此行義，不亦難乎。非求賢務〔一〕士，而能致大名於天下者，未之嘗聞也。夫士不可妄致〔二〕也，覆巢破卵，則鳳皇不至焉；刳胎焚夭，則麒麟不往焉；竭澤漉魚〔三〕，則神龍不下焉。夫禽獸之愚而不可妄致也，而況於火食之民乎！是故曰，待士不敬，舉士不信，則善士不往焉。聽言耳目不瞿〔四〕，視聽不深，則善言不往焉。」（尸子卷上明堂）

【校注】

〔一〕「務」，求，謀求。

〔二〕「致」，求取，獲得。

〔三〕「漉」，使乾涸。「漉魚」，捕魚。

〔四〕「瞿」，同「懼」，驚懼。禮記雜記：「見似目瞿，聞名心瞿。」

曾子每讀喪禮，泣下霑襟。孝己〔一〕一夕五起，視衣之厚薄，枕之高卑。愛其親也。（尸子卷下。輯自太平御覽）

【校注】

〔一〕孝己，藝文類聚所輯此文作「常以」；馮雲鵷校刊聖門十六子書曾子書補遺也作「常以」。

金樓子

金樓子，南朝梁元帝蕭繹撰。繹字世誠，武帝蕭衍第七子。金樓，道家以爲上帝藏書之所，以金爲飾，故名。元帝好道亦好書，便自號金樓子。此書爲雜家著作，原十五卷，已佚。清修四庫全書時，從永樂大典中輯出，釐爲六卷。此據四庫全書本輯録。

曾子曰：「昔楚人掩口而言，欲以説王，王以爲慢，遂加之誅。衛太子以紙閉鼻，漢武帝謂聞己之臭，又致大辠。二者事殊而相似，時異而怨同。」（立言）

曾子曰：「患身之不善，不患人之莫己知〔一〕。丹青在山，民知而求之；善珠在淵，民知而取之；至道在學，而人不知就之，惑夫！」（立言）

【校注】

〔一〕「患」，擔憂。擔憂自身不好（有缺點），不擔憂别人不瞭解自己。此語與論語學而篇孔子所説的「不患人之不己知，患不知人也」義近。

顏氏家訓

顏氏家訓，北朝齊顏之推撰。顏之推生於公元五三一年，卒年不詳。字介，琅琊（今山東臨沂）人。梁元帝時爲散騎侍郎；梁亡，奔北齊，爲黄門侍郎；齊亡，入北周，爲御史上士。隋時爲學士。此書係雜論，二十篇。作者以聖賢之道、立身處世之法教誡子孫，故名家訓。此據四部叢刊初編本輯録。

吉甫〔一〕，賢父也。伯奇，孝子也。賢父御孝子，合得終於天性，而後妻間之，伯奇遂放〔二〕。曾參婦死，謂其子曰：「吾不及吉甫，汝不及伯奇〔三〕。」王駿喪妻，亦謂人曰：「我不及曾參，子不如華、元〔四〕。」並終身不娶，此等足以爲誡。其後，假繼慘虐孤遺，離間骨肉，傷心斷腸者，何可勝數？慎之哉！慎之哉！（後娶）

【校注】

〔一〕「吉甫」，「尹吉甫」，周宣王時賢臣。

〔二〕王利器顏氏家訓集解：趙曦明曰：「琴操履霜操：『尹吉甫子伯奇，母早亡，更娶後妻，乃譖之吉甫曰：「伯奇見妾美，有邪念。」吉甫曰：「伯奇慈心，豈有此也？」妻曰：「置妾空房中，君登樓察之。」乃取蜂置衣領，令伯奇掇之。於是吉甫大怒，放伯奇於野。宣王出遊，吉甫從，伯奇作歌以感之。宣王曰：「此放子之詞也。」吉甫感悟，射殺其妻。』」

〔三〕王利器顏氏家訓集解：盧文弨曰：「家語七十二弟子解：『曾參，後母遇之無恩，而供養不衰。及其妻以藜蒸不熟，遂出之，終身不娶妻。其子元請焉，告其子曰：「高宗以後妻殺孝己，尹吉甫以後妻放伯奇，吾上不及高宗，中不及吉甫，庸知其得免於罪乎？」』」

〔四〕「華元」，王利器顏氏家訓集解：盧文弨曰：「漢書王吉傳：『吉子駿，爲少府，時妻死，因不復娶，或問之，駿曰：「德非曾參，子非華、元，亦何敢娶？」』」案：元與華，曾子之二子也，大戴禮及説苑敬慎篇俱云『曾子疾病，曾元抱首，曾華抱足』。檀弓作『曾元、曾申』，是華一名申。」利器案：「盧引大戴禮，見曾子疾病篇。曾子二子，獨檀弓作『曾元、曾申』，與他書異，疑『申』爲『華』之壞文也。」

人有坎壈〔一〕，失於盛年，猶當晚學，不可自棄。孔子云：「五十以學易，可以無大過矣。」魏武、袁遺〔二〕老而彌篤，此皆少學而至老不倦也。曾子七十乃學〔三〕，名聞天下；荀卿五十始來遊學，猶爲碩儒；公孫弘四十餘方讀春秋，以此遂登丞相；朱雲亦四十始學易、論語，皇甫謐二十始授孝經、論語，皆終成大儒，此並早迷而晚寤也。世人婚冠未學，便稱遲暮，因循面牆〔四〕，亦爲愚爾。幼而學者，如日出之光；老而學者，如秉燭夜行，猶賢乎瞑目而無見者也。（勉學）

【校注】

〔一〕「坎壈」，不平，喻遭遇不順利。

〔二〕「魏武、袁遺」，王利器顏氏家訓集解：趙曦明曰：「魏志武帝紀注：『太祖御軍三十餘年，手不捨書，晝則講武策，夜則思經傳，登高必賦，及造新詩，被之管絃，皆成樂章。袁遺，字伯業，紹從兄，爲長安令。河間張超嘗薦遺於太尉朱儁，稱遺有冠世之懿，幹時之量。太祖稱：長大而能勤學，惟吾與袁伯業耳。』」

〔三〕「七十」，當爲「十七」。駱承烈曾子與孝經曾有這樣的描述：「曾參長到十七歲，已是一位英俊少年。這一天，曾皙把兒子叫到面前，經過一番知識考查，終於作出了一個重要決定：讓兒子投師孔門！這時孔子正在周遊列國，誰也説不準他現在在哪個國家。十七歲的曾參遵從父親的意願，毅然踏上了尋師的行程。他經過長途勞頓，一路打聽，終於經陳國到楚國，趕上了孔子。孔子看到風塵僕僕的曾參，又驚又喜，欣然接受了這個比他小四十六歲的學生。」

〔四〕「面牆」，論語陽貨：「子謂伯魚曰：『女爲周南、召南矣乎？人而不爲周南、召南，其猶正牆面而立也與？』」辭源釋「面牆」曰：「喻不學，如面向牆而一無所知。」

白虎通義

白虎通義，又名白虎通德論，簡稱白虎通，漢班固等撰。固字孟堅，扶風安陵（今陝西咸陽東）人。生於公元三二年，卒於九二年。建初四年（七九年），章帝在白虎觀召集諸儒講議五經異同，其會議記録，初名白虎議奏，後經班固整理成書，定名爲白虎通義。通義，通常不變的理義，即會議討論決定的問題被認爲是天經地義通常不變的真理。屬經學著作，四十四篇。四庫全書歸入雜家類雜考之屬。此據四部叢刊初編本輯録。

傳曰：曾去妻，黎〔一〕蒸不熟。問曰：「婦有七出〔二〕，不蒸亦預〔三〕乎？」曰：「吾聞之也，絶交令可友，棄妻令可嫁也。黎蒸不熟而已，何問其故乎？此爲隱〔四〕之也。」（諫諍）

【校注】

〔一〕「黎」，通「梨」。下同

〔二〕「七出」，男子可以休出妻妾的七種理由。指不順父母，無子，淫僻，嫉妒，惡疾，多口舌，竊盜。

〔三〕「預」，相干。謂「黎蒸不熟」與「七出」相干嗎。

〔四〕「隱」，隱瞞。此指妻子有過，隱其實情而不彰。清陳立白虎通疏證：「家語弟子行篇：『參後母遇之無恩，而供養不衰。及其妻以蒸藜不熟，因出之。人曰：「非七出也。」參曰：「蒸藜小物耳，吾欲使熟而不用吾命，況大事乎？」遂出之。』與此小異。然則曾子以其妻本犯七出，慮彰其惡，故借小過出之，爲之隱也。」

曾子問曰：「王者諸侯出，稱告祖禰〔一〕，使祝遍告五廟〔二〕，尊親也。」（巡狩）

【校注】

〔一〕「稱告」，清陳立白虎通疏證（吳則虞點校）作「親告」。「祖禰」，祖先。

〔二〕「祝」，祠廟中司祭禮之人。「五廟」，諸侯有五廟，即二昭二穆和太祖廟。

曾子問曰：「三年之喪，練不羣立〔一〕，不旅行，禮以飾情〔二〕，三年之喪而吊哭，不亦虛乎？」禮檀弓曰：曾子有母之喪，弔子張。子張者朋友，有服，雖重服，吊之可也。曾子問曰：「小功可以與祭乎？」孔子曰：「斬衰已下與祭，禮也。」此謂君喪然也。（喪服）

【校注】

〔一〕「練」，祭名。父母喪後周年之祭稱小祥，此時孝子可以穿練過（經過煮練）的布帛，故小祥之祭也稱「練」。「羣立」，站立在人羣中。陳澔禮記集說：「羣立旅行，言及他事，則爲忘哀。」

〔二〕「飾情」，掩飾自己的真情本意。

禮曾子記曰：「大辱加於身，皮體〔一〕毀傷，即君不臣，士不交，祭不得爲昭穆〔二〕之尸，食不得昭穆之牲，死不得葬穆之城〔三〕也。」弟子爲師服者，弟子有臣君〔四〕父子朋友之道也。故生則尊敬而親之，死則哀痛之，恩深義重，故爲之隆服〔五〕，入則經〔六〕，出則否。（喪服）

【校注】

〔一〕「皮體」，四庫全書本白虎通義作「皮體」，清陳立白虎通疏證本作「支體」。

〔二〕「昭穆」，古代宗法制度，宗廟或墓地的輩次排列：以始祖居中，二世、四世、六世位於始祖的左方，稱昭；三世、五世、七世位於右方，稱穆，用來分别宗族内部的長幼、親疏和遠近。

〔三〕「穆之城」，四庫全書本白虎通義作「昭穆之域」。

〔四〕「臣君」，四庫全書本白虎通義作「君臣」。

〔五〕「隆服」，最重的喪服。

〔六〕「經」，音「蝶」。喪期結在頭上或腰間的麻帶。禮檀弓上：「孔子之喪，二三子皆經以出。」

論衡

論衡，漢王充撰。充字仲任，會稽上虞(今屬浙江)人。生於公元二七年，卒於九五年。早年受業太學，師事班彪。歷任郡功曹、治中等官，後罷職家居，從事教學和著述。該書立論在於權衡是非真僞，故名論衡。全書八十五篇，其中招致篇闕。四庫全書歸入雜家類雜説之屬。此據四部叢刊初編本輯録。

傳書言：鄒衍〔一〕無罪，見拘於燕，當夏五月，仰天而歎，天爲隕霜。此與杞梁之妻哭而崩城〔二〕無以異也。言其無罪見拘，當夏仰天而歎，實也；言天爲之雨霜，虚也。夫萬人舉口並解吁嗟〔三〕，猶未能感天，鄒衍一人冤而壹歎，安能下霜？鄒衍之冤不過曾子、伯奇〔四〕，曾子見疑〔五〕而吟，伯奇被逐而歌，疑與拘同，吟歌與歎等。曾子、伯奇不能致寒，鄒衍何人，獨能雨霜？被逐之冤，尚未足言。(感虚篇)

【校注】

〔一〕「鄒衍」，戰國齊臨淄人。通陰陽五行，作終始、大聖等篇。

〔二〕杞梁，齊大夫。齊莊公四年，齊襲莒，杞梁戰死。其妻迎喪於郊，枕尸哭甚哀，過者莫不揮涕，十日而城爲之崩塌。

〔三〕「舉口」，猶衆口。「吁嗟」，哀歎，歎息。

〔四〕「伯奇」，孝子。相傳爲周宣王時重臣尹吉甫長子。母死，後母欲立其子伯封爲太子，乃譖伯奇，吉甫怒，放伯奇於野。伯奇編水荷而衣之，采蘋花而食之，清朝履霜，自傷無罪而見放逐，乃作琴曲履霜操以述懷。吉甫感悟，遂求伯奇，射殺後妻。

〔五〕「曾子見疑」，指曾子被父疑怪。孔子家語記曰：曾子耘瓜，誤斬其根。曾晳怒，建大杖以擊其背。曾子僕地而不知人久之。有頃乃甦，欣然而起，進於曾晳曰：「嚮也參得罪於大人，大人用力教參，得無疾乎？」退而就房，援琴而歌，欲令曾晳聞之，知其體康也。

傳書言：曾子之孝，與母同氣。曾子出薪於野，有客至而欲去，曾母曰：「願留，參方到。」即以右手搤其左臂，曾子左臂立痛，即馳至，問母：「臂何故痛？」母曰：「今者客來欲去，吾搤臂以呼汝耳。」蓋以至孝，與父母同氣，體有疾病，精神輒感。曰：此虚也。夫「孝悌之至，通於神明」，乃謂德化至天地。俗人緣此而説，言孝悌之至，精氣相動。如曾母臂痛，曾子臂亦輒痛；曾母病乎，曾子亦病；曾母死，曾子輒死乎？考事，曾母先死，曾子不死矣。此精氣能小相動，不能大相感也。世稱申喜〔一〕夜聞其母歌，心動，開關問歌者爲誰，果其母。蓋聞母聲，聲音相感，心悲意動，開關而問，蓋其實也。今曾母在家，曾子在野，不聞號呼之聲，母小搤臂，安能動子？疑世人頌成〔二〕，聞曾子之孝天下少雙，則爲空生母搤臂之説也。

（感虚篇）

【校注】

〔一〕「申喜」，戰國楚人。淮南子説山：「老母行歌而動申喜，精之至也。」注：「申喜，楚人也，少亡其母，聞乞人行歌聲，感而出視之，則其母也。」

〔二〕「頌」，讚頌，讚美。「成」，通「誠」，誠心。

伯牛〔一〕有疾，孔子自牖執其手，曰：「亡之〔二〕，命矣夫！斯人也而有斯疾也！」原孔子言，謂伯牛不幸，故傷之也。如伯牛以過致疾，天報以惡與子夏同，孔子宜陳其過，若曾子謂子夏之狀。今乃言命，命非過也。且天之罰人，猶人君罪下也。所罰服罪，人君赦之。子夏服過，拜以自悔，天德至明，宜愈其盲。如非天罪，子夏失明，亦無三罪。且喪明之病，孰與被厲〔三〕之病？喪明有三罪，被厲有十過乎？顏淵早夭，子路葅醢。早死、葅醢，極禍也。以喪明言之，顏淵、子路有百罪也。由此言之，曾子之言〔四〕言誤矣。然子夏之喪明，喪其子也。子者人情所通，親者人所力報也。喪親民無聞，喪子失其明，此恩損於親而愛增於子也。增則哭泣無數，數哭中風，目失明矣。曾子因俗之議，以著子夏三罪。子夏亦緣俗議，因以失明故拜受其過。曾子、子夏未離於俗，故孔子門叙行未在上第〔五〕也。（禍虛篇）

【校注】

〔一〕「伯牛」，冉耕，字伯牛，孔子弟子。

〔二〕「亡」，通「無」。看到伯牛病情嚴重，孔子傷感，惋歎「没有辦法」。

〔三〕「孰與」，表示比照，即比遭受惡疾之病怎麼樣？「被厲」，遭受惡疾。

〔四〕「曾子之言」，指曾子怒斥子夏三罪之言。本篇前文述曰：「子夏喪其子而喪其明，曾子吊之，哭。子夏曰：『天乎，予之無罪也！』曾子怒曰：『商！汝何無罪也？吾與汝事夫子於洙泗之間，退而老於西河之上，使西河之民疑汝於夫子，爾罪一也；喪爾親，使民未有異聞，爾罪二也；喪爾子，喪爾明，爾罪三也。汝何無罪歟？』子夏投其杖而拜曰：『吾過矣！吾過矣！吾離羣而索居，亦已久矣！』」

〔五〕「上第」，猶言上等。謂曾子、子夏在孔子弟子中排列位次不是太高。論語先進篇載，孔子弟子分爲四科，即德行：顏淵、閔子騫、冉伯牛、仲弓；言語：宰我、子貢；政事：冉有、季路；文學：子游，子夏。

又問曰：「魯季孫賜曾子簀〔一〕，曾子病而寢之。童子曰：『華而睆〔二〕者，大夫之簀。』而曾子感慙，命元〔三〕易簀。蓋禮，大夫之簀，士不得寢也。今周公，人臣也，以天子禮葬，魂而有靈，將安之不也？」應曰：「成王所爲，天之所予，何爲不安？」難曰：「季孫所賜大夫之簀，豈曾子之所自制乎？何獨不安乎？子疾病，子路遣門人爲臣。病間〔四〕，曰：『久矣哉！由之行詐也。無臣而爲有臣，吾誰欺？欺天乎？』孔子罪子路者也。己非人君，子路使門人爲臣，非天之心而妄爲之，是欺天也。周公亦非天子也，以孔子之心況周公，周公必不安也。季氏旅於太山〔五〕，孔子曰：『曾謂泰山不如林放〔六〕乎？』以曾子之細，猶却非禮；周公至聖，豈安天子之葬？曾謂周公不如曾子乎？由此原之，周公不安也。大人與天地合德，周公不安，天亦不安，何故爲雷雨以責成王乎〔七〕？」（感類篇）

【校注】

〔一〕「季孫」，即季平子，名季孫意如，魯國大夫，長期執掌國政。「簀」，音「責」，牀席。

〔二〕「晥」，明亮的樣子。「華而晥」，華麗而明亮。

〔三〕「元」，曾元，曾參之子。

〔四〕「病間」，病初愈。

〔五〕「季氏」，指季康子。「旅」，祭祀名，祭山曰旅。「太山」，十三經注疏本論語作「泰山」。

〔六〕「曾」，音「增」，竟。「林放」，姓林，名放，字子丘。春秋末魯國人，曾向孔子問禮。此章是説，季氏祭泰山，是僭禮行爲。孔子讓冉有阻止，冉有「不能」，無奈，他發出「難道泰山之神還不如林放知禮嗎」的反問。意思是，林放知禮，泰山之神更知禮，不合禮法的祭祀，泰山之神是不會享用的。

〔七〕此指成王聽信流言，疑周公不忠，激怒上天。書金縢記曰：「武王既喪，管叔及其羣弟乃流言於國曰：『公將不利於孺子。』……秋，大熟，未穫，天大雷電以風，禾盡偃，大木斯拔，邦人大恐。王與大夫盡弁，以啓金縢之書，乃得周公所自以爲功代武王之説。二公及王乃問諸史與百執事，對曰：『信。噫！公命我勿敢言。』王執書以泣，曰：『其勿穆卜。昔公勤勞王家，惟予沖人弗及知。今天動威，以彰周公之德，惟朕小子其親逆，我國家禮亦宜之。』」

琴操

琴操，漢蔡邕撰。邕字伯喈，陳留圉（今河南杞縣）人。生於公元一三二年，卒於一九二年。靈帝時爲議郎。董卓專政，被迫爲御史，官左中郎將。卓被誅後，邕被王充捕，死於獄中。該書爲琴曲故事集。此據續修四庫全書本輯録。

殘形操者，曾子所作也。曾子鼓琴，墨子立外而聽之。曲終，入曰：「善哉！鼓琴身已成矣，而曾未得其首也。」曾子曰：「吾晝卧，見一狸，見其身而不見其頭，起而爲之，弦因而殘形。」（殘形操）

曾子歸耕者，曾子之所作也。曾子事孔子十有餘年，晨覺，眷然念二親年衰，養之不備，于是援琴而鼓之，曰：「往而不反者，年也；不可以再事者，親也。歔欷歸耕來日，安所耕歷山盤兮欽崟〔一〕。」（曾子歸耕）

【校注】

〔一〕此二句，聖門十六子書校曰：「一本云『揭來歸耕歷山盤兮，以晏父母我心慱兮』。」「欽崟」，山高貌。「崟」，音「寅」。

梁山操者，曾子之所作也。曾子幼少，慈仁質孝，在孔子門有令譽。居貧無業，以事父母，躬耕力則〔一〕，隨五土之利，四時惟宜，以進甘肥〔二〕。嘗耕泰山之下，遭天霖澤雨雪寒涷，旬月不得歸，思其父母，乃作憂思之歌。（梁山操）

【校注】

〔一〕「則」，疑爲「作」。

〔二〕「甘肥」，指甘甜肥美的食品。

博物志

博物志，晉張華撰。博物，博識衆物。志，記事之書。此書分述異物、奇境以及殊俗、瑣聞等，故名。此據四庫全書本輯録。

曾子曰：「好我者知我美矣，惡我者知我惡矣。」（雜説）

曾子曰：「弟子不學古知之矣，貧者不勝其憂，富者不勝其樂。」（雜説）

曾子書補遺

曾子書，即曾子十篇（輯自大戴禮記）。清代馮雲鵷校刊聖門十六子書時，在刊載曾子書的同時，又增載了補遺一卷，以補曾子書之遺漏。補遺中的材料，凡以上各書收取者，我們不再重複。此據山東友誼書社孔子文化大全本聖門十六子書輯録。

曾子從孔子在楚〔一〕而心動，辭歸問母，母曰：「思爾，齧指。」孔子曰：「曾參之孝，精感萬里。」

【校注】

〔一〕「在楚」，曾參十七歲時（公元前四八九年）投師孔子，此時孔子正周遊列國至楚國，此年孔子六十三歲。

曾子養母至孝，有玄鶴爲戎人所射，窮而歸之。曾子收養治療，瘡愈飛去。後鶴夜到門，雌雄各銜明珠報焉〔一〕。（以上二條見搜神記）

【校注】

〔一〕此節文字，今傳本搜神記作「噲參養母至孝，曾有玄鶴爲弋人所射，窮而歸參。參收養療治，其瘡愈而放之。後鶴夜到門外，參執燭視之，見鶴雌雄雙至，各銜明珠以報參焉」（中華書局版搜神記）。

曾子之事父也，諭之以小杖則受，諭之以大杖則走者，恐虧其體，非孝之道也〔一〕。（兼明書）

【校注】

〔一〕孔子家語六本載：曾子耘瓜，誤斬其根。曾皙怒，建大杖以擊其背。曾子僕地，而不知人久之。有頃乃甦，欣然而起，進於曾皙曰：「嚮也參得罪於大人，大人用力教參，得無疾乎？」退而就房，援琴而歌，欲令曾皙聞之而知其體也。仲尼聞之而怒，告門弟子曰：「參來，勿納也！」曾子自以爲無罪，使人請於仲尼。仲尼曰：「女不聞乎？瞽瞍有子曰舜，舜之事瞽瞍，欲使之，未嘗不在於側，索而殺之，未嘗可得，小杖則待過，大杖則逃走，故瞽瞍不犯不父之罪，而舜不失烝烝之孝。今參事父，委身而待暴怒，殪而不避，既身死而陷父於不義，其不孝孰大焉？女非天子之民也？殺天子之民，其罪奚若？」曾子聞之，曰：「參罪大矣！」遂造仲尼而謝過。

曾子居曲阜，鴟梟不入城郭。（水經注）

孔子在庶，德無所施，功無所就，志在春秋，行在孝經，以春秋屬商〔一〕，孝經屬參。（孝經鉤命訣）

【校注】

〔一〕「屬」，音「囑」，意爲囑託、託付。「商」，指孔子弟子子夏，姓卜，名商。生於公元前五〇七年，少孔子四十四歲，與子游並列在孔門四科十哲之「文學」科。相傳他是孔子晚年修春秋時的得力助手。

今按鄗畢〔一〕之郊，文武之陵；南城〔二〕之壘，曾晳之冢。周公非不忠也，曾子非不孝也，以爲褒君顯父，不在聚財；揚名顯祖，不在車馬。（潛夫論）

【校注】

〔一〕「鄗」，音「號」，同「鎬」，即鎬京，今陝西西安西。逸周書文傳：「文王受命之九年，時維暮春，在鄗召太子發。」荀子王霸：「湯以亳，武王以鄗，皆百里之地也。」楊倞注：「鄗與鎬同，武王所都京也。」「畢」，諸侯國名，周文王所封，其最早的君主爲文王之子畢公高。左傳僖公二十四年：「畢、原、酆、郇，文之昭也。」杜預注：「畢國，在長安縣西北。」

〔二〕「南城」，即南武城。「曾晳」，曾參之父。史記仲尼弟子列傳：「曾參，南武城人。」索隱：「武城屬魯，當時魯更有北武城，故言南也。」正義：「括地志云：南武城在兗州，子游爲宰者。地理志云定襄有武城，清河有武城，故此云南武城也。」關於南武城的今址，學術界看法不同，有人認爲是今山東平邑，有人認爲是今山東兗州西鄰的嘉祥。

史部

戰國策

戰國策，相傳爲戰國時史官或策士輯録。初有國策、國事、事語、短長、長書、脩書等稱，漢時劉向編訂爲三十三篇，定名爲戰國策。因該書是戰國時遊説之士的策謀和言論彙編，故名。北宋時散佚十一篇，曾鞏爲之輯補，分爲西周、東周、秦、齊、楚、趙、魏、韓、燕、宋、衛、中山十二國策。此據四部叢刊初編本輯録。

昔者，曾子處費〔一〕，費人有與曾子同名族者而殺人，人告曾子母曰：「曾參殺人。」曾子之母曰：「吾子不殺人。」織自若。有頃焉，人又曰：「曾參殺人。」其母尚織自若也。頃之，一人又告之曰：「曾參殺人。」其母懼，投杼踰牆而走。夫以曾參之賢與母之信也，而三人疑之，則慈母不能信也。（秦策二）

【校注】

〔一〕「費」，故城在今山東費縣西南。

人有惡〔一〕蘇秦於燕王者，曰：「武安君〔二〕，天下不信人也。王以萬乘下之，尊之於廷，示天下與小人羣也。」武安君從齊來，而燕王不館〔三〕也。謂燕王曰：「臣東周之鄙人〔四〕也，見足下，身無咫尺之功，而足下迎臣於郊，顯臣於廷。今臣爲足下使，利得十城，功存危燕，足下不聽臣者，人必有言臣不信，傷臣於王者。且臣之不信，是足下之福也。使臣信如尾生〔五〕，廉如伯夷，孝如曾參，三者天下之高行也，而以事足下，可乎？」燕王曰：「可。」曰：「有此，臣亦不事足下矣。」蘇秦曰：「且夫孝如曾參，義不離親一夕宿於外，足下安得使之之齊？廉如伯夷，不取素飡，汙武王之義而不臣，辭孤竹之君，餓而死於首陽之山，廉如此者，何肯步行數千里而事弱燕之危主乎？信如尾生，期而不來，抱梁柱而死，信至如此，何肯揚燕、秦之威於齊而取大功乎哉？且夫信行者，所以自爲也，非所以爲人也；皆自覆〔六〕之術，非進取之道也。」（燕策一）

【校注】

〔一〕「惡」，誹謗，中傷。

〔二〕「武安君」，趙國給蘇秦的封號。

〔三〕「不館」，不安排館舍，即没預備住處。

〔四〕「東周之鄙人」，蘇秦是東周洛陽乘軒里人。

〔五〕「尾生」，戰國時魯國堅守信約之人。史記蘇秦列傳：「信如尾生，與女子期於梁下，女子不來，水至不去，抱柱而死。有信如此，王又安能使之步行千里卻齊之彊兵哉？」

〔六〕「自覆」，自我滿足，保守，與「進取」相對。

史記

史記，漢司馬遷撰。遷字子長，左馮翊夏陽（今陝西韓城）人。生於約前一四五年，卒於約前九〇年。元封三年（前一〇八年），繼父司馬談爲太史令，遵父志修撰史書。天漢二年（前九九年），李陵兵敗降敵，遷爲其辯護，下獄遭腐刑。出獄後，官中書令，發憤著書，寫成偉大的紀傳體史書史記。此據中華書局二十四史標點本輯録。

曾參，南武城人，字子輿。少孔子四十六歲。孔子以爲能通孝道〔一〕，故授之業。作孝經。死於魯。（仲尼弟子列傳）

【校注】

〔一〕正義：韓詩外傳云：「曾子曰：『吾嘗仕爲吏，禄不過鍾釜，尚猶欣欣而喜者，非以爲多也，樂道養親也。親没之後，吾嘗南游於楚，得尊官，堂高九仞，榱提三尺，轂百乘，然猶北向而泣者，非爲賤也，悲不見吾親也。』」

吴起者，衛人也，好用兵。嘗學於曾子，事魯君。齊人攻魯，魯欲將吴起，吴起取齊女爲妻，而魯疑之。吴起於是欲就名〔一〕，遂殺其妻，以明不與齊也。魯卒以爲將。將而攻齊，大破之。魯人或惡吴起曰：「起之爲人，猜忍〔二〕人也。其少時，家累千金，游仕不遂，遂破其家，鄉黨笑之，吴起殺其謗己者三十餘人，而東出衛郭門，與其母訣，齧臂而盟曰：『起不爲卿相，不復入衛。』遂事曾子。居頃之，其母死，起終不歸。曾子薄之，而與起絶。」（孫子吴起列傳）

【校注】

〔一〕「就名」，成就功名。

〔二〕「猜忍」，猜忌殘忍。

漢書

漢書，漢班固撰，紀傳體史書，一百卷。後人因該書有些篇章分量過大，又分爲上中下卷，成了一百二十卷。記漢高祖元年至王莽地皇四年共二百三十年的歷史。作者潛心二十餘年修成此書，成爲接續史記的重要斷代史。此據中華書局二十四史標點本輯録。

孝經者，孔子爲曾子陳孝道也。夫孝，天之經，地之義，民之行也。舉大者言，故曰孝經。（藝文志）

臣聞盛飾入朝者，不以私汙義；底厲名號者，不以利傷行〔一〕。故里名勝母，曾子不入〔二〕；邑號朝歌，墨子回車〔三〕。（鄒陽傳）

【校注】

〔一〕師古曰：「底厲，言其自修廉隅，若磨厲於石也。」

〔二〕師古曰：「曾子至孝，以勝母之名不順，故不入也。」

〔三〕晉灼曰：「紂作朝歌之音。朝歌者，不時也。」師古曰：「朝歌，殷之邑名也。淮南子云：

『墨子非樂，不入朝歌。』」

今陛下并有天下，海内莫不率服，廣覽兼聽，極羣下之知，盡天下之美，至德昭然，施于方外。夜郎、康居〔一〕，殊方萬里，説德歸誼，此太平之致也。然而功不加於百姓者，殆王心未加焉。曾子曰：「尊其所聞，則高明矣；行其所知，則光大矣。高明光大，不在於它，在乎加之意而已。」願陛下因用所聞，設誠於内而致行之，則三王何異哉！（董仲舒傳）

【校注】

〔一〕師古曰：「夜郎，西南夷也。康居，西域國也。」

後漢書

後漢書，南朝宋范曄撰。曄字蔚宗，順陽（今河南内鄉）人。生於公元三九八年，卒於四四五年。晉末爲彭城王劉義康參軍，宋建立後，爲尚書吏部郎，左遷宣城太守。不得志，於是删定自東觀漢記以下諸書，撰爲後漢書。該書記載了東漢階段的歷史，一百三十卷。此據中華書局二十四史標點本輯録。

或謂先孝後仁，非仲尼序回、參之意〔一〕。蓋以爲仁孝同質而生，純體之者，則互以爲稱，虞舜、顏回是也〔二〕。若偏而體之，則各有其目，公劉、曾參是也〔三〕。夫曾、閔〔四〕以孝悌爲至德，管仲以九合爲仁功〔五〕，未有論德不先回、參，考功不大夷吾。以此而言，各從其稱者也。（延篤傳）

【校注】

〔一〕李賢注：「論語孔子曰：『參也魯，回也其庶乎？』言庶幾於善道也。魯，鈍也。言若先孝後仁，則曾參不得不賢於顏子。」

〔二〕李賢注：「虞舜、顏回純德既備，或仁或孝，但隨其所稱爾。」

〔三〕李賢注：「史記：公劉，后稷曾孫也。能修復后稷之業，務耕種，行地宜，百姓懷之，多從而保歸焉。故公劉以仁紀德，曾參以至孝稱賢，此則各自爲目，不能總兼其美也。」

〔四〕「曾閔」，曾參、閔損。

〔五〕李賢注：「論語孔子曰：『桓公九合諸侯，不以兵車，管仲之力，如其仁，如其仁。』九合者，謂再會於鄄，兩會於幽，又會檉、首止、戴寧、母洮、葵丘也。」

晏子春秋

晏子春秋，春秋齊晏嬰撰。嬰字平仲，夷維（今山東高密）人。生年不詳，卒於公元前五〇〇年。齊景公二十六年（前五五六年），其父晏弱死，嬰繼任齊卿，歷仕靈公、莊公、景公三世。此書，漢志惟作晏子，隋志乃名春秋，二名兼行。「春秋」，史書之通稱，該書記晏子事蹟，故名。崇文總目謂：「後人采嬰行事爲之，非嬰所撰。」四庫全書列入史部傳記類。此據四部叢刊初編本輯録。

曾子問晏子曰：「古者嘗有上不諫上，下不顧民，退處山谷以成行義〔一〕者也？」晏子對曰：「察其身無能也，而託乎不欲諫上，謂之誕意〔二〕也。上惛亂，悳〔三〕義不行，而邪辟朋黨，賢人不用，士亦不易〔四〕其行，而從邪以求進，故有隱有不隱。其行法，士也，迺夫議上，則不取也。夫上不諫上，下不顧民，退處山谷，嬰不

識其何以爲成行義者也。」（内篇問下第四）

【校注】

〔一〕「行義」，品行道義。

〔二〕「誕意」，荒誕想法。

〔三〕「悳」，古「德」字。

〔四〕「易」，治，治理。此指修養。「不易其行」，不修養自己的品行。

曾子將行，晏子送之，曰：「君子贈人以軒，不若以言。吾請以言乎？以軒乎？」曾子曰：「請以言。」晏子曰：「今夫車輪，山之直木也，良匠揉之，其圓中規，雖有槁暴，不復嬴〔一〕矣，故君子慎隱揉。和氏之璧，井里之困〔二〕也，良工修之，則爲存國之寶，故君子慎所修。今夫蘭本〔三〕，三年而成，湛〔四〕之苦酒，則君子不近，庶人不佩；湛之縻醢〔五〕，而賈匹馬矣，非蘭本美也，所湛然也。願子之必求所湛。嬰聞之，君子居必擇居，游必就士〔六〕，擇居所以求士，求士所以辟患也。嬰聞汩常移質，習俗移性〔七〕，不可不慎也。」（内篇雜上第五）

【校注】

〔一〕「槁暴」，枯乾，暴曬。「𣎆」，增益，伸長。此指伸直。

〔二〕「井里」，鄉里。古代同里共用一口水井，所以鄉里又稱井里。「井里之困」，指埋没在民間。

〔三〕「蘭本」，蘭草與槁本，皆爲香草，多年生草本植物。

〔四〕「湛」，浸漬。

〔五〕「麋」通「麇」，一種似鹿的珍稀動物。「醢」，音「海」。「麋醢」即「麇醢」，用麇肉製成的醬。

〔六〕「居必擇居」，吳則虞晏子春秋集釋本作「居必擇鄰」。「遊必就士」，郊遊一定要結交賢士。

〔七〕「汩」，亂。「汩常移質，習俗移性」，混亂的倫常會改變人的本質，風俗習慣能改變人的本性。

列女傳

列女傳，又名古列女傳，漢劉向撰。此書記一百零五位女子事蹟，故名列女傳。全書分七個類目，即母儀、賢明、仁智、貞順、節義、辨通、孽嬖。前六類爲褒揚，後一類爲貶斥。作者介紹見前書説苑。此據四部叢刊初編本輯録。

魯黔婁先生之妻也，先生死〔一〕，曾子與門人往弔之。其妻出户，曾子弔之。上堂，見先生之尸在牖下，枕墼〔二〕席稾，緼袍不表，覆以布被，手足不盡斂，覆頭則足見，覆足則頭見。曾子曰：「斜引其被則斂矣。」妻曰：「斜而有餘，不如正而不足也。先生以不斜之故能至於此，生時不邪，死而邪之，非先生意也。」曾子不能應，遂哭之，曰：「嗟乎！先生之終也，何以爲謚？」其妻曰：「以康爲謚。」曾子曰：「先生在時，食不充口，衣不蓋形，死則手足不斂，旁無酒肉，生不得其美，死不得其榮〔三〕，何樂于此而謚爲康乎？」其妻曰：「昔先生君嘗欲授之政，以爲國相，辭而不爲，是有餘貴也；君嘗賜之粟三十鍾，先生辭而不受，是有餘富也。彼先生者，甘天下之淡味，安天下之卑位，不戚戚於貧賤，不忻忻於富貴〔四〕，求仁而得仁，求義而得義，其謚曰康，不亦宜乎？」曾子曰：「唯斯人也而有斯婦。」君子謂黔婁妻爲樂貧行道。詩曰：「彼美淑姬，可與寤言〔五〕。」此之謂也。（賢明傳魯黔婁妻）

【校注】

〔一〕此二句，清馮雲鵷輯聖門十六子書作「魯黔婁先生死」。

〔二〕「墼」，音「基」，磚，磚坯。

〔三〕清馮雲鵷輯聖門十六子書無「生不得其美，死不得其榮」二句。

〔四〕「戚戚」，憂傷貌。「忻忻」，欣喜得意貌。

〔五〕「寤言」，相會對語。

孝子傳

孝子傳有多種：有劉向本，蕭廣濟本，王韶之本，師覺授本，宋躬本，虞盤佑本，還有雜采以上諸書而成的孝子傳，等等。原書已佚。茆泮林有古孝子傳，輯孝子傳佚文十餘種，收入叢書集成初編。此據茆泮林輯古孝子傳輯録。

閔損與曾參，門徒之中，最有孝稱。今言者莫不本之曾、閔。

樂正者，曾參門人也，來候參，參采薪在野。母嚙右指，旋頃走歸，見正不語，入跪問母何患。母曰：「無。」參曰：「負薪，右背痛，薪墮地，何謂無？」母曰：「向者客來，無所使，故齧指呼汝耳。」參乃悲然。

曾參食生魚甚美，因吐之。人問其故，參曰：「母在之日，不知生魚味，今我美，吐之。」終身不食。

附録一

曾子十篇叙録

阮元

元謹案：百世學者，皆取法孔子矣。然去孔子漸遠者，其言亦漸異。子思、孟子，近孔子而言不異，猶非親受業於孔子者也。然則七十子親受業於孔子，其言之無異於孔子而獨存者，惟曾子十篇乎？曾子脩身慎行，忠實不欺，而大端本乎孝。孔子以曾子爲能通孝道，故授之業，作孝經。今讀事父母以上四篇，實與孝經相表裏焉。患之小者，豪髮必謹；節之大者，死生不奪。窮極禮經之變，直通天律之本，莫非傳習聖業，與年並進，而非敢恃機悟也！且其學與顏、閔、游、夏諸賢同習所傳于孔子者，亦絶無所謂獨得道統之事也。竊以曾子所學較後儒爲博，而其行較後儒爲庸。顏子曰：「博我以文，約我以禮。」孔子曰：「庸德之行，庸言之謹。」然則魯哀公年間，齊魯學術，可以概見，後世學者，當知所取法矣。元不敏，於曾子之學，身體力行，未能萬一，惟孰復曾子之書，以爲當與論語同，不宜與記書雜録並行。爰順考十篇之文，注而釋之，以就正有道。竊謂從事孔子之學者，當自曾子始。

曾子立事第一 元案：曾子日省其身者也。此篇所言，皆脩身之事。宋高氏似孫、王氏應麟所據篇目皆爲脩身，今本作立事者，大戴本與高、王所見本不同也。兹仍大戴舊題。又大戴十篇，皆冠以曾子者，戴氏取曾子之書，入於雜記之中，識之以別於他篇也。今以大戴所收曾子爲據，故標題仍冠曾子二字。

曾子本孝第二

曾子立孝第三

曾子大孝第四

曾子事父母第五

曾子制言上第六

曾子制言中第七

曾子制言下第八

曾子疾病第九

曾子天員第十

漢書藝文志儒家：曾子十八篇。名參，孔子弟子。

隋書經籍志儒家：曾子二卷。目一卷。魯國曾參撰。

舊唐書經籍志儒家：曾子二卷。

新唐書藝文志儒家：曾子二卷。曾參。

宋史藝文志儒家：曾子二卷。

右見於正史目録者五。

王堯臣等崇文總目：曾子二卷。

晁公武郡齋讀書志曰：曾子二卷。曾子者，魯曾參也。舊稱曾參所譔。其大孝篇中，乃有樂正子春事，當是其門人所纂耳。漢藝文志：曾子十八篇。隋志：曾子二卷，目一卷。唐志：曾子二卷。今此書亦二卷，凡十篇，蓋唐本也。有題曰傳紹述本，豈樊宗師歟？視隋亡目一篇，考其書已見於大戴禮。漢有禮經七十篇，后氏、戴氏記。百三十一篇，七十子後學者所記。是時未有大小戴之分，不知曾子在其中歟否也。予從父詹事公，嘗病世之人莫不尊事孟子，而知子思中庸者蓋寡；知子思中庸者雖寡，而知讀曾子者殆未見其人也。是以文字回舛繆誤，乃以家藏曾子與温公所藏大戴參校，頗爲是正。而盧注遂行於曾子云。

鄭樵通志藝文略曰：曾子二卷，目一卷。曾參撰。

章俊卿山堂考索曰：曾子今十篇，自脩身至天員，皆見於大戴禮，蓋後人摭出而爲曾子。

陳振孫直齋書録解題曰：曾子十卷，凡十篇，具大戴禮。後人從其中録出別行，慈谿楊簡注。

高似孫子略曰：曾參與公明儀、樂正子春、單居離、曾元、曾華之徒，講論孝行之道、天地事物之原，凡十篇。自脩身至於天員，已見於大戴禮，篇爲四十九至五十八。他又雜見於小戴禮，略無少異。

王應麟漢書藝文志考證曰：曾子十八篇，隋、唐志二卷，參與弟子公明儀、樂正子春、單居離、曾元、曾華之徒，論述立身孝行之要，天地萬物之理。今十篇，自脩身至天員，皆見於大戴禮。於篇第爲四十九至五十八。蓋後人摭出爲二卷。

馬端臨文獻通考經籍考：曾子二卷。

元吳澄文正公集曰：豫章周遏古曾子十篇，參合諸本，訂其同異，明其音訓。

朱彝尊經義考：梅文鼎曾子天員篇注一卷，存。元按：杭世駿道古堂集梅文鼎傳亦著録此篇，元從梅氏後人訪之，云已散入天算叢書中，未有專書單行也。

右見於諸家著録者十。以上皆據舊本。

四庫全書提要曰：曾子一卷，宋汪晫編。晫字處微，績溪人。是書成於慶元、嘉泰間。咸淳十年，其孫夢斗，與子思子同獻於朝廷，得贈通直郎。考漢志，載曾子十八篇。隋志有曾子二卷，目一卷。唐志亦載曾子二卷。晁公武郡齋讀書志著録二卷十篇，稱即唐本。高似孫子略稱其與大戴禮四十九篇至五十八篇及雜見小戴記者無異同，後人掇拾以爲之。陳振孫書録解題並稱有慈湖楊簡注。是宋時元有曾子行世，殆晫偶未見，故輯爲此書。凡十二篇，仲尼閒居第一，明明德第二，養老第三，周禮第四，有子問第五，喪服第六，中闕第七第八，晉楚第九，守業第十，三省身第十一，忠恕第十二。明明德獨標云内篇，養老以下皆標外篇。而仲尼閒居不言内外，疑本有「内篇」字，而傳寫佚之也。其第一篇即孝經，而削去經名，别爲標目，未免自我作古。第二篇即大學，考自宋以前，有子思作大學之傳，而無曾子作大學之説，歸之曾子，已屬疑似，又改其篇目，與前篇武斷亦同。至外篇十篇，亦往往割裂經文，以就門目。如曾子問「師行必以遷廟主行乎」至「老聃云」，孔疏曰：「此一節論出師當取遷廟主，論其常也；師行無遷主，又籌其變也。」二問相承，義實相濟，故孔疏通爲一節。今割「古者師行無遷主」至「蓋貴命也」入周禮節，割「古者師行必以遷廟主行乎」至「老聃云」入喪服篇，文義殆爲乖隔。若云以其文有涉喪服，是以分屬，則周禮篇内，又明載「三年之喪弔乎」數節，爲例尤屬不純。然漢本久逸，唐本今亦未見，先賢之佚文緒論，猶可借此以考見，則過而存之，猶愈於過而廢之矣。卷首冠以夢斗進表，稱有晫自序，而此本佚之，僅有元汪澤民、俞希魯、翟思忠、明朱文選序四篇，明詹潢後序一篇，皆合二書稱之，蓋晫本編爲一部也。今以前代史志，二子皆各自爲書，故分著於録焉。元案：晫雜采曾子立事前五篇，自曾子制言以下，皆采録不全。

明焦竑國史經籍志曰：曾子二卷，寶祐時趙汝騰編。

附録二

曾子子思子全書原序三篇

汪澤民序

著書所以明道，非尚淹該而闘綺靡也。天何言哉？聖人之於言，蓋有不得已焉者耳。世降叔季，著述漫羡，蹈襲一軌，去道益遠矣。新安康範先生汪公晫，嘉遯殁世，無求於時，問學操履，孜孜師古，非有爲人之私也，見曾子、子思言行散於諸書，於是會萃以成二編，將以闡斯道，行萬世。先生與朱子同桑梓，且並生宋紹興間。朱子不及見其書成而先即世，先生每以爲恨焉。其孫夢斗以書送官，迺藏秘府，褒郎秩，賁泉壤矣，然不得以傳於當時。迨其五世孫疇，一日攜寫本過余，披誦三復，采摭據乎經傳，淵源本乎伊洛，發揚先哲，嘉惠來學。視彼窺竊陳編、衒媒希進者，相去萬萬也。今逢盛時，曾、思二子之學大明於世。夫列館閣以斯文爲任，尚采遺書佈諸區宇，則於治教豈小補哉！

俞希魯序

孔子之道，曾子得之，而爲大學；曾子之旨，子思子述之，而爲中庸，道統之傳，於焉攸繫。而漢志所載子思二十三篇、曾子十八篇，今皆不存。後世乃間取大小二戴禮文以相傅會，要非本書也。然二子之嘉言善行，雜出於傳記諸書，寥寥千載，未有能裒而集之、表而出之者。新安康範汪先生與晦庵朱子，生同時，學同道，肥遯丘園，篤志師古，乃始蒐羅彙萃以成二編，藏於家塾。迨其孫夢斗始獻諸朝，而未克頒行於天下。今其五世孫疇，蓋將鋟梓廣傳，以昭先世之潛德，使後學得以稽夫道統之傳而不惑於世儒之陋，其用心公且溥矣。方今朝廷表章聖學，二子光被綸綍，載建上公，加謚宗、述。是編之行，將與大學、中庸相爲表裏，其於治道豈小補云。

翟思忠叙

章章乎聖人之言，如日月之在天上；洋洋乎聖人之道，如江河之行地中。垂萬年而不翅，亘萬世以無窮。天下之人，明其道者成其德，遵其言者成其行，況當時親炙之者乎。曾子，嫡聖人之傳，述聖言以作大學；子思，紹曾子之學，闡聖道而作中庸，此曾、思言行之成書者也。千載而下，程子爲之發揮，朱子爲之集注，曾、思之學於是乎天下大行。然曾、思之言行又有見於他經者，學者漫漶而失稽，新安康範汪先生輯成二帙，而爲之説，曾、思之言之行於是散而得合。其嚮曾、思之心亦厘矣，嚮曾、思所以嚮道也。五世孫疇追思久而湮没，壽諸梓以行諸世，曾、思之忠臣也，康範之孝孫也。

（摘自四庫全書本曾子全書）

附録三

曾子子思子全書進表

汪夢斗

臣汪夢斗言：迺者徽州以臣先大父晫所編輯子曾子、子思子全書繳申尚書省，已奉指揮送秘書省收管。今將上件書刊鏤訖，賫詣登聞檢院投進者。臣伏以聖皇勸學，載推道統之尊，遺老編書，宜補經文之缺，冀叨一覽，輒用申言。

臣夢斗惶懼惶懼，頓首頓首。臣竊聞帝王之治道已湮，聖賢之學術迭起，自周公而下，以魯鄒爲繼。然孟氏之興，實參、伋所傳，蓋皆有於著書，乃可見其明道。惟有唐爲先聖以藏禮，迨本朝推後賢而侑祠，取彼七篇，躋於六籍，試闈以之校藝，經幄用之沃心。故藹乎仁義之談，實翼彼性習之教。嘗考諸儒哲之議論，當究其師友之淵源，則惟二子之共宗，詎可千載而缺典？比逢臨御，特詔表章。欒以軒垂，亦俾參陪於嘉薦；寫之琬琰，久當兼訪乎全書。豈惟證衆説之發明？

抑庶備九重之講閱。

伏念臣先大父臣暭，簞瓢自樂，縑素爲生，詒後人，垂憲言，盡黜百家之陋；爲往聖，繼絶學，首輯二藁之全。彙次悉其幽微，網羅靡所遺軼。卷帙成於慶元嘉泰，向不畏黨禍之方興；句讀本乎伊洛考亭，間亦明師旨之未發。觀其序之所自述者，豈云苟焉而漫爲之？蓋以先臣之生平，嘗遇諸公之許可。聞道精詣，同朱熹視祝有道於外家；制行潔修，如袁甫與真德秀乃爲知己。雖蹈丘園而老死，尚稱問學之淹該，即其編摩，亦可想見。必求諸道，擬爲傳遠之書；未喪斯文，會有送官之典。臣無肖似，生際聖明，亟煩二千石之囊封，爲玨三七篇之鈆槧。

昔在私塾，固常出虹氣以驚人；今置秘丘，自當與雲漢而在上。然竊惟泉下之意，豈止願天上之藏？且孔門得曾、思而道有傳，乃授之軻而不絶。由漢世訖晉唐而言未備，必待我宋而始全。蓋聚奎之運有開，而藏壁之文畢出。世既爭於先睹，道焉可以自私？必壽之堅梓以傳人，當效彼美芹而獻主。恭惟皇帝陛下，緝熙文典，統一聖真。孝通神明，自事親而加百姓，刑四海；誠贊化育，由修身而柔遠人，懷諸侯。已表屬於其人，乃推行乎所學。視編緝雖筌蹄之末，於就將有券鑰之同。臣抱遺書而永號，知孤忠之有在，仰干斧扆，恭獻匭函，庶幾輔聖德之光明，或以新儒習之追琢。格言大訓，恐當與論語、孟子並行；鉅册高文，應毋以封禪、太玄爲比。

其新刻先大父臣暭所編曾子、子思子全書，見印造二部四册，黄綾裝褙，黄羅夾複封全。內一部二册乞留中，一部二册乞降付尚書省。臣無任瞻天望聖、激切屏營之至，謹奉表上進以聞。臣夢斗惶懼惶懼，頓首頓首，謹言。

（摘自四庫全書本曾子全書）

附録四

褒贈指揮節文

擬承節郎汪夢斗劄狀：爲上表投進先大父晫所著曾子、子思子墨本事，德祐元年十月十八日批：送禮部推看詳，限一日申尚書省。準此。禮部長貳書判：故處士汪晫所著曾、思二書，編輯精詳，有補學者。其孫夢斗悉上送官，即不希望恩賞。備申省。取自朝廷指揮都司書。擬照得汪夢斗以故祖汪晫所著曾子、子思子二書表進，其書采摭詳備，訂證精明，有補學者。雖不敢希望恩賞之請，朝廷爲斯文計，宜加恩卹，稍賁泉壤。故汪晫特贈通直郎。其曾子、子思子一部二册，降付秘書省。

附録五

四庫全書總目提要

臣等謹案：曾子全書一卷，宋汪晫編。晫字處微，績溪人，其門人私謚「康範先生」。晫與朱子同時。是書成於慶元嘉泰間。咸淳十年，其孫夢斗與子思子同獻於朝，得贈通直郎。考漢志載曾子十八篇，隋志有曾子二卷、目一卷，唐志亦載曾子二卷。晁公武郡齋讀書志著録一卷十篇，稱即唐志所載。高似孫子略稱其與大戴禮四十九篇、五十八篇及雜見小戴記者無異，疑後人掇拾以爲之。陳振孫書録解題並稱有慈湖楊簡注。是宋時原有曾子行世，殆晫偶未見，故輯爲此書。凡十二篇：仲尼閒居第一，明明德第二，養老第三，周禮第四，有子問第五，喪服第六，中闕第七第八，晉楚第九，守業第十，三省第十一，忠恕第十二。明明德獨標曰「内篇」，養老以下皆標「外篇」，而仲尼閒居篇不言内外，疑本有「内篇」字，而傳寫佚之也。其第一篇即孝經，而削去經名，别爲標目，未免自我作古。第二篇即大學。考自宋以前，有子思作大學之傳，而無曾子作大學之説，歸之曾子已屬疑似，又改其篇目，與前篇武斷亦同。至外篇十篇，因分類名篇，遂往往割裂經文以就門目。如曾子問「師行必以遷廟主行乎」至「老聃云」，孔疏曰：「此一節論出師當取遷廟主及幣帛皮圭以行，廟無虚主之事。」蓋首問「師行之以遷廟主」，論其常也。「師行無遷主」，又籌其變也。二問相承，義實相濟，故孔疏通爲一節。今割「古者師行無遷主」至「蓋貴命也」入周禮篇，割「古者師行必以遷廟主行乎」至「老聃云」入喪服篇，文義殆爲乖隔。若云以其文有涉喪服者，是以分屬，則周禮篇内又明載「三年之喪弔乎」數節，爲例尤屬不純。然漢本久逸，唐本今亦未見，先賢之佚文緒論頗可借此以考見，則過而存之，猶愈于過而廢之矣。

（摘自四庫全書本曾子全書）

附録六

大戴禮記「曾子十篇」研究綜述

劉光勝

孔子去世後，曾子的地位日益凸顯，但長期以來，人們拘泥於曾子十篇晚出的説法，對曾子的研究，只是依靠論語、孟子、禮記等文獻記載，造成了對曾子思想的嚴重誤讀。上博簡内禮的出土，證明曾子十篇晚出的説法不能成立，因此將曾子十篇和出土文獻結合起來，重新審視曾子的學術思想，糾正學界研究的偏頗，是當前一項非常緊迫的任務。現將學界相關研究成果彙集於此，以供參考。

一、大戴禮記「曾子十篇」與曾子十八篇

漢書藝文志儒家類文獻有曾子十八篇，並注「名參，孔子弟子」，這是目前所見曾子一書的最早著録。梁阮孝緒七録、隋書經籍志録有「曾子二卷，目一卷」。新舊唐書、崇文總日、郡齋讀書

志、文獻通考、宋史、山堂考索等著録「曾子二卷」，亡「目一卷」。直齋書録解題載曾子楊簡注二卷。鄭樵通志卷六十六云：「曾子二卷，目一卷。」可能未見原書，只是襲用前人成説。明史、清史稿的藝文志已不再提及曾子一書，可證曾子十八篇早已殘缺。

宋晁公武郡齋讀書志卷三曰：「今世傳曾子二卷，十篇本也。有題曰『傳紹述本』，豈樊宗師歟？視隋亡目一篇。考其書已見於大戴禮。」他見到的曾子二卷本是唐本，具體篇數是十篇，和大戴禮記同。高似孫子略卷一説：「凡十篇，自修身至天圓，已見於大戴禮，篇爲四十九，爲五十八，他又雜見於小戴禮，略無少異。」他具體説明了十篇篇名及其在大戴禮記中的篇第，可知他見到的宋本曾子，已不出大戴禮記「曾子十篇」的範圍。陳振孫直齋書録解題、王應麟漢書藝文志考證都認爲曾子十篇出於大戴禮記。

蔣伯潛諸子通考（正中書局一九四八年版，第三三〇—三三一頁）認爲，魏徵羣書治要、馬總意林所引曾子，均與大戴記合，大戴記之十篇應在曾子十八篇中。自唐至宋之二卷十篇本，皆與大戴記之十篇同。漢志所録之十八篇，亡其八篇，僅存十篇，而此十篇即爲大戴録入記中者也。馬總意林根據庾仲容子鈔增損而成，而庾仲容爲梁朝人。南朝、隋之際出現的兩卷本曾子和大戴禮記「曾子十篇」已基本無異，這説明曾子十八篇很可能在南北朝時期已經殘缺。

大戴禮記保留了「曾子」的篇名，説明曾子十篇並不是大戴禮記所本有，那麽，大戴禮記「曾子十篇」源自何處呢？王聘珍大戴禮記解詁叙録説：「蓋曾子之後學者，論撰其先師平日所言立身孝行之要，天地萬物之理，同在古文記二百四篇之中，並出於孔氏壁中者也。」他認爲曾子十篇出自孔壁。孔廣森認爲曾子十篇取自曾子書（大戴禮記補注序録）。曾子十八篇在南北朝時已殘缺，曾子十篇是曾子十八篇的遺存，後世的曾子書靠大戴禮記得以保存下來。戴震、王鳴盛、阮元、馬國翰、皮錫瑞都贊成這種説法。

二、曾子十篇真僞及成書問題

曾子十篇爲曾參所作，在宋代以前學者並無疑議。自宋代始，學者開始懷疑曾子十篇晚出，一是認爲曾子十篇和論語、孟子等書所記曾子不同。朱熹晦庵集卷八十一説：「世傳曾子書者，乃獨取大戴禮之十篇以充之，其言語氣象，視論、孟、檀弓等篇所載相去遠甚。」周氏涉筆説：「曾子一書，議道褊迫，又過於荀子，蓋戰國時爲其學者所論也。孔子言七十而從心所欲不踰矩，正指聖境妙處，此書遽謂七十而未壞，雖有後過亦可以免。七十而壞與否，已不置論，而何以爲過，何以爲免，聖門家法無此語也。」

二是認爲語言淺薄，與道家相似。黄震黄氏日鈔卷五十五認爲，曾子皆世俗委曲之言，曾子説「良賈深藏如虚」，近於老子之學，進而推論「不知誰所依仿而爲之」。明方孝孺遜志齋集卷四説：「意者出於門人弟子所傳聞而成於漢儒之手者也，故其説間有不純。」清王定安宗聖志卷六認爲：「其言曰：至禮不讓而天下治，至賞不費而天下之士悦，至樂無聲而天下之民和，頗混于老氏清浄之旨。」近代梁啓超古書真僞及其年代（中華書局一九三六年版，第四十頁）也認爲：「大戴所載十篇，文字淺薄，不似春秋末的曾子所作，反似漢初。」一九三九年張心澂著僞書通考（商務印書館一九三九年版，第六一八—六一九頁），把曾子十篇定爲僞書。津田左右吉論語と孔子の思想（岩波書店一九四六年版，第六五頁）認爲曾子成書在漢代，是以荀子大略爲素材而構成的。陳榮捷初期儒家（史語所集刊第四十七本第四分，一九七六年）認爲曾子十篇講各種道德，如敬孝、慈惠、仁義、智忠，是論語的本色，但天圓篇説到天圓地方，更説幽明、陰陽、神明、龍鳳龜火，和第二代儒家的言論絶不相同，恐怕是後起的資料。Jeffrey Riegel（［英］魯惟一編中國古代典籍導讀，遼寧教育出版社一九九七年版，第四八五頁）認爲，曾子十篇不可能是在曾子亡佚之前被借用的，大戴禮記中許多與曾子有關的篇章可以證明是采自其他文獻資料，其餘的可能是漢代僞造的。

也有學者持不同意見，力辯曾子一書不僞。明代宋濂諸子辨説：「（曾子）『七十而從心』，進學之序；『七十免過』，勉人之辭：其立言迥然不同也。周氏不察而譏之，過矣！『君子愛日』，誨學者也；『一日三省』，自治功也：語有詳略，事有不同也。高氏以辭費誚之，亦何可哉！」清人錢大昕認爲，曾子十篇，皆古書僅存者（潛研堂集卷二十七）。盧文弨抱經堂文集卷八新刻大戴禮跋認爲，曾子是大戴禮記中最精粹的篇章，他説：「余嘗謂此書之極精粹者，曾子數篇而已，而立事一篇，尤學者所當日三復也。『博學而孱守之』，余素服膺斯言。自爲棘人，每誦『君子思其不可復者而先施焉』數語，輒不禁淚之盈眥也。」阮元曾子十篇注釋序認爲，曾子的價值與論語同，學習儒學應從研習曾子始。

關於曾子十篇的成書，李雲光曾子學案（臺師大國文研究所集刊一九六〇年第四期）説：「書中諸語未必係爲曾子之意，而其思想淵源必由曾子也。」熊公哲曾子在孔門（孔孟學報第十四期，一九六七年）認爲，曾子十篇記樂正子春下堂傷足之事，據此曾子十篇應是曾子之意，樂正子春門徒所傳。王鐵曾子著作時代考（中國哲學史研究一九八七年第一期）從文體、語言、文獻引述等方面考察了曾子十篇，認爲它成書於公元前四〇〇年前後的數十年間。鍾肇鵬曾子學派的孝治思想（孔子研究一九八七年第二期）檢索歷史上引用曾子的情况，推測曾子是由曾子第一、二代弟子綴輯他的遺言、遺文而成，時間在戰國前期。董治安論曾子——關於歷史上的曾子和曾子的歷史評價（文史哲一九九三年第一期）也有同樣看法。

武内義雄曾子考（江俠庵編譯先秦經籍考，商務印書館一九三一年版）認爲，吕氏春秋引曾子語有五段，三段與曾子十篇符合，可知大戴禮「曾子十篇」是漢十八篇的一部分，爲研究曾子最有力的資料。黄開國論儒家的孝道學派——兼論儒家孝道派與孝治派的區别（哲學研究二〇〇三年第三期）認爲，曾子十篇是由曾子後學不同的學派編訂的，本孝、立孝、大孝、事父母四篇，出自孝道派弟子之手，立事、制言、疾病、天圓四篇，與孝道派没有關聯。

郭店簡、上博簡的出土，爲曾子十篇研究提供了一個難得的契機。羅新慧郭店楚簡與曾子（管子學刊一九九九年第三期）認爲，曾子十篇成書年代和郭店簡大致相當。張磊上海博物館竹書「内豊」與大戴禮記「曾子十篇」（管子學刊二〇〇七年第一期）將上博簡内禮和曾子十篇加以對比，認爲曾子十篇已接近曾子及其門人生活的年代。

三、曾子十篇的輯本與傳流

兩戴禮記成書以後，禮記被奉爲禮學重典，但大戴禮記長期被人冷落，以致殘缺過半。曾子十篇受大戴牽連，在很長時間内無人研究。現存最早的曾子注本是北周盧辯注，雖然簡略，卻使曾子已大體可讀。清代孔廣森説「（盧辯注）起漢氏之墜學，紹涿郡之家緒」（大戴禮記補注序録），甚爲允當。

唐代魏徵羣書治要節録曾子四篇，馬總意林摘録曾子二卷，是研究曾子傳流的重要資料。宋元時期，學者主要是以曾子十篇爲底本，雜采他書，以期恢復曾子書的原貌。晁公武深感曾子文字「回舛謬誤」，以家藏曾子與司馬光所藏大戴參校，頗有是正。直齋書録題解記載曾子楊簡注二卷，今已不存。劉清之曾子分爲内、外、雜七篇，周逷著古曾子十篇，徐達左著傳道四子書，其中曾子兩卷，分内、外十四篇，周逷編古曾子十篇，皆見於吴澄吴文正集。王圻續文獻通考著録章樵集曾子十八篇，戴良齊曾子遺書二卷，焦竑國史經籍志著録趙汝騰曾子二卷，可惜這些書今天大都亡佚。目前保存下來最早的輯本是汪晫曾子全書。汪晫以孝經、大學爲内篇，把先秦兩漢典籍中與曾子有關的事蹟、傳説彙集起來，加以選擇，定爲外篇，缺點在於别爲標目，割裂經文，致使文義乖隔（四庫提要）。朱熹儀禮經傳通解有對曾子事父母單篇注解。

明清時期，曾子十篇受到空前的重視，陶宗儀節録曾子前有晁公武志語及十篇篇目，後節録原文二十餘條。吴世濟删節大戴禮記，編訂曾子六篇，任兆麟述記著録曾子章句一卷，諸子文粹續編收録李寶淦曾子文粹，都是對曾子書的摘録。馮雲鵷編聖門十六子書，内有曾子書八卷、傳一卷，賀瑞麟西京清麓叢書續編養正叢編著録雷柱曾子點注兩卷，四庫全書總目存目收録曾承業曾子全書三卷、毛奇齡曾子問講録四卷，古佚書輯本目録（附考證）著録顧觀光曾子逸文，魏源古微堂集内有曾子章句一卷，這些著作除收録曾子十篇外，兼涉曾子遺文、逸事的彙編整理。王定安曾子家語廣采先秦至漢魏古書，按序排列曾子文獻資料，蔣伯潛評價説「其搜輯之廣，采録之慎，遠在汪晫之上」。在曾子十二篇讀本基礎上，嚴式誨收集材料，刊行嚴氏孝義家塾刻本曾子四種，編訂重輯曾子遺書十四卷。

徐乾學傳是樓書目著録宋鳴梧曾子，晁瑮晁氏寶文堂書目著録續曾子，錢謙益絳雲樓書目卷四著録曾子，顧宗伊曲臺四書輯注收録曾子古本輯注五卷。阮元説這些傳本多是雜采他書，以意編集，非曾子原文。有鑒於此，阮元著曾子注釋四卷，依據盧辯注，參照盧文弨、戴震、孔廣森等人的校本，遇到不妥處，以己意裁斷，如曾子立事説：「殆於以身近之，殆於身之矣。」盧辯注：「危害於身。」句意艱澀難通。阮元曾子注釋：「殆於身之，謂幾於身爲之耳。」句意豁然開朗。其書「正諸家之得失，辨文字之異同」，爲注解曾子十篇的經典書目。邵懿辰半巖廬所著書收有曾子大孝編注一卷，李寶淦諸子文粹續編著録曾子文粹，道古堂集著録梅文鼎曾子天圓篇注一卷，唐文治著曾子疾病篇講義，多爲對曾子單篇的注釋。

學者爲大戴禮記作注，自然也涉及到對曾子十篇的箋釋校勘。清人姜兆錫大戴禮删翼因曾子大孝注在禮記，故多有删省，曾子立事、本孝、制言、天圓舊本無注，故詳加箋注，其目的在於删其繁冗，彰顯儒學精義。曾子立孝：「君子之孝也，忠愛以敬。」王聘珍大戴禮記解詁説「忠愛，謂中心之愛」，並引鄭注孝經「敬者，禮之本也」。王聘珍多采用漢人注疏疏解經文，簡潔準確，不擅改經文，發蒙解惑，成績斐然。

曾子立事：「是故君子爲小由爲大也。」孔廣森注曰：「由，古通以爲猶字。」孔廣森精通訓詁之學，大戴禮記補注一書多精義，孫詒讓以爲此書最爲善本，當非偶然。著述集覽著録仁科幹曾子校刊(一八〇八年版)、田邊匡敕曾子補注(一八二二年版),静嘉堂文庫分類書目著録小島知足曾子孔校補正(一八六二年版),對曾子進行校勘時,多以孔注曾子爲底本,可見其書影響深遠。此外注釋曾子的還有汪中大戴禮記正誤、孫詒讓大戴禮記斠補、汪照大戴禮記注補、王樹枏校正孔氏大戴禮記等。

太倉唐、葉長青曾子輯佚(國專月刊第二—五期一九三七年)將歷代文獻中曾子的佚文按時間先後彙集在一起,非常方便學者研究使用。李雲光曾子學案(臺師大國文研究所集刊一九六〇年第四期)以學案的體例,分文獻記載、輯本的種類、真僞考證三個方面,對曾子進行了詳細考訂。楊家駱清儒禮大戴記著述考(大陸雜誌一九六四年第四期)對明清之際曾子十篇的各種輯本有所考辯,只涉及劉宗周、梅文鼎、阮元等數家,惜有所疏漏。祁玉章曾子集斠(孔孟學報一九八三年第四十五期)以大戴禮記解詁爲底本,仿照阮元的體例,博采衆説,參證互校,分篇對有疑難的部分語句進行了校釋,創獲頗多。高明大戴禮記今注今譯(臺灣商務印書館一九八四年)前有題解,後有譯文,具有一定參考價值。

李啓謙、王式倫孔子弟子資料彙編(山東友誼書社一九八九年版),山東省志諸子名家志(山東人民出版社二〇〇一年版),賈慶超曾子校釋(山東大學出版社一九九三年版),將散佚的曾子資料彙集一起,便於學者研究使用。周洪才孔子故里著述考(齊魯書社二〇〇四年版,第三一三—三一六頁）細緻考辯了曾子十八篇源流，並對曾子書、曾子十二篇讀本作了簡要介紹。呂思勉借助禮記祭義篇，指出曾子大孝有兩節文字係脱簡錯入（呂思勉讀史札記，上海古籍出版社二〇〇五年版，第四八二頁）。李居平曾子文獻流傳略考（湛江師範學院學報二〇〇一年第二期）、劉紅霞曾子傳本考（管子學刊二〇〇七年第四期）考察了歷代曾子文本的流傳情況，並對書目著録有誤處進行了訂正。黄懷信大戴禮記彙校集注（三秦出版社二〇〇五年版）、方向東大戴禮記彙校集解（中華書局二〇〇八年版）博采衆長，集歷代重要注説於一書，是目前最新的兩部彙校本，對曾子十篇均作了集釋，缺點在於未能充分吸收出土文獻研究的最新成果。

上博簡内禮公佈後，日本學者紛紛轉向用曾子十篇校勘内禮的研究。淺野裕一新出土資料と諸子百家研究認爲，采取「無資格不可批評他人」形式的曾子立孝，其論述邏輯遠比采取迂回説法的内禮明快得多，這種露骨的論述邏輯，忌諱適用於父、兄、君等上位者，曾子立孝可能是故意省略了有關父、兄、君三者的記述（中國研究集刊二〇〇五年第三十八號）。福田哲之上博簡内禮的文獻性質——以與大戴禮記之曾子立孝、曾子事父母比較爲中心（簡帛第一輯，二〇〇六年）認爲，上博簡内禮（一）是曾子立孝的原型，但存在兩種可能性：在曾子立孝原始本子的編撰階段，以内禮（一）這樣的正文爲素材而加以改變，第二種可能性是曾子立孝成型後，在流傳過程中被人加以改變，形成現在的曾子立孝正文。井上亘上博楚簡内禮與孟子思想（儒林第三輯，二〇〇六年)認爲,上博簡内禮接近曾子的原形,今本曾子並非有意改變,是由於在傳寫過程中發生了文字異同、脱編、錯簡、誤寫等,遂使文句不通,不得已改編了語句。

四、曾子十篇與曾子思想

民國期間,孔教運動興起,曾子研究是當時孔子研究中的重要組成部分,但學者受疑古思潮影響,視曾子十篇爲僞書,使曾子十篇研究出現了嚴重的偏頗。劉通曾子序(國專月刊一九三七年第六期)認爲,曾子性善説遠比性無善無惡與性惡説精當,使孔子思想圓密精微者,非曾子莫屬。胡適中國哲學史大綱(商務印書館一九一九年版,第一四二—一四三頁)説曾子的著作已蕩然無存,只好從禮記、孝經裏面采取一些勉强可用的材料。胡理兹孔門弟子的思想(説文月刊第三卷第二、三期,一九四一年)研究曾子的思想,亦不用曾子十篇作爲材料。

一九四九年以後,曾子十篇僞書説仍是學界的主流觀點,侯外廬中國思想通史、任繼愈中國哲學發展史、李啓謙孔門弟子研究、王鈞林中國儒學史(先秦卷)等著作研究曾子不依據曾子十篇,只靠論語、孟子、禮記,造成了對曾子思想的嚴重誤讀。王鐵、黄開國、劉建國等奮起糾正這一偏頗,由於没有堅强的文獻證據,未能引起人們足够的重視。上世紀九十年代以來,郭店簡、上博簡相繼面世,從根本上糾正了曾子十篇晚出的錯誤認識,曾子十篇研究重新焕發了生機。

對於「仁」和「孝」的關係，周予同「孝」與「生殖器崇拜」（古史辯第二册，上海古籍出版社一九八二年版，第一八四—一八五頁）認爲，曾子一派之所以把孝泛化，使它的概念外延與仁相等，是爲了克服「仁孝關係原理」上的矛盾。其後，曾立仁曾子學述（華國一九五八年第二期）結合曾子十篇等材料，從孝、忠恕、修省三個方面論述了曾子的思想，條理井然，但在運用孝經作論證材料時不够謹慎。曾彩垂曾子踐仁之規模（人生一九六一年第十期）認爲曾子對仁德踐履，基本是遵循孔子的指示途徑的，雖然規模小於孔子，但卻便於操作和踐履。羅新慧試論曾子對於儒家倫理思想的發展及其意義（陝西師範大學學報一九九九年第三期）認爲，曾子對於「仁」、「禮」進行了重新思考，是爲了讓儘量多的人能够理解和實行。柳詒徵中國文化史（鍾山書局，一九三二年）、張倩試論曾子對孔子學説的闡發（燕山大學學報二〇〇七年第二期）也有類似看法。李炳海身病而神清的孔門師徒——孔子、曾子患病時的理性精神和生命意識（孔子研究二〇〇六年第二期）認爲，曾子把孝歸結爲形全身安，在理論上的自相矛盾是無法克服的。

學界從不同層面對曾子孝道思想進行了深入探究，宇野哲人支那哲學の研究（大同書店大正九年版，第一二六—一三〇頁）認爲，曾子的孝可以分爲服從、養志、愛敬、幾諫等四個方面，曾子致力於忠和孝的溝通，强調忠、信、敬等皆是孝的表徵，其形而上的意義比孔子明顯增强了。武内義雄中國哲學思想史（仰哲出版社一九八二年版，第二六—三一頁）認爲，曾子的孝不爲時間和空間限制，是遍佈宇宙的原理。曾子所説的孝，與孝弟並稱的「孝」不同，實是近於孔子的仁。行孝的方法，主觀上從忠，客觀上從禮，這和論語中仁的方法——教以忠恕與復禮很相似。

姚振黎曾子志行考述（孔孟月刊一九八四年第十期）從孝道之實踐與發揚、志節與大勇、守約與全歸、忠恕與權變四個方面探討了曾子的孝道思想，認爲曾子學主躬行，持之以弘毅，功夫切實，已臻成己成物、立人達人之境。卓秀嚴曾子論孝（成功大學學報第二十二卷一九八七年）認爲，曾子之忠敬是發於内心之至誠，禮爲形諸外貌之恭敬，内外兼修，是曾子之孝的特點。加地伸行論儒教（齊魯書社一九九三年版，第四四—四五頁）以曾子大孝樂正子春傷足爲例，認爲自己的身體是父母的遺體，父母的身體也是祖父母的遺體，如果追溯上去，就意味着自己肩負着過去的一切，主張從生命論的角度對曾子的孝道進行考察。池澤優「孝」思想の宗教學的研究（東京大學出版會二〇〇二年版，第二九四—二九五頁）認爲，父子之間的愛和順從的倫理，是人情的自然，曾子理論的意義在於使父子之間的倫理通往普遍的倫理。

對於曾子孝道思想歷史作用，學者作了細緻的探究。陳立夫宗聖曾子對於宏揚聖學的貢獻（孔孟月刊一九七七第一期）注重曾子在孔門之地位及其在儒學傳承中的功績，將論語、孟子、孝經、曾子十篇均作爲研究曾子的材料。華仲麟孔門道統之傳——顔、曾、思、孟、荀（儒家思想研究論集，黎明文化事業公司一九八三年版，第六—七頁）認爲，曾子是孔門孝道的典型，駕乎閔子之上，而且標舉出忠恕，獨傳孔子一貫之道。羅新慧曾子與孝經——儒家孝道理論的歷史變遷（史學月刊一九九六年第五期）認爲，曾子將忠君與孝道融匯的理論適應了家族勢力和個體小農家庭上升的社會趨勢。姜廣輝中國經學思想史（第一卷）（中國社會科學出版社二〇〇三年版，第七〇六—七〇七頁）説曾子身體力行孝道，將孝道分爲以敬孝親、竭力養親、愛身孝親、從道微諫、遵守父道、慎終追遠等具體層面，曾子的孝道哲學是他對諸子批評的回應。

何元國曾子泛化孝再評價（湖北大學學報二〇〇六年第一期）認爲，曾子大孝對孝作了教條的、片面的泛化，完全背離了孔子孝道的精神，露出了「愚孝」的苗頭。相關研究還有曾振宇曾子思想體系論綱（遼寧師範大學學報一九九四年第三期）、李啓謙曾子研究（煙臺大學學報一九九五年第四期）、張踐先秦孝道觀的發展（中國哲學第二十二輯，遼寧教育出版社二〇〇〇年版）、鍾肇鵬求是齋叢稿（巴蜀書社二〇〇一年版）、賈繼海曾子對孔子孝道觀的繼承（山東理工大學學報二〇〇五年第二期）、王長坤先秦儒家孝道研究（巴蜀書社二〇〇七年版）等。

吕思勉經子解題（商務印書館一九二六年）把曾子天圓篇的主旨歸結爲「論萬有皆成於陰陽二力，萬法皆本於陰陽」。楊寬戰國史（上海人民出版社二〇〇三年版，第四九〇—四九一頁）認爲，曾子的陰陽學説是有來源的，是進一步修正醫和等人的説法而成，曾子以陰陽二氣爲「仁義禮樂之祖」，後經子思、孟子進一步發展，成爲荀子所批判的五行思想。相關研究還有周海生曾子天圓與曾子的自然觀（黄懷信等編儒家文獻研究，齊魯書社二〇〇四年版）、劉信芳太一生水與曾子天圓的宇宙論問題（中華文史論叢第七十七輯）、張宏軒曾子天圓的「品物之本」論及其思想淵源（管子學刊二〇〇五年第四期）等。

金德建曾子天圓的述作考（中國哲學史研究一九八六年第三期）指出，曾子天圓篇立論的根據在易經，其內容「沾染于易學頗深」，其許多論述與易之説卦、文言、繫辭、象傳等有關。羅新慧曾子思想與陰陽學（管子學刊一九九六第三期）認爲，曾子是一位善易者，他的陰陽學説是易學發展的里程碑。高新民周易象傳與曾子（青海師專學報二〇〇四年第六期）注意到曾子十篇和易傳文體上有相似性，推斷象傳爲曾子所作。

曾子十篇研究的新趨勢。出土文獻和傳世文獻的激活是雙向的，由上博簡内禮和曾子立孝、曾子事父母的相似性，可證曾子十篇並非晚出，反過來，也可據曾子十篇加深對内禮簡文句意的理解。葉國良郭店儒家著作的學術譜系問題（臺大中文學報二〇〇〇年第十三期）從傳世古籍入手，考證曾子、子思存在傳承關係，再從思想、用詞、内容等方面確定郭店儒簡均屬曾子、子思一系的篇章。廖名春楚竹書内禮、曾子立孝首章的對比研究（葉國良等編出土文獻研究方法論文集初集，臺大出版中心二〇〇五年版，第二六五—二八七頁）將曾子立孝和上博簡内禮進行了比照，他認爲内禮所説的愛與禮，不是下對上單向的，而是下與上雙向的相對待的互愛互敬。郭梨華曾子與郭店儒簡的身體哲學探究（政大中文學報二〇〇五年第三期）將曾子和郭店儒簡作者的身體觀作以對比，認爲孔子、曾子是先秦儒家身體觀的奠基者。林素清「釋匱」兼及内禮新釋與重編（載南山論學集——錢存訓先生九五生日紀念，北京圖書館出版社二〇〇六年）結合曾子十篇，對内禮編連和「匱」字釋讀提出了新見。

梁濤郭店竹簡與思孟學派（中國人民大學出版社二〇〇八年版，第四七四頁）認爲，「内禮」作爲篇題，是説孝既要有内心的忠愛之情，還要有外在的禮節形式，它實際是對該篇首句「君子之立孝，愛是用，禮是貴」的概括和總結。相關成果可參看楊朝明新出簡帛文獻注釋論説（臺灣古籍出版有限公司二〇〇七年版）、王巧生上博藏戰國楚竹書（四）内豊篇集釋（平頂山學院學報二〇〇八年第六期）等。可以肯定地説，曾子十篇和出土文獻相結合，將是今後曾子研究的重要趨向。

（摘自中國史研究動態二〇一〇年第三期）

主要參考書目

經部

論語，魏何晏注，宋邢昺疏，十三經注疏，中華書局，一九八〇年
孟子，漢趙岐注，宋孫奭疏，十三經注疏，中華書局，一九八〇年
孝經，唐玄宗注，宋邢昺疏，十三經注疏，中華書局，一九八〇年
孝經鄭注，清嚴可均輯，叢書集成初編，中華書局，一九八五年
四書章句集注，宋朱熹撰，中華書局，一九八三年
大戴禮記，漢戴德編撰，北周盧辯注，四部叢刊初編，上海書店，一九八四年
先聖大訓，宋楊簡撰，四庫全書，上海古籍出版社，一九八七年
大戴禮記補注，清孔廣森注，中華書局，二〇一三年
大戴禮記，清戴震校定，叢書集成初編（武英殿本），中華書局，一九八五年
校正孔氏大戴禮記補注，王樹枏撰，續修四庫全書，上海古籍出版社，一九九五年

大戴禮記正誤，清汪中撰，續修四庫全書，上海古籍出版社，一九九五年
大戴禮注補，清汪照撰，續修四庫全書，上海古籍出版社，一九九五年
大戴禮記集注，清戴禮撰，温州石印本，一九一五年
大戴禮記解詁，清王聘珍解詁，中華書局，一九八三年
大戴禮記斠補，清孫詒讓斠補，中華書局，二〇一〇年
香草校書之大戴禮記，清于鬯校，中華書局，一九八四年
大戴禮記今注今譯，高明注譯，臺北商務印書館，一九七五年
大戴禮記彙校集注，黄懷信校注，三秦出版社，二〇〇五年
禮記，漢戴聖編撰，漢鄭玄注，唐孔穎達疏，十三經注疏，中華書局，一九八〇年
禮記集解，清孫希旦撰，中華書局，一九八九年
禮記今注今譯，王夢鷗注譯，天津古籍出版社，一九八八年
禮記譯注，楊天宇撰，上海古籍出版社，一九九七年
禮記譯解，王文錦譯解，中華書局，二〇〇一年
韓詩外傳，漢韓嬰撰，四部叢刊初編，上海書店，一九八四年
韓詩外傳集釋，許維遹撰，中華書局，一九八〇年

經義述聞，王引之撰，江蘇古籍出版社，一九八五年

子部

曾子十二篇，北周盧辯注，清孔廣森補注，嚴式誨孝義家塾排印，一九二八年（另有廣文書局一九七五年印本）

曾子十篇注釋，清阮元注，嚴式誨孝義家塾排印，一九二八年（另有新興書局一九五六年印本）

重輯曾子遺書，嚴式誨輯，嚴氏孝義家塾排印，一九二八年

曾子全書，宋汪晫撰，四庫全書，上海古籍出版社，一九八七年

曾子全書，明汪文川隆慶四年（一五七〇）刊印

曾子校釋，賈慶超主編，山東大學出版社，一九九三年

孔叢子，漢孔鮒撰，四部叢刊初編，上海書店，一九八四年

曾子家語，清王定安輯，續修四庫全書，上海古籍出版社，一九九五年

孔子家語，魏王肅注，四庫全書，上海古籍出版社，一九八七年

新語，漢陸賈撰，四部叢刊初編，上海書店，一九八四年

鹽鐵論，漢桓寬撰，四部叢刊初編，上海書店，一九八四年

説苑，漢劉向撰，四部叢刊初編，上海書店，一九八四年

中論，魏徐幹撰，四部叢刊初編，上海書店，一九八四年
荀子，戰國荀況撰，唐楊倞注，四部叢刊初編，上海書店，一九八四年
莊子，戰國莊周撰，四部叢刊初編，上海書店，一九八四年
韓非子，戰國韓非撰，四部叢刊初編，上海書店，一九八四年
吕氏春秋，戰國吕不韋撰，四部叢刊初編，上海書店，一九八四年
尸子，戰國尸佼撰，清汪繼培輯，叢書集成初編，中華書局，一九八五年
淮南子，漢劉安撰，四部叢刊初編，上海書店，一九八四年
金樓子，南朝梁蕭繹撰，四庫全書，上海古籍出版社，一九八七年
論衡，漢王充撰，四部叢刊初編，上海書店，一九八四年
白虎通義，漢班固撰，四部叢刊初編，上海書店，一九八四年
顔氏家訓，北朝齊顔之推撰，四部叢刊初編，上海書店，一九八四年
琴操，漢蔡邕撰，續修四庫全書，上海古籍出版社，一九九五年
博物志，晉張華撰，四庫全書，上海古籍出版社，一九八七年
曾子書補遺，清馮雲鵷輯，孔子文化大全之聖門十六子書，山東友誼書社，一九八九年

史部

戰國策，漢劉向編訂，四部叢刊初編，上海書店，一九八四年
史記，漢司馬遷撰，中華書局，一九六二年
漢書，漢班固撰，中華書局，一九六二年
後漢書，南朝宋范曄撰，中華書局，一九六五年
晏子春秋，春秋齊晏嬰撰，四部叢刊初編，上海書店，一九八四年
列女傳，漢劉向撰，四部叢刊初編，上海書店，一九八四年
孝子傳，南朝宋蕭廣濟等撰，茆泮林輯古孝子傳，叢書集成初編，中華書局，一九八五年